Schriftenreihe des Instituts für betriebswirtschaftliche
Forschung an der Universität Zürich

Band 86

Dr. Alexander W. Hunziker

Prozessorganisation in der öffentlichen Verwaltung

New Public Management
und Business Reengineering
in der schweizerischen Bundesverwaltung

Verlag Paul Haupt
Bern · Stuttgart · Wien

Alexander W. Hunziker, Dr., (1963), hat nach der Wirtschaftsmatur sechs Jahre in Verkauf, Marketing und Erwachsenenbildung gearbeitet und studierte anschliessend Volkswirtschaftslehre mit Nebenfach Psychologie an der Universität Zürich. Neben dem Studium war er als selbständiger Kursleiter tätig (Arbeits-, Vortrags- und Verhandlungstechnik) und unterrichtete an derselben Universität als Lehrassistent. Während dem Verfassen der vorliegenden Dissertation war er Assistent am Lehrstuhl von Frau Prof. Osterloh und Berater im Eidgenössischen Personalamt. Zur Zeit ist er selbständiger Berater sowie Dozent und Leiter des Schwerpunktes «Public Management» an der Hochschule für Wirtschaft und Verwaltung in Bern.

Die Deutsche Bibliothek – CIP-Einheitsaufnahme

Hunziker, Alexander W.:
Prozessorganisation in der öffentlichen Verwaltung :
New Public Management und Business Reengineering
in der schweizerischen Bundesverwaltung /
Alexander W. Hunziker. –
Bern ; Stuttgart ; Wien : Haupt, 1999
(Schriftenreihe des Instituts für betriebswirtschaftliche Forschung
an der Universität Zürich ; Bd. 86)
Zugl.: Zürich, Univ., Diss., 1998
ISBN 3-258-06049-5

Alle Rechte vorbehalten
Copyright © 1999 by Paul Haupt Berne
Jede Art der Vervielfältigung ohne Genehmigung des Verlages ist unzulässig
Dieses Papier ist umweltverträglich, weil chlorfrei hergestellt
Printed in Switzerland

http://www.haupt.ch

für Evelyn und für Lara

Geleitwort

New Public Management und Business Process Reengineering sind zwei der meistdiskutierten Konzepte der letzten Jahre. New Public Management beschäftigt sich mit der Übertragbarkeit betriebswirtschaftlicher Managementkonzepte auf die öffentliche Verwaltung. Die Prozessorganisation oder - modischer ausgedrückt - Business Process Reengineering ist eines der erfolgreichsten Organisationskonzepte in der Privatwirtschaft. Jedoch gehen die meisten Schriften zum New Public Management wenig oder gar nicht darauf ein, ob und wie dieses Konzept auf die öffentliche Verwaltung übertragbar ist. Alexander Hunziker schliesst diese Lücke. Er zeigt die Übertragbarkeit theoretisch sowie anhand von sechs Fallbeispielen aus dem Bereich der Schweizerischen Bundesverwaltung. Er schliesst dabei zugleich noch eine weitere Lücke, indem er eine kritische Analyse zur Verfügung stellt, inwieweit in der herrschenden Literatur zum New Public Management tatsächlich der aktuelle Stand der betriebswirtschaftlichen Forschung, insbesondere der Strategieforschung aufgearbeitet wird.

Eines der zentralen Probleme stellt hierbei die Trennung von strategischen und operativen Entscheidungen dar, welche in der neueren Strategieforschung in Frage gestellt wird, im New Public Management aber zu den grundlegenden Forderungen gehört. Die Fallbeispiele zeigen denn auch auf, wie wenig die Trennung von strategischen und operativen Entscheidungen tatsächlich realisiert ist. Hingegen ist die Prozessorganisation ganz offensichtlich ein Konzept, das in der öffentlichen Verwaltung erfolgreich anwendbar ist.

Die Frage, inwieweit es Kernkompetenzen der öffentlichen Verwaltung geben kann, stellt eine weitere wichtige Frage bei der Übertragbarkeit betriebswirtschaftlicher Konzepte auf das New Public Management dar. Diese Frage ist zentral für die Möglichkeit des Outsourcings oder des Contracting-Out von Teilprozessen im Zuge der Prozessorganisation. Alexander Hunziker legt dar, dass einfache Zuschreibungen von Aufgaben als „Kern-

Verwaltungsaufgaben" nicht möglich sind, weder in Bezug auf öffentliche und meritorische Güter, noch auf hoheitliche Aufgaben oder Regulierungs- und Umverteilungsfunktionen. Kernkompetenzen des Staates können also nicht „objektiv" definiert werden. Vielmehr ist dies eine Sache des demokratischen Prozesses. Allerdings kann die Wissenschaft dabei praktische Hilfestellung leisten. Hierzu macht der Autor überzeugende, theoriegeleitete Vorschläge, welche zugleich eine hohe Praktikabilität aufweisen.

Alexander Hunziker ist es gelungen, ein umfassendes und kritisches Bild des New Public Managements zu zeichnen. Die Darstellung zeichnet sich durch eine gründliche Verarbeitung der einschlägigen theoretischen und empirischen Literatur aus, welche mit den eigenen Fallstudien gekonnt verknüpft werden. Die Arbeit ist nicht nur theoretisch von hoher Qualität, sondern sie gibt zugleich Praktikern wichtige Anhaltspunkte für die Umsetzung betriebswirtschaftlicher Konzepte und insbesondere der Prozessorganisation in der öffentlichen Verwaltung. Ich wünsche ihr deshalb eine breite Resonanz in Theorie und Praxis.

Zürich, im März 1999   Prof. Dr. Margit Osterloh

Vorwort

Die vorliegende Arbeit entstand während meiner Assistententätigkeit am Institut für betriebswirtschaftliche Forschung der Universität Zürich und der gleichzeitigen praktischen Tätigkeit als Organisationsberater im Personalamt der Eidgenössischen Bundesverwaltung in Bern. Diese Ausgangslage ermöglichte es, gleichzeitig eine theoretische und eine praktische Perspektive einzunehmen.

Danken möchte ich Herrn Prof. Dr. Bruno S. Frey, der während meiner Studienzeit meine Auffassung von Wissenschaftlichkeit wesentlich prägte, mich für ökonomische, politische und psychologische Fragen begeistern konnte und damit einen Grundstein für diese Arbeit legte.

Besonderer Dank gilt meiner Betreuerin bei dieser Arbeit, Frau Prof. Dr. Margit Osterloh. Mit ihrem offenen und gleichzeitig kritischen Diskussionsstil, ihrer profunden Fachkenntnis und ihrem persönlichen Engagement unterstützte sie nicht nur die Entstehung dieser Arbeit. Sie ebnete mir auch den Zugang zu einem betriebswirtschaftlichen Verständnis des wissenschaftlichen Arbeitens.
Dank geht ebenfalls an Herrn Prof. Dr. Edwin Rühli, dem ich viele wertvolle Anregungen aus seinen Doktorandenseminaren verdanke.
Für die vielen Hinweise, für Kritik und Ermunterung bedanke ich mich bei den Lehrstuhlkolleginnen und -kollegen Dr. Jetta Frost, Dr. Simon Grand, lic. rer. pol. DEA Béatrice Sigrist, Dr. des. Regine Tiemann, lic. oec. publ. Iwan von Wartburg, lic. oec. publ. Antoinette Weibel und dipl. Kffr. Sigrid Wübker.

Die zahlreichen Fallstudien und Beispiele sowie die praktischen Reflexionen der Theorie wären ohne die Unterstützung des Eidgenössischen Personalamtes nicht möglich gewesen. Ich danke dem Leiter, Herrn Dr. Peter Hablützel und ganz besonders

Herrn Eric Deloséa für seine stetige Unterstützung, wie auch lic. rer. pol. Rolf Jenzer und lic. phil. Hans Rohrer.

Gedankt sei auch all denjenigen, deren Mithilfe hier nicht ausdrücklich aufgeführt wurde.

Bern, im Oktober 1998　　　　　　　　　　　　Alexander W. Hunziker

Übersicht

Teil I: Einleitung — 1
1. Bedeutung der öffentlichen Verwaltung — 3
2. Bedeutung des New Public Management — 4
3. Ziel der Arbeit — 6
4. Vorgehen und Struktur — 8
5. Vorbemerkungen — 10

Teil II: Begriffe — 11
1. Besonderheiten der öffentlichen Verwaltung — 12
2. New Public Management — 26
3. Prozessorganisation — 77

Teil III: Strategie in der öffentlichen Verwaltung — 85
1. Strategiebegriff in der öffentlichen Verwaltung — 87
2. Strategie in der betriebswirtschaftlichen Literatur — 91
3. Strategische Grundsatzprobleme in der öffentlichen Verwaltung — 115
4. Konsequenzen für NPM und FLAG — 120
5. Fazit — 127

Teil IV: Organisation und NPM — 129
1. Was ist „Organisation"? — 131
2. Aufgaben und Bedeutung der Organisation — 133
3. Organisation und Kernkompetenzen des Staates — 139
4. Kernkompetenzen von Ämtern in der öffentlichen Verwaltung — 150
5. Prozessorganisation in der öffentlichen Verwaltung — 167
6. Zusammenfassung — 170

Teil V: Fallstudien — 171
1. Beispiele aus dem Ausland — 172
2. Grundlagen zu den Fallstudien — 176
3. FAM - Beratung — 182
4. ARK — 193
5. DISPO — 206
6. BPV — 216
7. IGE - Markenabteilung — 229
8. SMA — 244
9. Auswertung — 265
10. Fazit aus den Fallstudien — 279

Teil VI: Fazit — 281
1. NPM und betriebswirtschaftliche Strategieforschung — 282
2. Prozessorganisation in der öffentlichen Verwaltung — 285
3. Anwendung betriebswirtschaftlicher Konzepte in der öffentlichen Verwaltung — 287

Literaturverzeichnis — 289

Inhaltsverzeichnis

Geleitwort	VII
Vorwort	IX
Übersicht	XI
Inhaltsverzeichnis	XII
Darstellungsverzeichnis	XVII
Abkürzungsverzeichnis	XX

Teil I: Einleitung 1

1	Bedeutung der öffentlichen Verwaltung	3
2	Bedeutung des New Public Management	4
3	Ziel der Arbeit	6
4	Vorgehen und Struktur	8
5	Vorbemerkungen	10

Teil II: Begriffe 11

1		Besonderheiten der öffentlichen Verwaltung	12
	1.1	Überblick	12
	1.2	Besitzverhältnisse	12
	1.3	Nicht-Gewinnstrebigkeit / Steuerfinanzierung	13
	1.4	Gesetzesaufträge und -vorschriften	15
	1.5	Öffentliche und meritorische vs. private Güter	15
	1.6	Der Kunde ist nicht Käufer	18
	1.7	Regulierungsfunktion	19
	1.8	Umverteilungsfunktion	19
	1.9	Staatsgewalt, Legitimität und Akzeptanz	20
	1.10	Gebietsgebundenheit und Güterbündelung	21
	1.11	Politische Beratung / Beteiligung am Gesetzgebungsprozess	22
	1.12	Öffentliches Interesse	23
	1.13	Zusammenfassung	23
2		New Public Management	26
	2.1	Überblick	26
	2.2	Grundidee	26
	2.3	Ziele	28
	2.4	Hintergrund	29
		a) Wachstum des öffentlichen Sektors	30
		b) Finanzknappheit	30
		c) Verwaltung als Standortfaktor im globalisierten Wettbewerb	32
	2.5	Konstitutive Elemente des New Public Management	32
		a) Trennung von Politik und Verwaltung	37
		b) Leistungsauftrag und Globalbudget	38
		c) Umfassende Wirkungsprüfung und Reporting	39
		d) Kundenorientierung	40
		e) Holdingstrukturen	40
		f) Trennung von Käufer und Erbringer	41
		g) Wettbewerb	42
		h) Unternehmertum	47
		i) Allianzen mit Privatwirtschaft und Nonprofitorganisationen	48
		j) Einbezug von Freiwilligen und Betroffenen	48
		k) Moderatorenrolle	49
		l) Prozessorganisation	51
	2.6	Kritik an New Public Management	51
		a) Untrennbarkeit von Politik und Verwaltung	53
		b) Verlust der politischen Steuerungsfähigkeit	54

		c) Politisierung der Manager	57
		d) Tyrannei der Indikatoren	58
		e) Zentralisierung	60
		f) Steigender Einfluss von Interessengruppen	61
		g) Weniger Rechtsschutz und Rechtsgleichheit	62
		h) Korruption	63
		i) Negative Auswirkungen auf Frauen als Staatsangestellte	63
		j) Negative Auswirkungen auf Frauen als Bürgerinnen	64
		k) Unfairer Wettbewerb	65
		l) Fazit	65
	2.7	Erfolgsausweis von New Public Management	65
	2.8	Theoretische Grundlagen des New Public Management	68
		a) Public Choice	69
		b) Agency Theory	70
		c) Transaktionskostenökonomie	72
		d) Betriebswirtschaftslehre	74
	2.9	Zusammenfassung	75
3	**Prozessorganisation**		**77**
	3.1	Überblick	77
	3.2	Grundideen der Prozessorganisation	77
		a) Prozess-Idee	78
		b) Idee der horizontalen Prozesssegmentierung	80
		c) Idee der informationellen Vernetzung	81
	3.3	Anschluss an Strategiekonzeptionen	82
	3.4	Erfolg der Prozessorganisation	82
	3.5	Kritik und Probleme	82
	3.6	Zusammenfassung	83

Teil III: Strategie in der öffentlichen Verwaltung   85

1	**Strategiebegriff in der öffentlichen Verwaltung**		**87**
	1.1	Begriffsverwendung in der NPM-Literatur	87
	1.2	Begriffsverwendung in dieser Arbeit	89
2	**Strategie in der betriebswirtschaftlichen Literatur**		**91**
	2.1	Begriffsverwendung	91
	2.2	Ebenen der Anwendung des Begriffes	93
		a) Geschäftsfeldstrategie	93
		b) Unternehmensstrategie	93
		c) Holdingstrategie	94
	2.3	Strategiekonzepte und Forschungsrichtungen	94
	2.4	Strategie*inhalt*	95
		a) Marktorientierte Strategie	95
		b) Ressourcenorientierte Strategie	97
	2.5	Strategie*prozess*	98
		a) Begrenzte Rationalität	100
		b) Machtkampf	102
		c) Mülleimer	104
		d) Fazit	105
	2.6	Change Management	106
	2.7	Organisationales Lernen / Wissensmanagement	107
	2.8	Dynamischer ressourcenorientierter Ansatz	110
	2.9	Abgrenzung strategische vs. operative Aufgaben	113
	2.10	Zusammenfassung	113
3	**Strategische Grundsatzprobleme in der öffentlichen Verwaltung**		**115**
	3.1	Selektive Formulierung von Strategien	115
	3.2	Mangelnde Steuerung der Strategien	116
	3.3	Mangelnde Implementation von Strategien	118
	3.4	Zusammenfassung	119
4	**Konsequenzen für NPM und FLAG**		**120**
	4.1	FLAG sinnlos?	120

4.2	Vergleich mit dem Status quo	121
4.3	Institutionelle Ausgestaltung und Massnahmen	122
5	Fazit	127

Teil IV: Organisation und NPM 129

1	Was ist „Organisation"?	131
2	**Aufgaben und Bedeutung der Organisation**	**133**
2.1	Koordination	133
2.2	Motivation	134
2.3	Orientierung / Strategiefindung	135
2.4	Grenzen der Aufgaben der Organisation: Führung	137
2.5	Zusammenfassung	137
3	**Organisation und Kernkompetenzen des Staates**	**139**
3.1	Grundsätzliches	139
3.2	Einfache Konzepte	139
	a) Öffentliche und meritorische Güter	140
	b) Hoheitliche Aufgaben	140
3.3	Regulierungsfunktion	141
3.4	Messbarkeit-Wettbewerb-Matrix	144
	a) Grundmodell	144
	b) Erweiterung	145
	c) Kritik	146
	d) Praktische Anwendung	147
3.5	Folgerung	148
4	**Kernkompetenzen von Ämtern in der öffentlichen Verwaltung**	**150**
4.1	Handelbarkeit und Transferierbarkeit	150
4.2	Langer Erstellungszeitraum	151
4.3	Substitution und Imitation	151
4.4	Politikrelevanter, öffentlicher Zusatznutzen	152
	a) Öffentlicher Zusatznutzen	152
	b) Poltikrelevanz	153
	c) Politische Einflussnahme im Eigeninteresse?	154
4.5	Beispiel: Akzeptanzschaffung	155
4.6	Kommerzielle Nutzung	156
	a) Grundsätzliches	156
	b) Möglichkeit des Misserfolgs	157
	c) Quersubventionierung	158
	d) Lernpotential	159
4.7	Folgerung für das strategische Outsourcing	160
	a) Gewichtigkeit der Probleme abschätzen	160
	b) Flankierende Massnahmen prüfen	162
	c) Zusammenspiel Staats- und Verwaltungsebene	164
4.8	Zusammenfassung	165
5	**Prozessorganisation in der öffentlichen Verwaltung**	**167**
5.1	Privatwirtschaftliche Kernkompetenz	167
5.2	Verwaltungskernkompetenz	168
5.3	Kommerzielle Nutzung	169
5.4	Zusammenfassung	169
6	**Zusammenfassung**	**170**

Teil V: Fallstudien 171

1	**Beispiele aus dem Ausland**	**172**
2	**Grundlagen zu den Fallstudien**	**176**
2.1	Ziel der Fallstudien	176
2.2	Auswahl der Fallstudien	176
2.3	Interviews	178
	a) Befragte Personen	178
	b) Gestellte Fragen	178

	2.4	Darstellung der Antworten	179
		a) Fallpräsentation	179
		b) Erfolg	179
		c) Analyse	179
3	**FAM - Beratung**	**182**
	3.1	Aufgabe	182
	3.2	Organisation	182
	3.3	Einführung	183
	3.4	Organisation der Beratung	184
		a) Kleinkunden	184
		b) Grosskunden	186
	3.5	Resultate	187
	3.6	Analyse	188
	3.7	Fazit	192
4	**ARK**	**193**
	4.1	Aufgabe	193
	4.2	Ausgangslage	193
	4.3	Einführung	194
	4.4	Organisation	195
		a) Organigramm	195
		b) Der Standardfall: Vereinfachtes Verfahren	196
		c) Mittlere und komplexe Fälle	198
		d) Informatikunterstützung	199
	4.5	Resultate	200
	4.6	Analyse	201
	4.7	Fazit	205
5	**DISPO**	**206**
	5.1	Aufgabe	206
	5.2	Alte Organisation	206
	5.3	Einführung	207
	5.4	Neue Organisation	209
	5.5	Resultate	212
	5.6	Analyse	213
	5.7	Fazit	215
6	**BPV**	**216**
	6.1	Aufgabe	216
	6.2	Alte Organisation	216
	6.3	Strategische Herausforderung	218
	6.4	Einführung	219
		a) Exkurs: FLAG im BPV?	222
	6.5	Neue Organisation	222
	6.6	Resultate	225
	6.7	Analyse	226
	6.8	Fazit	228
7	**IGE - Markenabteilung**	**229**
	7.1	Aufgabe	229
	7.2	Alte Organisation	229
	7.3	Ausgangslage	230
		a) Tätigkeitsumfeld	230
		b) Umfeld innerhalb der Bundesverwaltung	231
		c) Politisches Umfeld	231
		d) Innere Situation	232
		e) Projektziele	232
	7.4	Einführung	233
		a) Zeitlicher Ablauf	233
		b) Lohnsystem:	234
		c) Lohnerhöhung des Direktoriums	234
		d) Ausbildung	234
	7.5	Bisherige Abläufe	234

	7.6	Neue Organisation	236
	7.7	Resultate	237
		a) Leistung	237
		b) Evaluationen	237
		c) Negative Schlagzeilen	238
		d) Qualität der Entscheide	238
	7.8	Analyse	239
	7.9	Fazit	243
8	**SMA**		**244**
	8.1	Aufgaben	244
	8.2	Wie ist die SMA organisiert?	246
	8.3	Welche Strategie verfolgt die SMA?	246
	8.4	Ausgangslage und Umfeld	247
		a) Pilotamt allgemeine Bundesverwaltung	248
		b) Private Konkurrenz und Einschränkung durch Kartellkommission	248
		c) Kompetitives Umfeld	248
	8.5	Welche Stärken hat die SMA?	249
		a) Wissenschaftlichkeit	249
		b) Verwaltungswissen	249
		c) Gesetzesauftrag	249
	8.6	Welche Probleme bestehen innerhalb der SMA?	249
		a) Wissenschafts- statt Kundenorientierung	249
		b) Wirtschaftlichkeitsüberlegungen nicht integriert	250
		c) Ressourcenzuteilung problematisch	250
		d) Resultateverantwortung unklar	250
	8.7	Einführung	250
	8.8	Neue Organisation	254
		a) Operationelle Bereiche	255
		b) Unterstützungsbereich	256
		c) Kompetenzzentren	257
		d) Koordinationsorgane	258
	8.9	Resultate	258
	8.10	Analyse	259
	8.11	Fazit	264
9	**Auswertung**		**265**
	9.1	Verwaltungsspezifische Ausgestaltung des Prozessmanagements	266
	9.2	Ursachen und Wirkungen des Prozessmanagements	269
	9.3	Der organisatorische Wandel hin zum Prozessmanagement	272
	9.4	Zusammenhang Prozessorganisation - NPM	273
	9.5	Besonderheiten der öffentlichen Verwaltung	276
	9.6	Politik und Strategieprozess	277
10	**Fazit aus den Fallstudien**		**279**

Teil VI: Fazit   281

1	NPM und betriebswirtschaftliche Strategieforschung	282
2	Prozessorganisation in der öffentlichen Verwaltung	285
3	Anwendung betriebswirtschaftlicher Konzepte in der öffentlichen Verwaltung	287

Literaturverzeichnis   289

Darstellungsverzeichnis

Darstellung 1:	Häufigkeit der Verwendung des Begriffs NPM in der Neuen Zürcher Zeitung	5
Darstellung 2:	Struktur der Arbeit	9
Darstellung 3:	Öffentliche und private Güter	16
Darstellung 4:	Die Schweizerische Meteorologische Anstalt im Spiegel der genannten Kriterien für eine öffentliche Verwaltung	24
Darstellung 5:	Ausgaben von Bund, Kantonen und Gemeinden	30
Darstellung 6:	Budgetdefizit von Bund, Kantonen und Gemeinden	31
Darstellung 7:	Schulden von Bund, Kantonen und Gemeinden	31
Darstellung 8:	Strukturierung der NPM-Literatur	35
Darstellung 9:	Was umfasst der Begriff NPM?	37
Darstellung 10:	Kritik an NPM	52
Darstellung 11:	Problem unvollständiger Indikatoren	58
Darstellung 12:	Strategiebegriff in der NPM-Literatur	89
Darstellung 13:	Übertragung des Strategiebegriffs auf zwei Ebenen	90
Darstellung 14:	Ansätze der Strategieprozessforschung im Vergleich	100
Darstellung 15:	Der dynamische ressourcenorientierte Ansatz als Konsequenz aus anderen Ansätzen	112
Darstellung 16:	Bedeutungen des Begriffs „Organisation"	132
Darstellung 17:	Organizing Map	138
Darstellung 18:	Dienstleistungs-, Regulierungs- und Umverteilungsfunktion bei Gütern mit freiem Zugang	143
Darstellung 19:	Typologie von Gütern mit freiem Zugang	144
Darstellung 20:	Privatisierung der Herstellung von Gütern mit freiem Zugang (Messbarkeit-Wettbewerb-Matrix)	145
Darstellung 21:	Strategische Outsourcing-Matrix	161
Darstellung 22:	Neubewertung der Problemgewichtigkeit	164
Darstellung 23:	Outsourcing-Entscheidungsprozess in der öffentlichen Verwaltung	165
Darstellung 24:	Prozessorganisation in ausländischen öffentlichen Verwaltungen	172
Darstellung 25:	Übersicht Fallstudien	177

Darstellung 26:	Einordnungsraster	180
Darstellung 27:	Analyseraster	181
Darstellung 28:	Organigramm FAM	182
Darstellung 29:	Übersicht Beratungen der FAM	184
Darstellung 30:	Ablauf Angebotsberatung	185
Darstellung 31:	Ablauf Prüfbericht erstellen	186
Darstellung 32:	Einordnung FAM	188
Darstellung 33:	Prozessorganisation im Fall FAM	189
Darstellung 34:	Organigramm ARK	196
Darstellung 35:	Ablauf vereinfachtes Verfahren	198
Darstellung 36:	Ablauf normales Verfahren	199
Darstellung 37:	Einordnung ARK	201
Darstellung 38:	Prozessorganisation im Fall ARK	202
Darstellung 39:	Altes Organigramm mit Kernprozess „Requisition"	207
Darstellung 40:	Neues Organigramm DISPO	210
Darstellung 41:	Beschreibung der Prozesse von DISPO	210
Darstellung 42:	Einordnung Fall DISPO	213
Darstellung 43:	Prozessorganisation im Fall DISPO	214
Darstellung 44:	Altes Organigramm BPV	217
Darstellung 45:	Ablaufbeispiel in der alten Organisation	217
Darstellung 46:	Projektarbeitszyklus	220
Darstellung 47:	Besoldungssystem BPV	223
Darstellung 48:	Neues Organigramm BPV	224
Darstellung 49:	Sitzungsplan	224
Darstellung 50:	Einordnung Fall BPV	226
Darstellung 51:	Prozessorganisation im Fall BPV	227
Darstellung 52:	Organigramm BAGE	229
Darstellung 53:	Organigramm Markenabteilung	230
Darstellung 54:	Ablauf des Projektes	233
Darstellung 55:	Abläufe in der alten Organisation	235
Darstellung 56:	Organigramm Markenabteilung IGE	236
Darstellung 57:	Kennzahlen des BAGE/IGE	238
Darstellung 58:	Einordnung Fall IGE-Markenabteilung	239
Darstellung 59:	Prozessorganisation im Fall IGE - Markenabteilung	240

Darstellung 60:	Kostenstruktur	244
Darstellung 61:	Prognoseerstellung	245
Darstellung 62:	Altes Organigramm SMA	246
Darstellung 63:	Ziele und Strategien aus dem Leistungsauftrag	247
Darstellung 64:	Projektarbeitszyklus	252
Darstellung 65:	Projektphasen und Einbezug der Hierarchieebenen	254
Darstellung 66:	Neues Organigramm SMA	255
Darstellung 67:	Untergliederung der Bereiche	256
Darstellung 68:	Einordnung Fall SMA	259
Darstellung 69:	Prozessorganisation im Fall SMA	260
Darstellung 70:	Fallstudien - Übersicht	266
Darstellung 71:	Prozessorganisation in den Fallstudien	267
Darstellung 72:	Vorgehen	273
Darstellung 73:	NPM im Spiegel der Fallbeispiele	274

Abkürzungen

A.d.A.	Anmerkung des Autors
ARK	Schweizerische Asylrekurskommission
BAGE	Bundesamt für geistiges Eigentum, heute IGE
BAGIS	Informatiksystem des BAGE/IGE
BATT	Bundesamt für Transporttruppen
bzw.	beziehungsweise
d.A.	des Autors
d.h.	das heisst
DISPO	Sektion Disposition ziviler Fahrzeuge
EDI	Eidgenössisches Departement des Inneren
EFV	Eidgenössische Finanzverwaltung
EMD	Eidgenössisches Militärdepartement, heute VBS
EPA	Eidgenössisches Personalamt
ETH	Eidgenössische Technische Hochschule, Zürich
FAM	Eidgenössische Forschungsanstalt für Milchwirtschaft
FLAG	Führen mit Leistungsauftrag und Globalbudget
GL	Geschäftsleitung
GS	Generalsekretariat
i.d.R.	in der Regel
IDHEAP	Institut des hautes études d'administration publique, ETH Lausanne
IGE	Institut für geistiges Eigentum, vormals BAGE
IR	1. Internationales Register (im Fall IGE) 2. Instruktionsrichter (im Fall ARK)
k.A.	keine Angaben
KGSt	Kommunale Gemeinschaftsstelle für Verwaltungsvereinfachung
m.E.	meines Erachtens
Mio.	Million(en)
Mrd.	Milliarde(n)
MTM	market type mechanism
NPM	New Public Management
NPO	Nonprofitorganisationen

NPR	National Performance Review, Programm der Clinton-Regierung zur Umsetzung von NPM
NZZ	Neue Zürcher Zeitung
p.a.	per annum (d.h. jährlich)
sog.	sogenannt
u.a.	und anderes
Ü.d.A.	Übersetzung des Autors
VBS	Eidgenössisches Departement für Verteidigung, Bevölkerungsschutz und Sport, vormals EMD
vs.	versus
WF	Gesellschaft zur Förderung der schweizerischen Wirtschaft (die Abkürzung WF steht für Wirtschaftsförderung)
z.B.	zum Beispiel

Teil I: Einleitung

Wer kennt die Begriffe nicht, die in der öffentlichen Verwaltung in den letzten Jahren für innovatives und modernes Handeln stehen?
- New Public Management (NPM)
- Wirkungsorientierte Führung der Verwaltung (WIF)
- Wirkungsorientierte Verwaltungsführung (WOV)
- Neues Steuerungsmodell
- National Performance Review (NPR)

So verschieden diese Bezeichnungen auch klingen, sie bezeichnen im Wesentlichen denselben Ansatz zur neuen, verbesserten Gestaltung der öffentlichen Verwaltung.

Die vorliegende Arbeit befasst sich mit diesem Ansatz im allgemeinen und mit der Anwendung der Prozessorganisation in der öffentlichen Verwaltung im speziellen. Die Prozessorganisation, auch bekannt unter der Bezeichnung „Business Reengineering", hat in der Privatwirtschaft einen ähnlichen Bekanntheitsgrad erreicht wie „New Public Management" in der öffentlichen Verwaltung.

Der einleitende Teil beinhaltet fünf Kapitel:

1. **Bedeutung der öffentlichen Verwaltung**
   Die Bedeutung der öffentlichen Verwaltung wird skizziert und damit die generelle Relevanz des Themas für die Betriebswirtschaftslehre belegt.

2. **Bedeutung des New Public Management**
   Die rasante Verbreitung des Gedankens des New Public Managements wird aufgezeigt und damit die Relevanz des Themas für die öffentliche Verwaltung untermauert.

3. Ziele der Arbeit
Die Ziele der Arbeit werden erklärt und begründet.

4. Vorgehen und Struktur
Vorgehen und Struktur dieser Arbeit werden erläutert.

5. Vorbemerkungen
Einige nötige Vorbemerkungen werden gemacht.

Nicht Ziel des Teils I ist es, die Begriffe „öffentliche Verwaltung", „New Public Management" und „Prozessorganisation" zu definieren. Dies erfolgt ausführlich im Teil II. Vorderhand ist ein Alltagsverständnis dieser Begriffe ausreichend.

1 Bedeutung der öffentlichen Verwaltung

Die öffentliche Verwaltung ist zu einem erheblichen Wirtschaftsfaktor geworden. Und zwar nicht nur aufgrund der Massnahmen, mit denen sie die Privatwirtschaft beeinflusst. Die öffentliche Verwaltung ist selbst ein Wirtschaftssubjekt, dessen zunehmende Grösse es als angemessen erscheinen lässt, sich auch aus betriebswirtschaftlicher Perspektive damit zu befassen. Die folgenden Zahlen mögen dies illustrieren:

- In den OECD-Staaten haben sich die Pro-Kopf-Staatsausgaben zwischen 1980 und 1991 mehr als verdoppelt[1].
- Die Schulden im Verhältnis zum Bruttosozialprodukt der OECD-Staaten haben sich seit 1974 von 36% auf 73% rund verdoppelt[2].
- In der Schweiz arbeiteten 1991 rund 115'000 Personen in der öffentlichen Verwaltung[3]. Dies sind rund 4% aller Beschäftigten. Dieser Wert ist vergleichbar mit der Beschäftigung im Bankensektor[4].
- Die Beschäftigten in der öffentlichen Verwaltung verzeichneten zwischen 1985 und 1991 einen Zuwachs von 12,8% gegenüber einem durchschnittlichen schweizerischen Beschäftigungszuwachs von 7,8% in derselben Zeitspanne[5].
- Beratungsunternehmen machen einen erheblichen Anteil ihrer Umsätze mit der öffentlichen Verwaltung[6].

Diese Hinweise sollen aufzeigen, dass die öffentliche Verwaltung nicht (mehr) als mengenmässig vernachlässigbaren „Wirtschaftszweig" betrachtet werden kann und eine grössere Aufmerksamkeit durch die Betriebswirtschaftslehre verdient.

---

[1] Vgl. OECD (1995, S. 22).
[2] Vgl. OECD (1995, S. 20).
[3] Inklusive Sozialversicherungen, aber exklusive Gesundheitswesen, Unterricht und Forschung.
[4] Ohne Einrechnung der Versicherungsgesellschaften, vgl. WF (1996, S. 26-27).
[5] Vgl. WF (1996, S. 26-27).
[6] Gemäss persönlichen Mitteilungen von Mitarbeitenden der Firmen Andersen Consulting, Arthur Andersen, McKinsey&Co., Coopers&Lybrand sowie ATAG Ernst&Young.

2 Bedeutung des New Public Management

Fast in der ganzen westlichen Welt werden die Leistungen des öffentlichen Sektors zunehmend kritisiert, während dessen Kosten laufend steigen. Vor dem Hintergrund allgemein leerer Staatskassen bildet dies ein wesentliches Problem für die Regierungen und letztlich auch für die betroffenen Staaten als Ganzes. New Public Management ist diesbezüglich ein willkommener Ansatz zur Problembewältigung. Wie unten gezeigt wird, darf man sich von diesem Ansatz allerdings nicht eine vollständige Problemlösung erhoffen[7]. Konkrete Projekte in dieser Richtung wurden anfangs der achtziger Jahre entwickelt, vor allem in Australien, Neuseeland, Grossbritannien, USA, Niederlande und den skandinavischen Staaten[8]. In allen diesen Staaten werden heute wesentliche Anstrengungen dieser Art unternommen, ebenso in Frankreich, Deutschland, Österreich und Japan[9].

Auch in der Schweiz sind solche Bestrebungen im Gang[10]. Auf Bundesebene sind einmal die Veränderungen im Verteidigungsdepartement[11] und zwei 1997 gestartete NPM-Pilotämter zu erwähnen. Daneben bereiten sich rund zehn weitere Bundesämter für die Einführung von NPM vor. Auf der kantonalen Ebene sind Projekte in Bern, Luzern, Wallis, Solothurn, Aargau[12] und Zürich angelaufen. Verschiedene Städte, Gemeinden und Gemeindegruppen unternehmen ebenfalls Anstrengungen in die gleiche Richtung.

Damit dürfte klar sein, dass New Public Management keine Randerscheinung ist. Die steil zunehmende Aktualität lässt sich an der Häufigkeit der Verwendung des Begriffs in einer Tageszeitung gut illustrieren (vgl. Darstellung 1).

---

[7] Vgl. Teil II, ab Seite 30.
[8] Vgl. Haldemann (1995).
[9] Vgl. Naschold (1996, S. 21) für eine detaillierte Übersicht.
[10] Vgl. Schedler/Haldemann (1995) für eine detaillierte Zusammenstellung.
[11] Die neue Bezeichnung des ehemaligen Militärdepartementes lautet: Eidgenössisches Departement für Verteidigung, Bevölkerungsschutz und Sport.
[12] Gemäss NZZ (1997d).

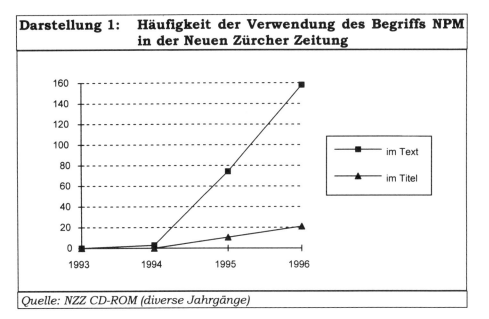

Darstellung 1: Häufigkeit der Verwendung des Begriffs NPM in der Neuen Zürcher Zeitung

Quelle: NZZ CD-ROM (diverse Jahrgänge)

Die zunehmende Begriffsverwendung könnte auch als eine Modeerscheinung interpretiert werden. Dieser Vermutung widerspricht aber nicht nur die Tatsache der internationalen Verbreitung, sondern auch die Einschätzung namhafter Wissenschafter:

> „... many would agree that the new public management should now be seen as a major breakpoint in public sector management (...) of much greater significance than the usual fad of fashion." (Ferlie et al. 1996, S. 9)

Diese Hinweise sollen genügen um darzulegen, dass New Public Management einen zentralen Ansatz in der öffentlichen Verwaltung darstellt, welcher der Aufmerksamkeit einer solchen Arbeit würdig ist.

3 Ziel der Arbeit

In den letzten zwei bis drei Jahren haben schweizerische Gebietskörperschaften aller drei Ebenen begonnen, in Pilotprojekten den NPM-Ansatz umzusetzen. Aus dem Ausland liegen schon einige Erfahrungen vor, hingegen fehlen umfassende Evaluationen, welche die Wirksamkeit des Ansatzes belegen würden. Auf diesem Hintergrund steht die generelle Forderung nach Kundenorientierung oder die spezifischere Vorstellung der Führung mit Leistungsauftrag und Globalbudget (FLAG). Beides führt dazu, dass organisatorische Strukturen überdacht werden müssen.

Die grundlegende Fragestellung der vorliegenden Arbeit ist:

Was kann die öffentliche Verwaltung aus der Betriebswirtschaftslehre lernen?

Diese Frage wird *einerseits* eingeschränkt auf *strategische* und *organisatorische* Fragen. Bereiche wie z.B. Personalpolitik oder Rechnungswesen werden damit ausgeklammert. *Andererseits* wird der Betrachtungsgegenstand auf das *New Public Management* und auf die *Prozessorganisation* eingeschränkt. Daraus ergeben sich die folgenden Unterfragen:

- **Was kann NPM aus der betriebswirtschaftlichen Strategieforschung lernen?**
  Es geht darum, das Konzept des NPM aus Sicht der neusten betriebswirtschaftlichen Erkenntnisse kritisch zu durchleuchten.
  Dies erscheint deshalb sehr relevant, weil es Hinweise gibt, dass die neusten betriebswirtschaftlichen Erkenntnisse, insbesondere jene der Strategieforschung, nicht in das NPM-Konzept eingeflossen sind. Dies obwohl sich NPM rühmt, auf betriebswirtschaftlichen Erkenntnissen zu basieren[13].

---

[13] Vgl. z.B. Haldemann (1995).

- **Wie kann das betriebswirtschaftliche Konzept „Reengineering" bzw. „Prozessorganisation" auf die öffentliche Verwaltung angewendet werden?**
Die Übertragung eines sehr erfolgreichen betriebswirtschaftlichen Konzeptes auf die öffentliche Verwaltung soll illustriert werden.
Dies ist deswegen wichtig, weil Reengineering eine Massnahme zur drastischen Leistungsverbesserung ist und damit ein Mittel zur Lösung der dringendsten Probleme der öffentlichen Verwaltung darstellt sowie ein Mittel zur Erreichung der erklärten NPM-Ziele. Zudem hat Reengineering nach unserer Einschätzung in der öffentlichen Verwaltung noch eine grosse Zukunft vor sich.

- **Welche Besonderheiten sind bei der Anwendung betriebswirtschaftlicher Konzepte in der öffentlichen Verwaltung zu beachten?**
Die bei dieser Gelegenheit gemachten Erfahrungen sollen so weit als möglich verallgemeinert werden. Damit sollen Hilfestellungen für die Übertragung anderer Konzepte geleistet werden.
Diese Frage ist insofern zentral, als dass NPM die Verwendung betriebswirtschaftlicher Konzepte in der öffentlichen Verwaltung propagiert. Damit dürften solche Übertragungen immer häufiger werden. Aber auch ohne NPM stehen viele Ämter heute vor praktischen Herausforderungen, für welche die Betriebswirtschaftslehre zwar Instrumente anbietet, aber leider nur solche, die nicht auf die Bedingungen der öffentlichen Verwaltung zugeschnitten sind.

4 Vorgehen und Struktur

Um die obigen Fragestellungen zu bearbeiten, wird einerseits die entsprechende Literatur zusammenfassend vorgestellt und wo nötig kritisch kommentiert. Andererseits werden Fallstudien aus der Verwaltungspraxis präsentiert, welche auf zahlreichen Interviews und auf der praktischen Arbeit des Autors als Organisationsberater in der Bundesverwaltung basieren.
Die Aufarbeitung der Literatur und der Fallstudien ist teilweise gleichzeitig erfolgt. Zudem warfen die Resultate der einen Fallstudie wieder Fragen für die nächste auf. Dadurch entstand ein intensiver Austausch zwischen Theorie und Praxis. Für die Klarheit der Darstellung erscheint eine Trennung von Theorie und Praxis jedoch angebracht.
Die Arbeit gliedert sich wie folgt:

Darstellung 2:	**Struktur der Arbeit**
Teil I	Die Arbeit wird durch die Erläuterung der folgenden Punkte eingeleitet: • Begründung für die Arbeit (Bedeutung der öffentlichen Verwaltung und des New Public Management) • Ziele der Arbeit sowie • Vorgehen und Struktur.
Teil II	Es werden drei zentrale Begriffe geklärt: • Beim Begriff „**öffentliche Verwaltung**" geht es lediglich um eine Abgrenzung, die jedoch erstaunlich kniffig ist. Die Besonderheiten der öffentlichen Verwaltung im Vergleich zu privaten Unternehmen werden dargestellt, weil sich eine Übertragung betriebswirtschaftlicher Konzepte an diesen Besonderheiten zu orientieren hat. • Der Begriff „**New Public Management**" wird erklärt anhand von Hintergründen und Definitionen aus der Literatur sowie durch das Aufzeigen der in der Literatur geäusserten Kritik und durch eine eigene Stellungnahme. • Der Begriff „**Prozessorganisation**" soll nur summarisch dargestellt werden, weil er anhand der Fallbeispiele im Teil V präzisiert wird.
Teil III	Es werden strategische Ansätze aus der Literatur über New Public Management und aus der betriebswirtschaftlichen Literatur dargestellt - insbesondere die **Strategie*prozess*forschung** - und verglichen. Daraus werden Schlüsse für die praktische Ausgestaltung des New Public Management gezogen.
Teil IV	Die **strategische Bedeutung der Organisation** wird aus Sicht der Betriebswirtschaftslehre dargestellt und auf die organisatorische Ausgestaltung von Verwaltungseinheiten übertragen. Der Begriff der Kernkompetenzen wird für die sinnvolle Anwendung im öffentlichen Sektor differenziert. Schliesslich wird gefragt, welchen Beitrag die Prozessorganisation zur Bildung von Kernkompetenzen leisten kann.
Teil V	Die Anwendung der Prozessorganisation in der öffentlichen Verwaltung wird anhand von mehreren **Fallstudien** aus der schweizerischen Bundesverwaltung dargestellt. Es werden damit • Besonderheiten der Verwaltung verdeutlicht, • die strategische Relevanz der Organisation illustriert und • Zusammenhänge mit dem New Public Management aufgezeigt.
Teil VI	Schliesslich werden die Resultate zusammengefasst und mit einem Ausblick ergänzt.

Quelle: eigene Darstellung

5 Vorbemerkungen

Im folgenden wird oft von der „Unternehmung" gesprochen, wo doch gemäss des Titels der Arbeit das „Amt" oder die „Verwaltungseinheit" stehen müsste. Dies ist dadurch bedingt, dass sich viele Erkenntnisse zunächst nur auf Unternehmen beziehen. Eine Übertragung auf die öffentliche Verwaltung wird erst in einem zweiten Schritt gemacht. Dort wo sich Aussagen sowohl auf den privaten als auch auf den öffentlichen Sektor beziehen, wird allgemein von der „Organisation" gesprochen. Es dürfte aus dem Kontext klar sein, dass in diesem Moment nicht die Organisation als Struktur (Aufbauorganisation) oder als Aufgabe (das Organisieren) gemeint ist.

Wenn von Personen die Rede ist, wird bevorzugt eine geschlechtsneutrale Bezeichnung verwendet. Wird aus Gründen der besseren Lesbarkeit die männliche Form verwendet, so sind Frauen immer mitgemeint. Die Verwendung der weiblichen Form bezieht sich ausschliesslich auf Frauen. Letzteres kommt im Zusammenhang mit der Frage nach der Diskriminierung von Frauen zum tragen.

Bezüglich der Struktur dieses Textes ist - in absteigender hierarchischer Abfolge - von Teilen, Kapiteln, Unterkapiteln und Abschnitten die Rede.

Es wird die neue deutsche Rechtschreibung[14] verwendet.

---

[14] Allerdings wird, gemäss schweizerischem Usus, auf das Zeichen „ß" zugunsten von „ss" verzichtet.

Teil II: Begriffe

In diesem Teil geht es darum, die grundlegenden Begriffe dieser Arbeit zu erläutern und zu analysieren. Es sind dies die folgenden Begriffe, welche gleichzeitig die Kapitel dieses Teils darstellen:

1. **Öffentliche Verwaltung**
   Es wird diskutiert, worin die Besonderheiten der öffentlichen Verwaltung gegenüber privaten Unternehmen bestehen.

2. **New Public Management**
   Dieser Begriff soll ausführlich diskutiert werden, weil er die Grundlage der Fragestellung liefert.

3. **Prozessorganisation**
   Der Begriff der Prozessorganisation soll kurz beschrieben werden, um das nötige Basisverständnis für das weiter unten folgende zu liefern. Auf die Prozessorganisation wird im Teil V anhand der Fallstudien sehr detailliert eingegangen.

Diese Begriffe bilden die Grundlage für eine vertiefte Analyse (Teil III und IV) und die empirischen Beobachtungen (Teil V).

1 Besonderheiten der öffentlichen Verwaltung

1.1 Überblick

In unserem Alltag scheint die Unterscheidung zwischen privaten Unternehmungen und öffentlicher Verwaltung kaum problematisch: Die einen stellen Brot, Turbinen oder Ferienreisen her, die anderen Pässe, Baubewilligungen und Rechtsprechung. Bei näherem Hinsehen tut sich aber ein riesiger Graubereich auf, und man stellt fest, dass es eine eindeutige Abgrenzung des öffentlichen Sektors oder der öffentlichen Verwaltung gar nicht gibt[15]. Wenn im folgenden unterschiedliche Abgrenzungskriterien und -ansätze vorgestellt und diskutiert werden, kann es also nicht darum gehen, eine Definition der öffentlichen Verwaltung zu finden. Die Zielsetzung ist, Unterschiede und Gemeinsamkeiten bezüglich der Anwendung von Managementkonzepten herauszuarbeiten. Diese sollen uns Anhaltspunkte geben für die Übertragbarkeit von Managementkonzepten aus der Privatwirtschaft auf die öffentliche Verwaltung. Gleichzeitig bilden sie auch die Grundlage für das Verständnis des im nächsten Unterkapitel zu erläuternden Begriffs „New Public Management".

Da eine umfassende Theorie der öffentlichen Verwaltung fehlt[16] und die Beschränkung auf einen theoretischen Ansatz nicht befriedigen kann[17], sind die folgenden Kriterien nicht aus einer Systematik hergeleitet, sondern basieren auf einer breiten Literaturstudie. Die verschiedenen Kriterien weisen daher gewisse Überschneidungen auf. Das gemeinsame theoretische Verständnis der folgenden Kriterien liegt darin, dass es unterschiedliche Rahmenbedingungen sind, die „den Unterschied" ausmachen.

1.2 Eigentumsverhältnisse

Ein sehr gebräuchliches Abgrenzungskriterium des öffentlichen Bereiches bezieht sich auf die Eigentumsverhältnisse. Was Privaten gehört wird der Privatwirtschaft zugeordnet, was dem Staat gehört dem öffentlichen Sektor.

---

[15] Vgl. Lane (1993).
[16] Vgl. Stillman (1996).
[17] Vgl. Hablützel et al. (1995, S. 12).

Obwohl es plausibel scheint, dass öffentliche Verwaltungen nicht Privateigentum sind, macht das Staatseigentum aus einer Organisation noch lange keine öffentliche Verwaltung. Staatliche Fluggesellschaften oder Kraftwerke können zu den öffentlichen Betrieben, nicht aber zur „öffentlichen Verwaltung" in einem engeren Sinne gezählt werden. Zudem können Organisationen, insbesondere Aktiengesellschaften, teils Privaten, teils der öffentlichen Hand gehören. Sie wären damit nicht klassifizierbar. Die Tatsache, dass Bund und Kantone Aktien der Swissair halten, macht dieses Unternehmen nicht zu einer öffentlichen Verwaltung, und die Schweizerische Nationalbank ist keineswegs weniger Teil der öffentlichen Verwaltung, bloss weil Private einen ansehnlichen Anteil der Aktien besitzen. Aber die Eigentumsverhältnisse können Auswirkungen auf strategische Entscheide haben, indem sie die Zusammensetzung des Verwaltungsrats und somit auch des Managements mehr oder weniger stark beeinflussen. Die Eigentumsverhältnisse können auch die betriebliche Effizienz schmälern[18], indem sie Auswirkungen auf die weiteren Rahmenbedingungen haben (siehe folgende Abschnitte).
Insgesamt bietet das Kriterium der Eigentumsverhältnisse für die Abgrenzung der öffentlichen Verwaltung wenig Trennschärfe. Es weist lediglich auf die Problematik der Kontrolle des Managements hin.

1.3 Nicht-Gewinnstrebigkeit / Steuerfinanzierung

Die öffentlichen Verwaltungen müssen, um überleben oder wachsen zu können, weder einen finanziellen Gewinn erwirtschaften, noch sind sie auf freiwillige Spenden angewiesen. Dadurch unterscheiden sie sich von privaten Unternehmen und von privaten Non-Profit-Organisationen. Sie finanzieren sich durch die Staatskasse, welche sich durch den Steuerzwang füllt. Die Mittel werden in der Regel nach Leistungskriterien sondern nach politischen Gesichtspunkten verteilt[19]. Im Gegenteil werden gute Leistungen nicht selten durch gekürzte Budgets im Folge-

---

[18] Vgl. Borcherding/Pommerehne/Schneider (1982).
[19] Vgl. Brennan/Buchanan (1977).

jahr bestraft[20]. Wenn dies zutrifft, liegt eine Koppelung im negativen Sinn vor: Bei schlechter Leistung werden die Ressourcen erhöht oder bei geringerem Ressourcenverbrauch werden die künftigen Budgets gekürzt. Das hat für den Einsatz von Instrumenten aus der Privatwirtschaft weitreichende Konsequenzen.

Mit dem Gewinn fehlt das zentrale *Selektionsinstrument* der Privatwirtschaft: Verwaltungen können auch bei schlechter Leistung langfristig überleben, weil sie sich nicht über den Kapitalmarkt finanzieren müssen[21]. Eine analoge Kontrolle der Leistung könnte nur von einem Minister ausgeübt werden. Die Betroffenen können aber nicht wie Kunden bei Unzufriedenheit den Anbieter wechseln und somit ohne kollektive Absprache Leistungsschwächen bestrafen. Natürlich stellt die Abwahl des verantwortlichen Ministers eine Sanktionsmöglichkeit dar, sie ist aber viel weniger gezielt, weil der Minister vielleicht andernorts Erfolge zu verzeichnen hat und eine differenzierte Stellungnahme durch die Bürgerinnen und Bürger im Wahlverfahren ausbleibt.

Es fehlt aber auch die zentrale *Orientierungsgrösse*: Verwaltungen bekommen keine präzisen Informationen darüber, wie erfolgreich sie ihre Ziele verfolgt haben. Es ist daher schwierig aus der Vergangenheit zu lernen, und das Potential zur Steigerung der intrinsischen (in der Arbeit selbst liegenden) Motivation wird nicht genutzt[22].

Darüber hinaus fehlt ein zentraler *Leistungsanreiz*: Gute Leistungen werden nicht materiell belohnt, bei schlechten Leistungen droht kein Konkurs. Schlechte Leistungen können sogar zu einer Ausdehnung des Budgets führen.

Das Kriterium der leistungsunabhängigen Finanzierung aus der Staatskasse *allein* macht aber noch lange keine öffentliche Verwaltung: Viele private Organisationen erhalten substantielle Beiträge von der öffentlichen Hand, welche nicht direkt an ihre Leistung gekoppelt sind.

---

[20] Dies führt zum sogenannten „Dezemberfieber", der fieberhaften Suche nach Möglichkeiten Geld auszugeben, falls man Ende Jahr feststellt, dass Budgets noch nicht aufgebraucht sind, damit diese im Folgejahr nicht gekürzt werden.
[21] Die durchschnittliche Lebenserwartung einer Unternehmung in Europa und Japan liegt unter 13 Jahren (Economist 1997a).
[22] Aus diesem Grund wird die Implementation eines Controllings für wichtig gehalten, vgl. Hunziker/Hunziker (1998).

1.4 Gesetzesaufträge und -vorschriften

Viele private Unternehmen erfüllen öffentliche Aufträge, wie beispielsweise im Strassenbau. Dies tun sie jedoch freiwillig, indem sie zwischen privaten und öffentlichen Auftraggebern wählen. Die öffentliche Verwaltung darf gemäss des Legalitätsprinzips nur das tun, was ihr das Gesetz vorschreibt[23]. Damit soll sichergestellt werden, dass individuelle Freiheitsrechte durch den Staat nicht verletzt werden. Der Schutz dieser Freiheitsrechte wurde bisher weniger durch Outputsteuerung[24] erreicht, indem Resultate gefordert werden, sondern indem Verfahren festgelegt werden (z.B. Senioritätsprinzip oder „first come first served"), was zwangsläufig zu einer Inputsteuerung führt. Charakteristisch für öffentliche Verwaltungen ist somit, dass sie nur auf Rechtsnormen gestützt handeln dürfen und dass diese Rechtsnormen sehr detailliert sind. Die strategische und operative Entscheidungsfreiheit ist damit eingeschränkt.

So konnte sich die Schweizerische Meteorologische Anstalt zwar entscheiden, als neues Produkt einen per Fax abrufbaren Wetterbericht zu lancieren. Sie kann sich aber nicht entscheiden, die Publikation von Klimabeschreibungen der Schweiz zu unterlassen oder einzelne Niederlassungen zu schliessen[25]. Strategische Entscheidungen - im Sinne der Wahl von Produkten und Märkten - sind also in öffentlichen Verwaltungen nur sehr eingeschränkt möglich.

Es ist allerdings zu beachten, dass auch private Unternehmen in ihrem Handlungsspielraum teilweise stark eingeschränkt sind. So werden beispielsweise die Handlungsspielräume der Banken bis in betriebswirtschaftliche Details geregelt[26].

1.5 Öffentliche und meritorische vs. private Güter

Für die Definition von *öffentlichen* Gütern gibt es zwei Kriterien: Die Nicht-Ausschliessbarkeit und die Nicht-Rivalität des Kon-

---

[23] Im Zusammenhang mit New Public Management fordern jedoch Bolz/Klöti (1996, S. 171) den Abschied vom „Dogma der unbegrenzt geltenden gesetzlichen Regelung".
[24] Vgl. Abschnitt b)) Leistungsauftrag und Globalbudget, Seite 38.
[25] Gemäss Bundesgesetz über die Schweizerische Meteorologische Zentralanstalt vom 27. Juni 1901, Art. 2, Buchstabe a.
[26] Das Schweizerische Bankengesetz enthält detaillierte Vorschriften über Organisation, Liquidität, Eigenmittel, Kapitalherabsetzung und Revision von Banken, vgl. Hotz-Hart et al. (1995, S. 198-211).

sums. Nicht-Ausschliessbarkeit bedeutet, dass aus technischen Gründen niemand vom Konsum ausgeschlossen werden kann wie zum Beispiel bei sauberer Luft. Nicht-Rivalität bedeutet, dass der Konsum der einen Person die Konsummöglichkeiten einer anderen nicht beeinträchtigt wie beim Betrachten einer schönen Landschaft. Diese Bedingung kann auch als erfüllt betrachtet werden, wenn bei der Produktion Skalenerträge[27] vorliegen[28].

Da diese Bedingungen nicht zwangsläufig gleichzeitig erfüllt sind, ergeben sich - neben dem Gegenstück, den privaten Gütern - zwei weitere Typen: Die Klubgüter (oder Common Pool Resources[29]) und die quasi-öffentlichen Güter.

Darstellung 3: Öffentliche und private Güter

	Rivalität	Nicht-Rivalität
Nicht-Ausschliessbarkeit	quasi-öffentliche Güter	öffentliche Güter
Ausschliessbarkeit	private Güter	Klubgüter

Quelle: in Anlehnung an Mueller (1989)

In der ökonomischen Literatur wird traditionellerweise argumentiert, dass (quasi-) öffentliche Güter vom Staat herzustellen seien, da bei mangelnder Ausschliessbarkeit zu geringe private Produktionsanreize bestehen.

Nicht zu verwechseln ist diese Definition mit dem Alltagsverständnis, welches die im öffentlichen Sektor produzierten Güter meint und für unsere Zwecke nicht verwendet werden soll.

Bei *meritorischen* Gütern ist ein Ausschluss technisch möglich, politisch aber nicht gewollt, weil sonst zu wenig davon konsumiert würde. Ein Beispiel wäre der Besuch der Volksschule. Der Begriff des meritorischen Gutes beinhaltet somit - im Gegensatz zum Begriff des öffentlichen Gutes - ein politisches Werturteil.

Private Güter und *Klubgüter* zeichnen sich dadurch aus, dass ein Ausschluss derjenigen Personen möglich ist, die nicht zu bezahlen bereit oder in der Lage sind. Nahezu beliebig viele Beispiele sind aus dem Alltag bekannt wie Nahrungsmittel, Ferienreisen oder Theatervorstellungen.

---

[27] Eine Verdoppelung des Outputs ist mit weniger als einer Verdoppelung des Inputs möglich.
[28] Vgl. Mueller (1989, S. 11).
[29] Vgl. Ostrom (1990).

Typisch für die öffentlichen und meritorischen Güter ist, dass sie keinen (bzw. nur einen stark verzerrten) Marktpreis haben, und es somit sehr schwer ist, ihren Marktwert zu ermitteln. Daraus ergeben sich die gleichen Probleme wie aus der Nicht-Gewinnstrebigkeit (siehe oben, Seite 13).
Öffentliche Verwaltungen sind vorzugsweise mit der Produktion öffentlicher und meritorischer Güter beschäftigt. Diese Abgrenzung bringt aber vier Probleme mit sich:
Erstens stellen öffentliche Verwaltungen auch private Güter und Klubgüter her. Typische Produkte der öffentlichen Verwaltung wie die Strom- und Wasserversorgung, Hallenbäder oder öffentlicher Verkehr mögen zwar der Erzeugung öffentlicher Güter dienen, können aber dem Ausschlussprinzip unterworfen werden.
Zweitens ist der Ausschluss zahlungsunwilliger Personen nicht nur kostspielig, sondern bildet ein Kontinuum von geringen bis zu hohen Ausschlusskosten. Diese Ausschlusskosten sind nicht nur abhängig von Ausschlusstechnologien (Wegfahrsperre bei Autos) und von sozialen Normen (Hemmungen zu stehlen), sondern wiederum von den Handlungen der öffentlichen Verwaltung selbst: Polizei und Gerichte substituieren teilweise die private (und kostspielige) Durchsetzung des Ausschlussprinzips.
Drittens bildet auch das Rivalitätsprinzip oft ein Kontinuum. Skalenerträge bei der Produktion von Gütern können die Rivalität in variablem Ausmass abschwächen: Wenn einige ihre Nachfrage erhöhen, müssen nicht andere zwangsläufig ihren Konsum entsprechend einschränken.[30]
Und *viertens* ist die Abgrenzung von öffentlichen Gütern zu (privaten) Gütern mit positiven externen Effekten nur sehr unscharf zu ziehen. Positive externe Effekte liegen vor, wenn (finanziell) unbeteiligte Dritte von einer Markttransaktion profitieren[31]. Beispielsweise müssen in einem Mehrfamilienhaus mit individueller Heizkostenabrechnung die Nachbarn weniger heizen, wenn jemand die eigene Heizung höher stellt. Typisch für Güter mit positiven externen Effekten ist, dass sie von privaten Unternehmen hergestellt werden, allerdings in einem volkswirtschaftlich zu geringen Umfang. Mit *staatlichen Eingriffen* können - wenn nötig - negative Auswirkungen vermindert werden. Eine

---

[30] Vgl. Mueller (1989, S. 12)
[31] Vgl. Blöchliger/Staehlin-Witt (1991).

staatliche *Herstellung* dieser Güter ist aber in der Regel nicht nötig.

1.6 Der Kunde ist nicht Käufer

Der Kunde, also der Abnehmer einer Leistung, ist bei Unternehmen meist auch derjenige, der über die Bezahlung der Leistung entscheidet[32], oder zumindest stehen Einkäufer (Einkaufsabteilung) und Benutzer (Produktionsabteilung) in relativ engem kommunikativem Kontakt. Im öffentlichen Bereich ist dies typischerweise nicht der Fall: Bei einem Stadtpark sind die Abnehmer der Leistung die Besucher, während die Entscheidung über die Bezahlung für diesen Stadtpark in der Politik gefällt wird. Natürlich sind politische Entscheide[33] nicht völlig losgelöst von den Bedürfnissen der Bevölkerung, aber eine geringere Besucherzahl wirkt sich bei einem Stadtpark nicht so direkt bei den Einnahmen der betreibenden Organisation aus wie beispielsweise bei einem Kino. Es bestehen daher auch geringere Anreize für die Betreiberorganisation, zusätzliche Besucher durch geeignete Massnahmen anzulocken. Es ist allerdings möglich, dass Private für die Zurverfügungstellung ihrer Grundstücke als öffentlichen Erholungsraum entschädigt werden. Es werden daher folgende Begriffsunterscheidungen gemacht:
- Leistungsfinanzierer (Bürger, Parlament) stellen die finanziellen Mittel zu Verfügung und entscheiden darüber, welche Leistungen erbracht werden sollen.
- Leistungskäufer (Regierung, Departemente, Departementsdienste) konkretisieren diese Leistung und entscheiden, wer sie erbringt.
- Leistungserbringer (öffentliche Anbieter, private Anbieter) entscheiden, wie sie die geforderte Leistung erbringen.

Einschränkend ist zu erwähnen, dass öffentliche Verwaltungen auch Dienstleistungen erbringen, die von den Leistungsempfängern direkt bezahlt werden, wie die Passausstellung oder die Eintragung einer Handelsmarke. Solche Leistungen können nicht ohne weiteres unter Wettbewerbsbedingungen von privaten Firmen erbracht werden. Wesentlich für den Nutzen dieser Güter

---

[32] Differenzierungen des Kundenbegriffs finden sich z.B. bei Kotler/Bliemel (1992, S. 270): Initiator, Einflussnehmer, Entscheidungsträger, Käufer und Benutzer.
[33] Es könnte allgemeiner auch von kollektiven Entscheiden gesprochen werden, vgl. Stewart/Ranson (1988).

ist die Akzeptanz durch andere Staaten oder einer einheitlichen Handhabung innerhalb des Staatsgebietes bzw. Wirtschaftsraumes.

1.7 Regulierungsfunktion

Die Verwaltung hat nicht nur eine reine Dienstleistungsfunktion, sondern kann Zwang anwenden, um Gesetze durchzusetzen. Man spricht dabei von der Regulierungsfunktion[34] des Staates. Diese dient in der Regel dazu, ein öffentliches Gut wie Verkehrssicherheit oder saubere Luft, zu erzeugen. Damit stellt die öffentliche Verwaltung das öffentliche Gut nicht selbst her, sondern es hält die Individuen dazu an, es in der Gesamtheit individuellen Handelns zu erzeugen. Öffentliche Verwaltungen haben demnach unter ihren „Kunden" auch unfreiwillige Leistungsempfänger oder „Zwangsempfänger".

Die Regulierungsfunktion lässt sich wenn auch gedanklich, so doch meist nicht praktisch klar von der Dienstleistungsfunktion trennen. Dies hat mehrere Gründe.

Zum einen erhalten Zwangsempfänger in der Regel gleichzeitig auch Dienstleistungen: Gefängnisinsassen werden verpflegt, beim Strafzettel wird der Einzahlungsschein gleich mitgeliefert.

Zum anderen überlappen sich häufig die Personenkreise der Zwangsempfänger und derjenigen, die von der Regulierung profitieren: Wer wegen Missachtung eines Rotlichts eine Strafe erhält, profitiert gleichzeitig von der Durchsetzung der Verkehrsordnung, indem sie seine Risiken im Strassenverkehr vermindert.

1.8 Umverteilungsfunktion

Erklärtes Ziel von verschiedenen Aufgaben der öffentlichen Verwaltung ist eine Umverteilung von Einkommen in der Bevölkerung. Solche Aufgaben kommen privaten Unternehmen nicht zu.

Typisches Beispiel dafür ist die Alters- und Hinterbliebenen Versicherung AHV. Eingezahlt werden bei steigendem Einkommen zunehmende Beträge, ausbezahlt werden von der eingezahlten Summe unabhängige Leistungen. Die Vermischung von Leistungserbringung und Umverteilungsfunktion macht eine

---

[34] Die Regulierungsfunktion entspricht dem Begriff des „Rechtsschutzstaates" bei Buchanan (1983, S. 103).

Feststellung der tatsächlichen Umverteilungseffekte sehr schwierig.
Empirische Studien konnten zeigen, dass in einigen Fällen die angestrebte Umverteilung nicht oder sogar in die falsche Richtung erreicht wurde[35]. Aber selbst wenn die Umverteilungseffekte wunschgemäss eintreten würden, könnte eine Umverteilung mit einer einzigen Massnahme statt einer Fülle von Regelungen transparenter und effizienter stattfinden[36]. Nicht selten versuchen Politiker mit der Argumentation der Umverteilung, die Preispolitik öffentlicher Verwaltungen zu beeinflussen[37].

1.9 Staatsgewalt, Legitimität und Akzeptanz

Bei der praktischen Ausübung der Regulierungs- und Umverteilungsfunktion muss die öffentliche Verwaltung in der Lage sein, ihren Willen auch gegen den möglichen Widerstand von Individuen durchzusetzen. Dies wird besonders deutlich, wenn es um das Verteilen von Strafzetteln oder um das Eintreiben von Steuern geht. Die Ausübung ihrer Aufgaben fällt der öffentlichen Verwaltung daher umso leichter, je weniger Widerstand gegen sie geleistet wird.

Die öffentliche Verwaltung kann ihren Willen - im Gegensatz zu privaten Unternehmen - mit *Staatsgewalt* durchsetzen. Dies ist aber oft sehr kostspielig, langwierig und die nötigen Mittel stehen nicht immer zur Verfügung. Für die öffentliche Verwaltung ist es daher einfacher und kostengünstiger, wenn sie auf wenig oder gar keinen Widerstand stösst. Die Art und Weise der *Durchsetzung* einmal festgelegter Regeln kann bestimmend sein für den Widerstand, der sich ergibt[38]. Das Erzeugen von *Akzeptanz* ist daher eine zentrale Fähigkeit der öffentlichen Verwaltung.

Aber schon bei der *Entstehung* von gesellschaftlichen Regeln kommt der öffentlichen Verwaltung oft die besondere Rolle der

---

[35] Eine falsche Umverteilungsrichtung wurde insbesondere auch für das US-amerikanische Gesundheitsprogramm „Medicaid" festgestellt, das medizinische Grundversorgung im Alter auch für ärmere Menschen zugänglich machen soll. Obschon reichere Personen mehr einzahlen als ärmere und die Auszahlungsmodalitäten für alle gleich sind, profitieren reichere Personen vom System: Sie leben länger und nutzen das System intensiver, vgl. Economist (1997, 2. August, S. 34).

[36] Diese Massnahme hat den etwas verwirrenden Namen „negative Einkommenssteuer" und wird beschrieben z.B. in Frey (1981, S. 233-235).

[37] Ansätze zu einer theoretischen Begründung der Notwendigkeit einer solchen Umverteilung liefern Rawls (1971) und Frank (1975).

[38] Pommerehne/Frey (1992).

Moderation oder Mediation zu[39]. Sie kann nämlich, basierend auf den Grundsätzen der Diskursethik[40], für eine hohe *Legitimität*[41] der im Entstehen begriffenen Regeln sorgen. Dabei ist zu beachten, dass die Übereinstimmung des Verwaltungshandelns mit den geltenden Gesetzen (Legalität) keine Garantie für dessen Anerkennen als gerechtfertigt (Legitimität) ist. Die Legalität des Verwaltungshandelns ist eine Basis, auf der aufbauend der Prozess der Legitimierung zu einem Abbau von Widerstand führen kann. Durch ihre relative finanzielle Unabhängigkeit ist die öffentliche Verwaltung für solche Aufgaben gut geeignet, teilweise werden sie ihr sogar explizit übertragen[42].
Als Besonderheit der öffentlichen Verwaltung können wir also festhalten, dass sie für die Durchsetzung von gesetzten Regeln auf Staatsgewalt zurückgreifen kann, dass aber das Schaffen von Akzeptanz meist die gesellschaftlich nützlichere Alternative darstellt und dass der Verwaltung bei der Entstehung legitimer Regeln eine besondere Rolle zukommt. Aus diesen Besonderheiten ergibt sich aber nur eine geringe Trennschärfe zur Privatwirtschaft. Man kann nämlich einwenden, dass die Staatsgewalt an private Firmen delegierbar ist[43]. Immerhin dürfte dies nur auf einige sehr eingeschränkte Fälle zutreffen. Ebenso lässt sich einwenden, auch private Firmen hätten Legitimität oder Akzeptanz zu schaffen. Der Konsumentenboykott der Firma Shell wegen der umstrittenen Entsorgung der Ölförderplattform „Brent Spar" wäre dazu ein Beispiel. Allerdings spielen diese Überlegungen für die meisten Firmen selten bis gar nie eine Rolle, während sie für eine öffentliche Verwaltung mit Regulierungs- oder Umverteilungsfunktion zum Tagesgeschäft gehören.

1.10 Gebietsgebundenheit und Güterbündelung

Öffentliche Verwaltungen sind in ihrer Tätigkeit gesetzlich auf ein Gebiet beschränkt, während private Unternehmen ihren Aktionsradius an veränderte Umstände anpassen können. Aus Sicht der Verwaltung wird dadurch das Erreichen der optimalen Betriebs-

---

[39] Renn/Webler (1994, S. 27).
[40] Vgl. Habermas (1981).
[41] Vgl. Max Weber (1972), und Westle (1989).
[42] Die kantonalen Gesundheitsdirektionen sind Schlichtungsinstanz bei tariflichen Uneinigkeiten zwischen Spitälern und Krankenversicherern.
[43] Staatsschulden können von privaten Inkasso-Büros eingetrieben werden, Parkbussen können von privat angestelltem Wachpersonal verteilt werden.

grösse erschwert oder verhindert. Aus Sicht der Bürgerinnen und Bürger wird damit die *Wahlfreiheit* eingeschränkt: Bei Unzufriedenheit mit dem Coiffeur kann dieser sofort gewechselt werden, ein Wechsel bezüglich eines schlechten Lehrers oder einer zu teuren Müllabfuhr kann nur sehr viel umständlicher erwirkt werden[44]. Aber selbst Bürgerinnen und Bürger, denen eine effizientere öffentliche Leistung einen Wohnungswechsel wert ist, können sich die öffentlichen Leistungen nicht frei zusammenstellen. Sie können nur zwischen verschiedenen Bündeln wählen. Gebietsgebundenheit und Güterbündelung sind zwar typisch für die öffentliche Verwaltung, aber nicht zwangsläufig. Es ist durchaus denkbar, dass sich Bürgerinnen und Bürger - gemäss dem FOCJ-Konzept[45] - öffentliche Leistungen von verschiedenen (öffentlichen) Anbietern zusammenstellen. Dies wird möglich, wenn Gebietskörperschaften einzelne Aufgaben, z.B. Schulbildung, Wasserversorgung oder Müllentsorgung auslagern und zu grösseren Einheiten, den FOCJ (functional overlapping competing jurisdictions) zusammenfassen. Wichtig ist dabei einerseits die funktionale Überlappung, welche bedeutet, dass Kooperationen bezüglich der Wasserversorgung sich nicht mit der Kooperation im Schulwesen decken müssen. Andererseits ist wichtig, dass durch eine (demokratische oder individuelle) Wahlfreiheit, die einzelnen Anbieter in einem Wettbewerb stehen. Solche FOCJ existierten bereits in mehreren Schweizer Kantonen. Das FOCJ-Konzept weist übrigens enge Analogien zu den in der betriebswirtschaftlichen Organisationslehre bekannten Konzepten der überlappenden Gruppenstrukturen[46] und des virtuellen Unternehmens[47] auf.

1.11 Politische Beratung / Beteiligung am Gesetzgebungsprozess

Für die konkrete Ausgestaltung von Gesetzen und Verordnungen ist das Wissen um konkrete Umstände der zu regulierenden Bereiche zwingend nötig. Verwaltungen haben in der Regel

---

[44] Anstelle der Wahlmöglichkeit bezüglich des Anbieters (exit) besteht lediglich die Möglichkeit, über politische Einflussnahme (voice) die eigenen Interessen zu wahren, vgl. Hirschmann (1970). So könnten sich unzufriedene Eltern für die Abwahl eines bestimmten Lehrers einsetzen.
[45] Vgl. Frey/Eichenberger (1995).
[46] Vgl. Likert (1975).
[47] Vgl. Davidow/Malone (1993) oder Schräder (1996).

solches Wissen. Zudem sind sie im Vergleich zu beteiligten Personen oder Firmen relativ unparteiisch. Dies schliesst jedoch nicht aus, dass eigene Interessen verfolgt werden. Selbstverständlich werden für Fachfragen teilweise externe Beratungsdienstleistungen aus der Privatwirtschaft eingekauft.
Trotzdem bleibt als verwaltungstypisch zu vermerken, dass in vielen Fällen die fachliche Kompetenz zur neutralen Beratung der Politik vorhanden sein muss. Dies gilt insbesondere dort, wo den wenigen privaten Fachleuten kaum Unparteilichkeit zugetraut oder zugemutet werden kann. Teilweise vertreten Chefbeamte in internationalen Gremien gleich selbst die Schweiz.

1.12 Öffentliches Interesse

Oft wird behauptet, öffentliche Verwaltungen würden aufgrund ihrer gesetzlichen Aufträge und Einschränkungen das öffentliche Interesse verfolgen, während private Firmen private Interessen verfolgen.
Diese Aussage ist in zweierlei Hinsicht problematisch. Erstens spricht einige empirische Evidenz dafür, dass öffentliche Verwaltungen im Rahmen ihrer Möglichkeiten auch eigene Interessen verfolgen (z.B. Aufblähen des Verwaltungsapparates) und andererseits können die individuell motivierten Handlungen privater Unternehmen zu gesellschaftlich erwünschten Resultaten führen (z.B. Sicherstellung der Versorgung der Bevölkerung mit Nahrungsmitteln).
Obige Aussage muss also dahingehend abgeschwächt werden, als dass es das *erklärte Ziel* einer öffentlichen Verwaltung ist, das öffentliche Interesse zu verfolgen. Damit reduziert sich dieser Punkt im Wesentlichen darauf, dass kein klares Ziel definiert sind bzw. die Zielerreichung nur schwer feststellbar ist (siehe oben, ab Seite 13). Wie stark die Verwaltung von Individuen benutzt oder missbraucht wird, um eigene Interessen zu verfolgen, bleibt offen.

1.13 Zusammenfassung

Die Darlegung der in der Literatur anzutreffenden Unterscheidungskriterien zwischen öffentlicher Verwaltung und privaten Unternehmen ergeben, dass es keine klare Abgrenzung gibt. Von Fall zu Fall können die Kriterien sehr unterschiedlich ausgeprägt

sein. Es gibt somit auch private Unternehmen, bei denen einzelne Kriterien eher verwaltungstypisch ausgeprägt sind.
Zur Illustration sei hier eine mögliche Beurteilung der Schweizerischen Meteorologischen Anstalt[48] wiedergegeben. Nach dem Kriterium der Besitzverhältnisse wäre sie klar dem öffentlichen Bereich zuzuordnen. Die Anwendung weiterer Kriterien ergibt jedoch ein differenzierteres Bild:

Darstellung 4:	Die Schweizerische Meteorologische Anstalt im Spiegel der genannten Kriterien für eine öffentliche Verwaltung				
Kriterien / Dimensionen	- -	-	0	+	+ +
Staatseigentum					X
Steuerfinanzierung				X	
Gesetzesaufträge				X	
Öffentliche und meritorische Güter				X	
Kunde nicht als Käufer				X	
Regulierungsfunktion		X			
Umverteilungsfunktion		X			
Staatsgewalt, Legitimität und Akzeptanz			X		
Gebietsgebundenheit und Güterbündelung					X
Beteiligung am Gesetzgebungsprozess			X		
Öffentliches Interesse als erklärtes Ziel					X
Legende: - - *trifft gar nicht zu* - *trifft eher nicht zu* 0 *nicht beurteilbar* + *trifft eher zu* + + *trifft voll zu*					
Quelle: eigene Darstellung					

Trotz diesem Abgrenzungsproblem konnte eine ganze Reihe von Besonderheiten der öffentlichen Verwaltung eruiert werden. Die Frage der Übertragbarkeit von Managementkonzepten auf die

---

[48] Eine detaillierte Beschreibung findet sich im Teil V, ab Seite 239.

öffentliche Verwaltung wird sich an diesen Besonderheiten orientieren.

Wie wir im folgenden Kapitel sehen werden, können einige der oben beschriebenen potentiellen Unterschiede zwischen öffentlicher Verwaltung und privater Unternehmung abgebaut werden. Dies ist unter anderem beabsichtigtes Ziel von „New Public Management".

2 New Public Management

2.1 Überblick

Die Grundidee des New Public Management ist die Übertragung von Managementkonzepten auf die öffentliche Verwaltung[49]. Ziel dabei ist eine Steigerung von Effizienz und Effektivität. Diese Ziele haben an Aktualität gewonnen vor dem Hintergrund von stetigem Ausgabenwachstum, Finanzknappheit und erhöhter wirtschaftlicher Bedeutung der öffentlichen Verwaltung. Trennung von Politik und Verwaltung und daraus folgend das Vertrags- und Wettbewerbsmanagement sind die zentralen inhaltlichen Punkte dieses Führungskonzeptes für die öffentliche Verwaltung[50].

2.2 Grundidee

Schon vor über einem Jahrzehnt hat Drucker die Idee des New Public Management vorweggenommen, auch wenn dieser Ausdruck damals noch nicht verwendet wurde:

> „To build entrepreneurial management into the existing public-service-institutions may thus be the foremost political task of this generation." (Drucker 1985, S. 187)

Interessanterweise wurde der Begriff „New Public Management" von den wohl einflussreichsten Autoren Osborne und Gaebler ebenfalls nicht verwendet und auch nicht definiert. Eher scheint das ganze Buch „Reinventing Government" einen Versuch einer Definition darzustellen. Es besteht im Wesentlichen aus einer unsystematischen Zusammenstellung von Fällen innovativen Handelns in der öffentlichen Verwaltung mit sporadischen theoretischen Bezügen und einer mehr oder weniger trennscharfen Systematisierung[51]. Alle diese Innovationsprojekte kreisen um einen gemeinsamen Grundgedanken, den Naschold umschreibt als:

---

[49] Vgl. beispielsweise Picot/Wolff (1994).
[50] Vgl. Osterloh/Hunziker (1997a).
[51] Dies sehen die Autoren selber auch so, vgl. Osborne/Gaebler (1992, S. xvii).

> „Wandel (...) hin zur Hervorhebung privater, kommerzieller und marktgetriebener Verwaltungskultur." (Naschold 1993, S. 52)

Haldemann formuliert diesen Gedanken weiter aus:

> „New Public Management ist eine neue Management-Philosophie der öffentlichen Verwaltung, welche Politik und Verwaltung stärker nach privatwirtschaftlichen Managementtechniken, unternehmerischen Erfolgsprinzipien und marktwirtschaftlichen Steuerungsmechanismen ausrichten will (...) Die formale Rechtmässigkeit soll durch eine *umfassende Leistungs- und Wirkungsorientierung* ergänzt und z.T. ersetzt werden." (Haldemann 1995, S. vii, Hervorhebungen im Original)

Mit den Begriffen „Verwaltungskultur und „Management-Philosophie" wird gut ausgedrückt, dass es sich zunächst um einen etwas vagen Grundgedanken handelt. Dieser hat sich aber mit der Zeit weiter entwickelt und konkretisiert, so dass heute eher von einem „Führungskonzept" (Osterloh/Hunziker 1997a) oder „Führungssystem" (Buschor 1997) zu sprechen ist. Diese Entwicklung ist aber keineswegs abgeschlossen.

> „New Public Management ist das weltweit aktuellste und in fast allen Industriestaaten im Aufbau begriffene Führungssystem der öffentlichen Verwaltungen." (Buschor 1997, S. 16)

Aus dem Anliegen, eine vielfältige Praxis zu widerspiegeln, die starken, anfangsbedingten Veränderungen unterliegt, ergibt sich die Schwierigkeit einer Definition. Die Kommunale Gemeinschaftsstelle für Verwaltungsvereinfachung (KGSt) fasst den Kern der Bewegung wie folgt zusammen:

> „Die Reorganisationsvorstellungen (...) lassen sich in der Formel 'Von der Behörde zum Dienstleistungsunternehmen' zusammenfassen. Überall war man bemüht, die Effektivität, Effizienz, Qualität und Kundennähe (...) mit Hilfe angepasster betriebswirtschaftlicher Instrumente und Verfahren aus dem privaten Sektor zu verbessern." (KGSt 1992, S. 3)

Für andere Autoren steht neben der Anwendung von Managementkonzepten in der öffentlichen Verwaltung die Umsetzung der Empfehlungen der Public Choice Theory im Vordergrund. So ist die Entwicklung des politischen administrativen Systems in Neuseeland, welches als Paradebeispiel für New Public Management gilt, von diesem Ansatz geprägt:

> „To start with, public choice theory (...) undoubtedly influenced the climate of opinion within which the development of the New Zealand model occurred." (Boston et al. 1996, S. 27)

Die selben Autoren sehen aber auch, dass

> „(...) public choice theory and managerialism have influenced policy development in many other countries since the early 1980s (...)." (Boston et al. 1996, S. 27)

Zusammenfassend kann folgendes festgehalten werden:

Eine Grundidee des New Public Management ist das Anwenden (respektive das Anwendbarmachen) von Managementkonzepten der Privatwirtschaft in der öffentlichen Verwaltung. Die Umsetzung der Empfehlungen der Public Choice Theory spielen dabei eine wichtige Rolle.

Nachdem die Stossrichtung von New Public Management geklärt ist, geht es darum, den Begriff zu konkretisieren. Dazu werden im folgenden die Ziele und die am häufigsten angewendeten Instrumente des New Public Management umschrieben.

2.3 Ziele

New Public Management verfolgt grundsätzlich keine politischen Ziele und ist unabhängig von politischen Programmen[52]. Es geht darum, politisch gesetzte Ziele effektiv und effizient umzusetzen.

In der Schweizerischen Bundesverwaltung werden die Ziele von New Public Management etwas konkreter umschrieben[53]:

---

[52] Osborne /Gaebler (1992) S. xviii-xix und Hood (1995).
[53] Vgl. EPA/EFV (1996, S. 2-3).

- **Leistungsziel**: Staatliches Handeln soll sich mehr an Leistungen und Wirkungen orientieren.
- **Flexibilitätsziel**: Verwaltungen erhalten mehr Spielraum für ihre Aufgabenerfüllung.
- **Führungsziel**: Erhöhte Verantwortlichkeit der Verwaltungen für die Ergebnisse ihres Handelns. Vorgesetzte und Mitarbeitende werden vermehrt an den Leistungen und Wirkungen gemessen statt an der Einhaltung von Regeln.
- **Kulturziel**: Ein Umdenken wird eingeleitet. Personalentwicklungsmassnahmen fördern speziell das Vertrauen und damit die Lern- und Veränderungsfähigkeit.
- **Kostenziel**: Einsparungen ohne Leistungsabbau.
- **Dezentralisierungsziel**: Im Rahmen von konzernähnlichen Strukturen werden Aufgaben, Kompetenzen und Verantwortungen delegiert.
- **Transparenzziel**: Transparenz und Glaubwürdigkeit des gesamten politischen Systems werden gefördert.

Gegen die Ziele ist kaum etwas einzuwenden. Allerdings werfen sie sogleich die Frage auf: Warum hat man sie nicht schon früher angestrebt? Deshalb werden im nächsten Unterkapitel die Hintergründe des New Public Management umschrieben.

2.4 Hintergrund

Die Forderungen nach Effektivität und Effizienz im öffentlichen Sektor sind nicht neu, aber sie erhalten vor dem Hintergrund drei globaler Trends neue Aktualität und vermehrtes Gewicht: Das Wachstum des öffentlichen Sektors, die generelle Finanzknappheit und das Avancieren der Verwaltungsleistungen zum Standortfaktor im globalen Wettbewerb.

Diese Faktoren sind aber nur *Hintergründe* und können nicht direkt als *Ursachen* für die Einführung von New Public Management bezeichnet werden. Obwohl sie plausibel erscheinen lassen, dass die Reformbewegungen gerade jetzt auftreten, fällt eine nähere Untersuchung möglicher Kausalitäten eher ernüchternd aus[54].

---

[54] Vgl. Hood (1991).

a) Wachstum des öffentlichen Sektors

Der öffentliche Sektor macht einen immer grösseren Teil unserer Wirtschaft aus.

The importance of the public sector has grown considerably, such that its efficiency has a significant impact on total economic efficiency." (OECD 1995, S. 7)

Dies kann durch die folgende Grafik eindrücklich belegt werden.

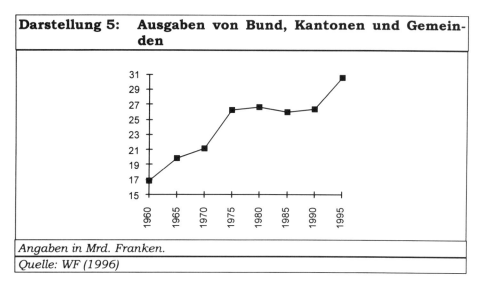

Darstellung 5:	Ausgaben von Bund, Kantonen und Gemeinden

Angaben in Mrd. Franken.
Quelle: WF (1996)

Es gibt verschiedene Ansätze zur Erklärung des staatlichen Ausgabenwachstums, die hier aber nicht weiter diskutiert werden sollen[55].

b) Finanzknappheit

Die zunehmende Finanzknappheit ergibt sich aus dem Ausgabenwachstum einerseits und aus teilweise konjunkturell bedingten Grenzen der Einnahmen. Deren Ursachen sollen hier nicht weiter untersucht werden. Tatsache ist, dass Budgetdefizit und Verschuldung der Schweiz in den vergangenen Jahren stark angestiegen sind. Die Verschuldung im Verhältnis zu den

---

[55] Eine umfassende Übersicht über die verschiedenen Ansätze liefern Holsey/Borcherding (1997), Hood (1995) ist kürzer aber nimmt Bezug auf den NPM-Kontext.

Einnahmen ist zwischen 1990 und 1996 von 31,2% auf 48,7% gestiegen. In absoluten Zahlen stellt sich die Entwicklung von Budgetdefizit und Verschuldung wie folgt dar:

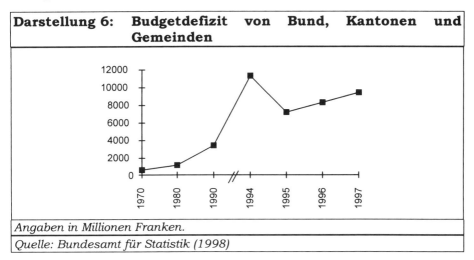

Darstellung 6: Budgetdefizit von Bund, Kantonen und Gemeinden

Angaben in Millionen Franken.
Quelle: Bundesamt für Statistik (1998)

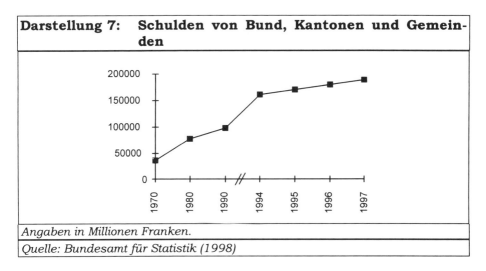

Darstellung 7: Schulden von Bund, Kantonen und Gemeinden

Angaben in Millionen Franken.
Quelle: Bundesamt für Statistik (1998)

Prognosen deuten auf eine klare Verschärfung der Situation in den nächsten Jahren hin[56].

---

[56] NZZ (1997b)

Folgendes muss aber festgehalten werden: Es gibt international keinen einfachen Zusammenhang zwischen der Einführung von New Public Management und makroökonomischen Grössen[57]. Daher kann New Public Management, auch wenn es durch die dargelegten Faktoren gefördert wird, nicht als Allheilmittel gegen Budgetdefizit und Verschuldung angesehen werden. Schliesslich kann es grosse Anteile der Staatsausgaben wie Transferzahlungen und Kosten der Sozialversicherung nur indirekt oder gar nicht beeinflussen.

c) *Verwaltung als Standortfaktor im globalisierten Wettbewerb*

Die Leistungen der Verwaltung werden in einem globalisierten Wettbewerb zu einem Standortfaktor ersten Ranges[58]. Damit sind nicht nur die Höhe von Subventionen oder Steuererleichterungen gemeint, sondern Fragen wie die folgenden: Wie leicht können sich potentielle Firmengründerinnen und Firmengründer über Steuererleichterungen informieren? Wie lange dauert es, bis über Baugesuche definitiv entschieden wird? Damit ist nicht der eigentliche Inhalt einer Politik, sondern deren praktische Umsetzung angesprochen, für welche die öffentliche Verwaltung zuständig ist.

2.5 Konstitutive Elemente des New Public Management

Die Darstellungen der konkreten Inhalte des New Public Management sind kaum in zwei Publikationen genau deckungsgleich. Es herrscht daher keine Einigkeit, anhand welcher Kriterien z.B. eine international vergleichende Studie sich zu orientieren hätte. Hood hält fest:

> „There are no systematic cross-national studies showing degrees of variation in public management reform in a robust and reliable way." (Hood 1995, S. 98)

Einleitend werden - stellvertretend für die Vielfalt der Darstellungen - *vier Strukturierungen* von New Public Management der Autoren Osborne/Gaebler, Buschor, Naschold und Hood präsentiert. Bei allen Darstellungen sind die einzelnen Strukturelemente

---

[57] Vgl. Hood (1995).
[58] Vgl. KGSt (1992, S. 3).

nicht unabhängig voneinander, sondern bedingen sich gegenseitig mehr oder weniger stark.
Die „Checkliste" von *Osborne/Gaebler* (1992, S. ix - x, freie Übersetzung d. A.) besteht aus folgenden zehn Prinzipien:
1. Steuern statt rudern
2. Befähigen statt bedienen
3. Wettbewerb induzieren
4. Durch Ziele statt durch Regeln steuern
5. Resultate statt Ressourcenverbrauch finanzieren
6. Kunden mit einbeziehen
7. Einnahmen statt Ausgaben erzielen
8. Vorsorgen statt heilen
9. Teamwork statt Hierarchie
10. Marktwirtschaftliche Spielregeln statt Verbote

Für *Buschor* (1993, S. 19) beinhaltet New Public Management:
1. Kunden- und Bürgerorientierung
2. Kostensenkungs- und Effizienzdruck
3. Wirkungs- statt Inputsteuerung
4. Trennung der strategischen (politische Behörde) von den operativen Kompetenzen
5. Trennung der Funktionen des Leistungsträgers (Provider) und des Leistungsfinanzierers (Funder)
6. Schaffung von konzernähnlichen Verwaltungsstrukturen
7. Leistungsaufträge für gemeinwirtschaftliche Aufgaben der Leistungserbringer
8. Wettbewerb über interne Märkte, Auswärtsvergabe und Privatisierung
9. Umfassende Wirkungs- und Ordnungsmässigkeitsprüfung
10. Förderung nichtmonetärer Leistungsanreize und des Leistungslohnes

Gemäss *Naschold* (1993, S. 50-52) sind die wichtigsten Themen:
1. Trennung der Klientenrolle (client role) von der Rolle des Anbieters und Betreibers (provider/contractor)
2. Entwicklung von Kontraktmanagement
3. Ergebnisverantwortung
4. Flexibilisierung der Entgelt- und Arbeitsbedingungen
5. Trennung des politischen Prozesses vom Managementprozess

6. Schaffung von echtem oder Quasi-Wettbwerb
7. Öffentlichkeit als Kunde
8. Regulierung anstatt Selbstproduktion

Hood (1991, S. 4-5, Ü. d. A.) strukturiert die Komponenten des New Public Management folgendermassen:
1. „Hands-on professional management" im öffentlichen Sektor
2. Explizite Mess- und Leistungsstandards
3. Outputkontrollen
4. Disaggregation von Einheiten im öffentlichen Sektor
5. Wettbewerb im öffentlichen Sektor
6. Managementpraxis im Stil des privaten Sektors
7. Disziplin und Sparsamkeit bezüglich Ressourcenverbrauch

Die dargelegte Variationsvielfalt könnte noch weiter dokumentiert werden[59] und wird dadurch noch unterstrichen, dass die gleichen Autoren in unterschiedlichen Publikationen unterschiedliche Strukturierungen verwenden[60]. Trotz der Vielfalt dieser Darstellungen dürfte klar geworden sein, dass hier letztlich dasselbe beschrieben wird. Allerdings werden unterschiedliche Schwerpunkte gesetzt. Die Darstellungen unterscheiden sich insbesondere bezüglich der folgenden Dimensionen:

- **Führung**: Kennzahlen- und Vertragsorientierung vs. andere Führungsinstrumente
  Die Nützlichkeit von Kennzahlen wird nicht generell bestritten. Aber einige Autoren sehen New Public Management vor allem als eine Art Vertragsmanagement, in dem zwischen Politik und Verwaltung explizite Verträge über zu erbringende Leistungen abgeschlossen werden. Andere betonen weitere Aspekte der Führung wie zum Beispiel Visionen der Verwaltungseinheit, Partizipation und Eigeninitiative der Mitarbeitenden, Beförderungspraxis oder die Befragungen der Leistungsabnehmer.
- **Marktverständnis**: eng vs. weit
  Einige Autoren betonen die Frage, wie eine Verwaltungseinheit effizient zu führen sei und stellen dabei Marktmechanismen als eine Möglichkeit dar, meist ohne Bezug zur Public Choice Literatur. Somit wird nur die Möglichkeit gesehen, Verwaltungseinheiten mit anderen öffentlichen oder privaten Institu-

---

[59] Für weitere Definitionen siehe z.B. Haldemann (1995, S. 9), KGSt (1993) oder OECD (1995).
[60] Vgl. Hood (1995) und Buschor (1997).

tionen in Wettbewerb zu stellen. Andere betonen auch die Möglichkeit, dass Verwaltungsaktivitäten völlig obsolet werden, wenn Marktmechanismen intelligent eingesetzt werden und beziehen sich auf Ansätze in der Public Choice Literatur. Oder es werden die Möglichkeiten des Wettbewerbs innerhalb der Verwaltung aufgezeigt.
- **Haltung/Stil**: kritische vs. befürwortende Haltung respektive deskriptiver vs. präskriptiver Stil
Einige Autoren verstehen ihren Beitrag als *Beschreibung* der New Public Management Bewegung und nehmen zumindest teilweise eine kritische Haltung ein. Andere verstehen ihren Beitrag als *Anleitung*, was zu tun sei, wobei sie die New Public Management Ideen implizit befürworten.

Entlang dieser Dimensionen lässt sich die New Public Management Literatur gemäss Darstellung 8 strukturieren. Allerdings ist anzumerken, dass die Einordnung einzelner Autoren nicht in jeder Hinsicht trennscharf möglich ist.

Darstellung 8: Strukturierung der NPM-Literatur

Führung	Marktverständnis	Haltung/Stil kritisch-desktiptiv	befürwortend-präsktiptiv
kennzahlen- und vertragsorientiert	eng	Walsh Hood Haldemann	Buschor Schedler KGSt
	weit	Naschold	-
andere Schwerpunkte	eng	-	Metzen NPR
	weit	OECD	Osborne/Gaebler

Quelle: eigene Darstellung

Halten wir fest:

Eine präzise Definition des Begriffes New Public Management liegt nicht vor[61].

Um den verschiedenen Quellen gerecht zu werden, wird für die nun folgende Charakterisierung der einzelnen Elemente keine der obigen Strukturen verwendet, sondern eine eigene, zweistufige Gliederung. Es ist die Absicht, auf der tieferen Ebene, die in den verschiedenen Publikationen erwähnten Elemente genauer vorzustellen. Kritikpunkte dazu werden aber nicht hier, sondern im folgenden Unterkapitel (ab Seite 51) vorgebracht. Die Aggregation dieser Elemente auf einer höheren Ebene dient der Übersichtlichkeit und soll helfen, das oben erwähnte „Marktverständnis" zu konkretisieren: Im Bereich FLAG (Führen mit Leistungsauftrag und Globalbudget) sind sich die Autoren grundsätzlich einig.
Es gelingt aber auch dieser Gliederung nicht, von einander völlig unabhängige Elemente zu erzeugen. Deshalb wird am Ende jedes Abschnitts auf wichtige Zusammenhänge mit anderen Elementen hingewiesen. Es wird die folgende Gliederung verwendet:

---

[61] Vgl. Pollitt (1995).

Darstellung 9:		**Was umfasst der Begriff NPM?**	
NPM im weiten Sinn	**NPM im engen Sinn**	**FLAG** (Führen mit Leistungsauftrag und Globalbudget)	a) Trennung von Politik und Verwaltung
			b) Leistungsauftrag und Globalbudget
			c) Umfassende Wirkungsprüfung und Reporting
			d) Kundenorientierung
			e) Holdingstrukturen
			f) Trennung von Käufer und Erbringer
		MTM (market type mechanism)	g) Wettbewerb (intern, extern, Marktgestaltung und Regulierungen)
			h) Unternehmertum
			i) Allianzen mit Privatwirtschaft und Nonprofitorganisationen (NPO)
		Befähiger	j) Einbezug von Freiwilligen und Betroffenen
			k) Moderatoren-Rolle
		Organisation	l) Prozessorganisation

Quelle: eigene Darstellung

a) Trennung von Politik und Verwaltung

Die politische Führung soll von Bürgerinnen und Bürgern, Parlamenten und oberen Regierungsorganen wahrgenommen werden. Die administrative Führung obliegt dem Verwaltungskader, welches die Umsetzung der Leitlinien der Politik in der Verwaltung zu realisieren hat. „Die Politik ist für das Was, die Verwaltung für das Wie der [...] Leistungserstellung verantwortlich."[62] Durch diese Trennung soll einerseits die politische Führung von operativen Fragen entlastet und in die Lage versetzt werden, sich auf politisch wichtige Entscheide zu konzentrieren. Andererseits soll die Verwaltung die Möglichkeit erhalten, schnell auf eine veränderte Umwelt zu reagieren.

Die Trennung von Politik und Verwaltung, sosehr sie in der New Public Management Literatur propagiert wird, ist auch einiger

---

[62] Vgl. KGSt (1993, S. 17).

Kritik ausgesetzt, auf die weiter unten[63] eingegangen wird. Die Idee der Trennung von Politik und Verwaltung wird konkretisiert mit FLAG.

b) *Leistungsauftrag und Globalbudget*

Wird beispielsweise im politischen Prozess die Entscheidung gefällt, öffentlich subventionierte Kinderbetreuungsplätze für Schulkinder zur Verfügung zu stellen, so sollte die Verwaltung dies so autonom wie möglich umsetzen. Dieser Autonomie müssen allerdings Richtung gegeben und Grenzen gesetzt werden. Das geschieht im New Public Management nicht wie früher über detaillierte Budgets (Input), sondern über zu erbringende Verwaltungsleistungen (Output)[64] und deren Auswirkungen (Outcome) auf gesellschaftlich relevante Grössen wie beispielsweise die Jugendpolitik. Statt zu fragen „Wieviel Geld wollen wir für jede Kostenart zur Verfügung stellen?" wird gefragt „Welche Wirkung wollen wir erreichen, welche Verwaltungsleistungen sind dazu nötig und was dürfen diese kosten?". Die Frage nach den Verwaltungsleistungen wird in einem Leistungsauftrag umschrieben, die Frage nach den Kosten wird mit dem Globalbudget beantwortet, das der Verwaltung im Mitteleinsatz freie Hand lässt. Dabei liegt es in der Verantwortung der Politik, dass die geforderten Verwaltungsleistungen auch zur gewünschten Wirkung führen.

So enthält der *Leistungsauftrag* (bzw. die Leistungsvereinbarung[65]) des Jugendamtes der Stadt Bern die Anzahl bereitzustellender Betreuungsplätze in Kinderhorten. Dieser Auftrag wird durch Zulassungskriterien und einige Qualitätsindikatoren spezifiziert, wie beispielsweise das Betreuungsverhältnis (Anzahl Kinder pro Betreuungsperson) oder die Zufriedenheit der Eltern. Dabei obliegt es meist der Verwaltung, die Qualitätsindikatoren vorzuschlagen, diese müssen aber von der politischen Ebene genehmigt werden.

---

[63] Vgl. Unterkapitel 2.6 Kritik an New Public Management, Seite 51.
[64] Die Unterscheidung von Input- und Outputsteuerung entspricht der Unterscheidung von konditionaler Programmierung und Zweckprogrammierung bei Luhmann (1973). Zur Unterscheidung von Output und Outcome vgl. Naschold et al. (1996, S. 50-51).
[65] Der allgemeine Begriff des Leistungsauftrages kann differenziert werden in einen Leistungsauftrag im engeren Sinne, welcher mehrjährig und und allgemeiner gefasst ist, im Gegensatz zur Leistungsvereinbarung, welche einjährig und konkreter ist. Vgl. EPA/EFV (1996, S. 4).

Das *Globalbudget* ist mit einem fixen Betrag pro Betreuungsplatz definiert und enthält keine Vorschriften darüber, wie die Mittel verwendet werden sollen. Das Jugendamt kann also selbst entscheiden, ob mit den vorhandenen Mitteln ein Gebäude renoviert, neue Spielsachen angeschafft oder eine Elternbefragung durchgeführt wird. Dies steht in starkem Kontrast zum herkömmlichen Detailbudget, welches kurzfristige Umschichtungen der Budgetposten nicht zuliess und Politikern Anlass zu langen Debatten über betriebliche Detailfragen gab.

Die Umorientierung von der Input- zur Outputsteuerung ist besonders unter Juristen umstritten. So stellen Delwig/Windlin (1996) fest, dass sich „Regierung, Verwaltung und Justiz zu einem grossen Teil *unausweichlich nach dem Input* zu richten haben, in erster Linie nach den von Volk und Parlament erhobenen Forderungen"[66]. Diese Argumentation ist aber nicht ganz stichhaltig. Es ist nämlich durchaus möglich, dass Volk und Parlament ihre Forderungen künftig vermehrt outputorientiert formulieren. Ob die Outputorientierung bereits auf Gesetzesstufe wünschenswert und realisierbar ist, hängt eng mit der Frage zusammen, wie staatliche Kernaufgaben definiert werden (siehe unten, ab Seite 139).
Wenn Leistungsaufträge erteilt werden, muss deren Erfüllung kontrolliert werden.

c) *Umfassende Wirkungsprüfung und Reporting*

Die neuen Kompetenzen der Verwaltung müssen mit einer neuen Verantwortlichkeit und Kontrolle einhergehen, um sicherzustellen, dass der erweiterte Handlungsspielraum tatsächlich im Sinne des Gesetzgebers ausgeschöpft wird. Es muss also zusätzlich zur Kontrolle der Ordnungsmässigkeit des Verwaltungshandelns auch dessen Wirksamkeit geprüft werden. Die Resultate von Wirkungsprüfungen werden laufend und unmittelbar im Führungsprozess berücksichtigt.
So hat das Jugendamt des Kantons Bern einen detaillierten Bericht an die Regierung zu verfassen, der die finanziellen Belange und die festgelegten Qualitätsindikatoren beinhaltet. Diese Daten werden aggregiert und zusammen mit Daten aus anderen Ämtern in einem Bericht der Regierung ans Parlament

---

[66] Delwig/Windlin (1996, S. 188), Hervorhebungen im Original.

geleitet. Diese Informationen sind Grundlage für das Parlament, um im neuen Leistungsauftrag die Anzahl von Kinderhort-Betreuungsplätzen festzulegen.

d) Kundenorientierung

Selbstverständlich sollten die oben erwähnten Massnahmen dazu dienen, dass öffentliche Verwaltungen kundenfreundlicher werden. Durch die Übertragung von operativen Kompetenzen ist dies aber noch nicht gesichert. Deswegen muss das Stichwort „Kundenorientierung" als separater Punkt erscheinen.

Es bezeichnet eine ganze Reihe von Massnahmen, die darauf ausgerichtet sind, Bedürfnisse der Abnehmer der erbrachten Leistungen in Erfahrung zu bringen und wenn möglich zu befriedigen. Dabei geht es nicht zwangsläufig darum, mehr Ressourcen aufzuwenden, um Kundenbedürfnisse zu befriedigen. Es können auch Einnahmen generiert oder Kosten gespart werden. So hat eine Schule im U.S. Staat Florida bei einer Umfrage den Bedarf nach Ganztagesbetreuung der Schülerinnen und Schüler festgestellt und den entsprechenden Service gegen ein Entgelt angeboten[67]. Analog macht die für Motorfahrzeuge zuständige Behörde in Kalifornien - statt ihre Schalteröffnungszeiten zu erweitern - Versuche mit elektronischen, bankomatähnlichen Terminals für die Erledigung von Standardfällen[68].

Die Einbindung dieser Kundenorientierung in die obengenannten Elemente erfolgt, indem Resultate standardisierter Kundenbefragungen in den Leistungsauftrag aufgenommen werden. Damit wird sichergestellt, dass die Kundenbefragung nicht zur Alibiübung verkommt.

Es ist allerdings anzumerken, dass eine Kundenorientierung sehr wohl auch *ohne* Leistungsauftrag und Globalbudget möglich ist, wenngleich durch diese Instrumente sich die Anreize dazu verbessern.

e) Holdingstrukturen

Die Grundidee der Leistungsaufträge soll nicht nur an der Schnittstelle von Politik und Verwaltung angewendet werden, sondern auch innerhalb der Verwaltung. Es ist Aufgabe der Verwaltungsführung, den erhaltenen Leistungsauftrag in kleinere

---

[67] Osborne/Gaebler (1992, S. 170).
[68] Osborne/Gaebler (1992, S. 171).

Aufträge zu unterteilen. Dadurch werden die Möglichkeiten der Delegation von Aufgaben, Kompetenzen und Verantwortung erhöht. Dazu werden auftrags- oder kundengruppenorientierte (statt fachorientierte) Einheiten gebildet. Einerseits können so vermehrt Aufträge nach aussen vergeben werden (siehe nächster Abschnitt) und andererseits können Ergebnisverantwortung und Autonomie gestärkt und zugleich die operative Flexibilität im Sinne der Prozesseffizienz erhöht[69] werden. Damit wird eine gute Grundlage geschaffen, falls zweckmässig, eine Prozessorganisation einzuführen (siehe unten, Seite 49 bzw. 77).

Der dadurch entstehende Nachteil der mangelnden Nutzung spezialisierter Ressourcen kann durch die Bildung von Querschnittseinheiten (Zentralabteilungen) aufgehoben werden. Diese Querschnittseinheiten erbringen Servicefunktionen für verschiedene Verwaltungseinheiten, z.B. Finanzverwaltung, Informatik-Support oder juristische Beratung.

Mit dem Holdingsystem wurden beispielsweise im Müllabfuhrwesen der Stadt Phoenix, Arizona (USA) positive Erfahrungen gesammelt, wo eine regional orientierte Segmentierung unter einer einheitlichen Führung praktiziert wird[70].

Ein weiterer Vorteil von Holdingstrukturen besteht darin, dass Kooperationen mit anderen Gebietskörperschaften für einzelne Dienstleistungen leichter eingegangen werden können. Damit ist auch eine Verbindung des New Public Managements mit dem oben erwähnten FOCJ-Konzept möglich (siehe Seite 20).

Die Idee des Führens mit expliziten Kontrakten soll aber nicht nur innerhalb der Politik und Verwaltung angewendet werden, sondern auch an der Schnittstelle zur Privatwirtschaft[71].

f) Trennung von Käufer und Erbringer

Das Herunterbrechen des Leistungsauftrages in kleinere Aufträge erlaubt es, Käufer („Wer bestellt, bezahlt und kontrolliert die Leistung?") und Erbringer („Wer erbringt die Leistung?") organisatorisch zu trennen[72]. Dies ist teilweise bereits der Fall. Üblicherweise lassen Gemeinden (Käufer) Sozialwohnungen von privaten Firmen (Erbringer) erstellen. Bei der Feuerwehr oder bei

---

[69] Zu den Effizienz- und Effektivitätskriterien vgl. Frese (1995) und Osterloh/Frost (1996, S. 160).
[70] Vgl. Osborne/Gaebler (1992, S. 76 f).
[71] Die Grenze zur Privatwirtschaft kann sich dadurch verschieben.
[72] Vgl. Naschold (1993, S. 50).

einem öffentlichen Hallenbad gibt es diese Trennung in der Regel (noch) nicht. Darüber hinaus können zusätzliche Rollen unterschieden werden, nämlich Finanzierer (z.B. Steuerzahlende), Besteller (z.B. das Parlament), Vermittler (z.B. ein regionaler Spitalverband) und Empfänger (z.B. Hallenbadbesucher)[73].
Die organisatorische Trennung von Käufern und Erbringern ist insofern fundamental, als sie eine Voraussetzung für das Entstehen von Wettbewerb darstellt.

g) Wettbewerb

Grundsätzlich kann Wettbewerb auf drei Ebenen eingeführt werden. *Erstens* als interner Wettbewerb, wo innerhalb einer Verwaltungseinheit Konkurrenz geschaffen wird, *zweitens* als externer Wettbewerb, wo die öffentliche Verwaltung mit anderen (öffentlichen und privaten) Anbietern in Konkurrenz gestellt wird und *drittens* als Marktgestaltung, wo die öffentliche Verwaltung den Wettbewerb unter privaten Anbietern beeinflusst[74].

- **Interner Wettbewerb**
Intern kann eine Art des Wettbewerbs durch *Benchmarking*[75] geschaffen werden, indem die Leistungen anhand von Kennzahlen (z.B. jährliche Kosten pro Quadratmeter gereinigte Strassenfläche) erfasst und mit anderen öffentlichen Verwaltungen systematisch verglichen werden. Zu diesem Zweck ist in der Schweiz eine Organisation namens ZED (Zentrum für die Evaluation öffentlicher Dienste) gegründet worden. Die erzielten Erfolge basieren aber nicht auf vermehrtem Konkurrenzdruck, sondern auf verbesserten Lernchancen[76] (siehe Seite 13 und Seite 107).
Eine ähnliche Form des Wettbewerbs kann zwischen mehreren Strassenreinigungsequipen der gleichen Stadt eingeführt werden, wenn deren Kosten und Leistungen separat erfasst werden. Die beste Equipe dient als interner Benchmark für die anderen. Empirische Studien zeigen, dass die theoretisch zu

---

[73] Vgl. Haldemann (1995, S. 11), vergleiche auch die im Marketing üblichen Rollendifferenzierungen in Kotler/Bliemel (1992, S. 270). Es ist zu beachten, dass die Rolle der Finanzierer und Empfänger weitgehend von den gleichen Personen gespielt werden können (z.B. bei der Landesverteidigung), aber auch von ganz verschiedenen (wie bei der Drogenabgabe).
[74] Vgl. OECD (1993).
[75] Eine Übersicht über Benchmarking in der öffentlichen Verwaltung in der Schweiz liefert Rahmann (1997).
[76] Hunziker/Rahmann (1998).

erwartenden Einsparungen tatsächlich realisiert werden können[77].

Beide Formen des Wettbewerbs können durch die outputorientierte Steuerung gefördert werden, weil sie Anreize zu deren Einsatz erzeugt.

- **Externer Wettbewerb**
  Beim externen Wettbewerb schreibt die Verwaltung (Käufer) Aufträge aus, um die sich neben der bisher zuständigen Verwaltungseinheit (Erbringer) auch andere Organisationseinheiten bemühen können. Die Trennung von Käufer und Erbringer ist dazu eine zwingende Voraussetzung. Diese muss in der Regel „top down" verordnet werden[78]. Die systematische Vergabe von Aufträgen an andere Organisationen kennt zwei grundsätzliche Varianten, das „Contracting Out" und das „Outsourcing". Contracting Out beinhaltet, dass die bestellte Leistung direkt an die Leistungsempfänger abgegeben wird. Die Vergabe eines Auftrags an eine private Müllabfuhr wäre hier ein Beispiel. Outsourcing bezeichnet hingegen das Einkaufen (einer bisher selbst erzeugten) Vorleistung, wobei die Abgabe der eigenen Leistung und die letzten Veredelungsschritte nicht auswärts vergeben werden. Ein Beispiel wäre die Auflösung der internen Hausdruckerei einer Verwaltung und Vergabe der Druckaufträge an private Anbieter.

Vom Competitive Tendering verspricht man sich vor allem Kosteneinsparungen, aber auch positive Wirkungen bezüglich Qualität, Wahlfreiheiten, Respektieren von Kundenwünschen und Gleichbehandlung[79]. In Grossbritannien praktizierte Formen heissen *Compulsory Competitive Tendering* (CCT) [80] und *Market Testing*[81]. Mit diesen Verfahren wurden 20-30% Einsparungen erreicht. Dies gilt auch dort, wo der Auftrag in der öffentlichen Verwaltung verblieb[82], was überwiegend der Fall

---

[77] Vgl. Economist (1996) und Naschold (1993, S. 78). Die Einsparungen werden erreicht, obgleich ein Grossteil der Leistungen nicht an private Firmen vergeben wird, vgl. dazu auch Hill (1994, Fn. 33).
[78] Vgl. z.B. Ferlie et. al. (1996, S. 61).
[79] Vgl. Ferlie et al. (1996, S. 57).
[80] Ausschreibung von Leistungen, welche bisher von der öffentlichen Verwaltung erbracht worden sind, vgl. Walsh (1995) und Naschold (1993, S. 35).
[81] Vergleich der Verwaltungsleistung mit privaten Anbietern, ohne dass bei schlechtem Abschneiden der Verwaltung ihr der Auftrag entzogen würde, vgl. Schedler (19959, S. 191-193). Dieses Verfahren hat viele Gemeinsamkeiten mit dem oben erwähnten Benchmarking.
[82] Vgl. Naschold (1993, S. 78), und OECD (1995, S. 41).

ist[83]. Allerdings ist nicht klar, ob die Berechnungen der Kosteneinsparungen die Kosten des Vertragsmanagements voll berücksichtigt haben[84].

- **Marktgestaltung und Regulierung**
Die meisten Autoren führen diese Art von Wettbewerb nicht explizit auf (siehe Seite 37). In ein umfassendes Verständnis von New Public Management sollten Marktgestaltung und Regulierung aber unbedingt miteingeschlossen werden[85]. Sie beinhalten nämlich ein grosses Potential, die Aufgaben der Verwaltung neu zu definieren und mit weniger Verwaltungsaufwand mehr gesellschaftlichen Nutzen zu generieren. Die gesetzten Ziele des New Public Management lassen sich damit oft sehr elegant erreichen.
Zum Thema der *Regulierung* von Märkten gibt es in der Volkswirtschaftslehre eine umfangreiche Literatur[86]. Dort finden sich zwei gegensätzliche Ansichten. Die eine hält Eingriffe des Staates für notwendig und wirksam (Marktversagen), die andere hält sie für schädlich, weil die eingreifende Behörde nicht über die nötigen Informationen verfügt[87] oder durch Interessengruppen beeinflusst wird (Staatsversagen). Die *Marktgestaltung* geht zwischen diesen Extremen einen Mittelweg, indem der Markt nicht sich selbst überlassen, aber auch nicht durch Preis- oder Mengenkontrollen ausser Kraft gesetzt wird. Die Grundidee der Marktgestaltung ist, erwünschte Effekte[88] durch Veränderung der Rahmenbedingungen zu erreichen, unter denen die Marktkräfte spielen.
Zwischen Regulierung und Marktgestaltung lassen sich keine klaren Grenzen ziehen. Die folgende Darstellung verschiedener Ansätze orientiert sich daher an den Denkrichtungen, auf denen sie basieren und beschränkt sich auf besonders innova-

---

[83] Hill (1994, Fn. 33) zitiert drei Studien, welche 68%, 75% und 80% ergeben haben.
[84] Vgl. Economist (1996).
[85] Vgl. OECD (1995, S. 39-46 und S. 111-120) sowie Osborne/Gaebler (1992, S. 301-306), aber auch Porter (1990, S. 86).
[86] Vgl. Carlton/Perloff (1990) und die dort zitierte Literatur.
[87] Es handelt sich im Wesentlichen einerseits um Informationen über marktliche Gegebenheiten (wie beispielsweise die Nachfrageelastizität), welche nötig sind, um den optimalen Preis festzulegen; andererseits handelt es sich um Informationen über die Wirkungsweise von Massnahmen. Mindestpreise und Mindestlöhne können beispielsweise das Gegenteil der beabsichtigten Wirkung erzielen.
[88] Es handelt sich in der Regel um öffentliche Güter. Diese werden aufgrund des Eingriffes durch *alle* Marktteilnehmenden erstellt. Dies ist oft eine Alternative zur Herstellung von öffentlichen Gütern in *einer* (öffentlichen) Organisation. Vgl. Darstellung 18 auf Seite 143.

tive, grundlegende Lösungsideen[89]. Auf die zahlreichen Varianten und Kombinationen in der praktischen Ausgestaltung kann hier nicht eingetreten werden.

Die Literatur zur Regulierung befasst sich traditionellerweise mit dem Berechnen der optimal vorzuschreibenden Preise oder Mengen. Um den optimalen Preis zu finden, kann statt einem Berechnungsverfahren auch der Markt eingesetzt werden:

- Bietverfahren für Konzessionen: Das Recht, ein Monopol für eine bestimmte Zeitdauer zu erhalten wird „versteigert". In einem solchen Verfahren gewinnt derjenige den Zuschlag, der den tiefsten Preis bietet, für den er ein Gut in definierter Qualität an die Öffentlichkeit verkaufen wird. Der optimale „regulierte" Preis wird also nicht berechnet, sondern vom Markt bestimmt.

Aus der Denkweise des „Staatsversagens" beruht die Idee, wettbewerbshinderliche Regeln aufzuheben und wettbewerbsfördernde einzuführen:

- Deregulierung: Vorschriften, die den Wettbewerb behindern, werden gelockert oder aufgehoben. Solche Vorschriften beziehen sich meist auf Preis, Mengen oder Qualität und verursachen direkt oder indirekt (beispielsweise via Eintrittsbarrieren) Nachfrage- oder Angebotsüberhang. Gründe dafür, dass solche Regulierungen überhaupt eingeführt wurden, können starke Interessengruppen sein (die davon auf Kosten der Gesellschaft profitierten), veränderte Rahmenbedingungen (unter denen eine ehemals nützliche Regulierung nun schadet) oder vom Gesetzgeber nicht vorhergesehene Auswirkungen (wie der Nachfrageüberhang bei staatlich beschränkten Mietpreiserhöhungen auf dem Wohnungsmarkt.)
- Wahlmöglichkeiten für staatliches Angebot: Statt einer bürokratischen Zuweisung der Jugendlichen zu den verschiedenen öffentlichen Schulen, wird den Eltern die Wahl gelassen. Ziel ist, Wettbewerb unter öffentlichen Anbietern zu schaffen. Leider entsteht dabei ein unerwünschter Nebeneffekt: Reiche Eltern können ihre Kinder eher in eine entfernte, gute Schule schicken. Solche Effekte lassen sich in einigen Fällen mit flankierenden Massnahmen eindämmen.

---

[89] Eine Übersicht über traditionelle wie innovative Ansätze der Wettbewerbspolitik findet sich in Frey (1981, S. 70-128).

- Märkte statt staatliches Angebot: Durch die staatliche, kostenlose Abgabe von Gutscheinen[90] an die Bevölkerung wird ein staatliches Angebot überflüssig. Die dem politischen Willen gemäss frei zugängliche Leistung kann mit dem Gutschein bezahlt werden. Die Anbieter können die Gutscheine beim Staat gegen Geld einlösen. Allerdings machen unerwünschte Nebeneffekte (siehe oben) und die Vielfalt der Ausgestaltungsvarianten[91] dieses Instrument nicht leicht handhabbar.

Einige innovative Ansätze der Marktgestaltung beruhen auf einer anderen Optik. Es wird eine Internalisierung externer Effekte angestrebt:

- Lenkungsabgaben/Lenkungssubventionen: Unerwünschte Verhaltensweisen bzw. Produkte werden besteuert oder erwünschte Verhaltensweisen bzw. Produkte werden subventioniert[92]. Damit kann sowohl das Nachfrage- wie auch das Innovationsverhalten von Konsumenten und Unternehmungen beeinflusst werden. Dabei werden die Individuen weniger stark in ihrer Freiheit eingeschränkt als mit Verboten. Zudem kann gezeigt werden, dass so eine gesellschaftlich effizientere Ressourcenverwendung resultiert (z.B. ein günstigeres Verhältnis von vermiedenen Umweltschäden zu den dazu notwendigen Vermeidungskosten) als bei der klassischen Preisregulierung. Typische Beispiele sind die Kehrichtsackgebühren oder die emissionsabhängigen Landegebühren für Flugzeuge.
- Handelbare Eigentumsrechte: Externe Effekte können gemäss dem Coase-Theorem[93] internalisiert werden, indem Eigentumsrechte definiert werden. Beispielsweise können Fischereirechte, statt dass sie vom Staat nach gewissen Kriterien vergeben werden, handelbar gemacht werden oder zur Eindämmung der Luftverschmutzung können Emissionszertifikate eingesetzt werden. Es gibt aber auch weniger weit gehende Varianten, wie beispielsweise die Glocken- oder Ausgleichspolitik. In beiden Fällen werden neue Anlagen nur bewilligt, wenn deren Emissionen andernorts eingespart wer-

---

[90] Vgl. OEDC (1995, S. 43-45).
[91] Entschieden werden muss insbesondere über die Übertragbarkeit und ob ein Gutschein durch eigene finanzielle Mittel noch ergänzt werden darf, vgl. Cohen/Farrar (1977).
[92] Eine ausführlichere Darstellung dieser Instrumente findet sich in Frey (1991, S. 110-115).
[93] Vgl. Coase (1960).

den. Bei der Glockenpolitik darf die Bauherrin aber eine andere Firma mit Kompensationszahlungen zur Emissionsreduktion bewegen, während bei der Ausgleichspolitik die Einsparung bei einer der eigenen Anlagen vorgenommen werden muss[94].

Vor einer allzu euphorischen Einschätzung des Potentials dieser Ansätze ist allerdings zu warnen. Sogar die liberal eingestellte OECD schreibt als Fazit aus eingehenden Studien:

„Benefits from market-type mechanisms are not automatic: they are no instant formulas for success and there remains much to learn about the conditions under which they best function." (OECD 1995, S. 39)

h) Unternehmertum

Mit der Errichtung eines Globalbudgets geht meist die Regelung einher, dass erzielte Erträge gemäss der Amtsmission bzw. des Leistungsauftrages eingesetzt werden dürfen. Bisher waren Erträge an die allgemeine Staatskasse abzugeben. Mit der neuen Regelung entstehen Anreize, die elementarsten betriebswirtschaftlichen Grundsätze einzuhalten, aber auch erfinderisch zu werden, um Einnahmen zu erzielen oder Ausgaben zu senken:
- Eine dem Autor bekannte Verwaltungseinheit hat wegen der Umstellung auf FLAG ein betriebliches Rechnungswesen eingeführt und dabei festgestellt, dass viele belieferte Kunden bisher gar nie eine Rechnung erhalten hatten. Die internen Abläufe wurden neu definiert und das Problem behoben.
- Statt nur staatlich subventionierte Wetterdaten zu liefern, mit denen private Prognoseinstitute und das Fernsehen viel Gewinn machen, kann die Schweizerische Meteorologische Anstalt (SMA) selber - neben den gratis abzugebenden Prognosen - veredelte Produkte verkaufen.
- Die eidgenössische Münzprägestätte überlegt sich, ob sie mit ihren wenig ausgelasteten Maschinen nicht auch Anstecknadeln oder Sportmedaillien herstellen und verkaufen könnte. Sie versucht auch Aufträge zur Prägung ausländischer Münzen zu erhalten.

---

[94] Vgl. in Frey (1991, S. 108-110).

- Unterhalt und Ausbau von öffentlichen Sportplätzen werden durch eine Konzession für einen Getränkestand finanziert[95].

Kontrovers sind unternehmerische Innovationen in der öffentlichen Verwaltung hauptsächlich bezüglich möglicher Wettbewerbsverzerrungen. Auf diese Kritik wird unten (auf Seite 65) eingegangen.

i) Allianzen mit Privatwirtschaft und Nonprofitorganisationen

Enge Kooperationen zwischen öffentlichen Verwaltungen und Privatwirtschaft oder Nonprofitorganisationen (NPO) sollen dazu dienen, auch bei hoher Verflechtung der Leistungserstellungsprozesse die Kompetenzen beider Partner zu nutzen.
- In Tampa, einer Stadt in Florida, USA, gibt es ein Amt, das ärmeren Leuten staatlich subventionierte Darlehen für Gebäuderenovationen zu vergeben hat. 1985 wurden mit 41 Angestellten 37 solcher Darlehen gewährt. Durch die Zusammenarbeit mit Banken (Fachleute bezüglich Kreditvergabe) und der lokalen Methodistenkirche (Fachleute im Umgang mit armen Leuten) konnten wenige Jahre später mit nur 22 Angestellten 1000 Darlehen jährlich gewährt werden[96].
- Die Verkehrsbetriebe des Kantons Zürich (VBZ) bieten in Zusammenarbeit mit privaten Anbietern von Mietautos eine Dienstleistung an, welche öffentlichen und privaten Verkehr kombiniert[97]. Dabei geht es nicht einfach darum, Einnahmen zu erzielen, sondern den öffentlichen Verkehr generell zu fördern. Das Angebot erleichtert nämlich, auf ein eigenes Auto zu verzichten.

j) Einbezug von Freiwilligen und Betroffenen

Für viele öffentliche Aufgaben lassen sich freiwillige Helferinnen und Helfer finden. Die Begeisterung für eine Sache soll kanalisiert und durch geschickte Organisation zu Resultaten geführt werden.
- Eine Bibliothek in Oakland (Kalifornien, USA) lancierte ein Projekt gegen Analphabetismus und fand über 800 Freiwillige[98].

---

[95] Vgl. Osborne/Gaebler (1992, S. 199-200).
[96] Gemäss Osborne/Gaebler (1992, S. 38-39).
[97] Vgl. NZZ (1997a).
[98] Vgl. Osborne/Gaebler (1992, S. 171).

- In Minnesota (USA) wurden die Anwohner durch die Behörden animiert, gemeinsam für Ordnung und Sauberkeit in einem nahegelegenen Park zu sorgen[99].
- Durch geschickte städtebauliche Massnahmen gelang es dem Bezirk Five Oaks der Stadt Dayton in Ohio, USA, die nachbarschaftlichen Beziehungen zu fördern, was sich in einer spektakulären Senkung der Verbrechensraten niederschlug[100].

Hier ergibt sich eine Parallele zum betriebswirtschaftlichen Begriff des „Prosuming", welcher die Verwischung der Grenzen zwischen Produktion und Konsum beschreibt[101]. So kann ein Altersheim statt die Zahl der Pflegeplätze zu erhöhen Pflegekurse für Angehörige veranstalten, damit diese das Gut "Alterspflege" selbst produzieren können. Dies bedingt aber, dass ein entsprechendes Ziel bzw. „Produkt" im Leistungsauftrag definiert worden ist.

k) Moderatorenrolle

Statt dass die öffentliche Verwaltung Regelungen aufstellt oder der Politik vorschlägt, aktiviert sie die Selbstorganisation der Beteiligten. Theoretisch sind vier Situationen zu unterscheiden, in denen dies sinnvoll sein kann: Informationsprobleme, Trittbrettfahrer-Probleme, Internalisierung von externen Effekten und St.Florians-Probleme.

- Bei *Informationsproblemen* kommen erwünschte Marktergebnisse nicht zustande, weil Informationen fehlen. So würden Kleinbetriebe vielleicht auf modernere Methoden umstellen und damit Arbeitsplätze sichern, wenn sie einen Austausch mit anderen Firmen in ähnlichen Situationen hätten. Hier kann die Verwaltung, statt Informationen anzubieten, eine Plattform für den Austausch von Informationen erstellen und nur als Vermittlerin auftreten. Beispielsweise hat das CIM-Förderprogramm des Bundes teilweise diesen Charakter.
- Bei *Trittbrettfahrer-Problemen* können einzelne Individuen von (öffentlichen oder meritorischen) Gutes profitieren ohne sich an deren Erstellungskosten zu beteiligen. Eine solche Situation besteht beispielsweise, wenn zur Erhaltung des Fischbestandes

---

[99] Vgl. Osborne/Gaebler (1992, S. 26).
[100] Vgl. Economist (1995).
[101] Basierend auf Stigler/Becker (1977) wird in der Volkswirtschaftslehre von der Haushaltsproduktionsfunktion gesprochen. Für eine betriebswirtschaftliche Perspektive siehe Toffler (1980) sowie Michel (1996).

in einem Gewässer die einzelnen Fischer ihre Fangmengen reduzieren müssten. Hier kann die öffentliche Verwaltung die Beteiligten an einen Verhandlungstisch bringen. Dies bedingt, dass die Anzahl der Beteiligten gering ist oder sich mittels Vertretungen reduzieren lässt. Diese können sich auf eine Regelung einigen. Laboruntersuchungen weisen darauf hin, dass eine Regel besser befolgt wird, wenn sie so entstanden ist, als wenn die gleiche Regel aufgezwungen wird[102].
- Bei *externen Effekten* führen wirtschaftliche Aktivitäten zu einem Schaden[103] für unbeteiligte Dritte. Dies trifft für viele Umweltprobleme wie Luftverschmutzung und Lärmbelastung zu. Hier kann die öffentliche Verwaltung, unter Androhung von unangenehmen Vorschriften, eine Branche zur selbständigen Lösung des Externalitätenproblems anregen. Dieser Ansatz bedingt ebenfalls eine geringe Teilnehmerzahl. Zudem müssen die Emissions- oder Immissionsgrenzwerte[104] festgelegt und terminiert, sowie Kontroll- und Messverfahren definiert werden. Dieser Ansatz hat den Vorteil, dass das Fachwissen und das Wissen um lokale Gegebenheiten der betroffenen Unternehmen in die Lösung mit einfliessen kann[105]. Aus Sicht der Verwaltung basiert er auf einer Kombination von Staatsgewalt und Schaffung von Akzeptanz (siehe Seite 20).
- Bei *St.Florians-Problemen*[106] geht es darum, dass die Produktion eines öffentlichen Gutes lokal begrenzte und relativ geringfügige Nebenwirkungen hat. Trotz Einsicht in den gesellschaftlichen Nettonutzen einer solchen Anlage, möchte sie natürlich niemand in seiner Nähe haben. Ein Beispiel dafür wäre eine Kehrichtverbrennungsanlage. Hier kann die öffentliche Verwaltung durch Mediation eine legitime Lösung finden, die auf grosse Akzeptanz stösst[107].

---

[102] Ostrom et. al. (1992).
[103] Möglich ist auch, dass es sich um einen Nutzen handelt. Man spricht dann von positiven externen Effekten im Gegensatz zu den hier beschriebenen negativen externen Effekten.
[104] Der Schadstoffausstoss (Emission) ist nicht zwangsläufig gleich der Belastung für den Menschen (Immission), weil Schadstoffe in der Atmosphäre oft chemisch umgewandelt werden (Transmission).
[105] Siehe dazu Frey (1991, S. 107).
[106] In der Literatur wird oft von NIMBY-Problemen gesprochen, als Abkürzung von „not in my backyard".
[107] Vgl. z,B, Renn/Webler (1994)

l) Prozessorganisation

Die Prozessorganisation wird im Zusammenhang mit New Public Management von den meisten Autoren gar nicht oder nur andeutungsweise erwähnt[108]. Die Umstrukturierung der öffentlichen Verwaltung im Sinne des Prozessmanagements ist jedoch ein zentrales Element von New Public Management, wie viele praktische Beispiele belegen[109]. Diese Organisationsidee harmonisiert weitgehend mit der Holding-Idee (siehe oben, Seite 40). Der Begriff „Prozessorganisation" wird unten ausführlich erläutert (siehe S. 77 - 83).

2.6 Kritik an New Public Management

Die Kritik am New Public Management Ansatz bleibt nicht aus. Die verschiedenen Kritikpunkte sind sehr unterschiedlich in ihrer Klarheit und sie widersprechen sich teilweise. Die Kritikpunkte der Literatur werden in diesem Unterkapitel dargelegt und wo nötig mit eigenen Überlegungen ergänzt. Es wird versucht, ihr Gewicht anhand theoretischer Überlegungen und der vorliegenden Fakten abzuschätzen. Die folgende Darstellung gibt einen Überblick über die Kritikpunkte.

---

[108] Vgl. z.B. Buschor (1993), Haldemann (1995), Schedler (1995), Osborne/Gaebler (1992), KGSt (1993), Naschold (1993).
[109] Zur Stützung dieser These, vgl. Naschold (1993, S. 25) und Naschold et al. (1996, S. 8, 39-40 und 70-71). Zahlreiche Beispiele finden sich in Caudle (1994), Linden (1994), Hill (1996), Jackson (1995 und 1996), Hutton (1995 und 1996) sowie Osterloh/Hunziker (1996). Vgl. auch die Fallbeispiele in Teil V dieser Arbeit, ab Seite 171.

Darstellung 10:	**Kritik an NPM**
Trennung von Politik und Verwaltung	a) Untrennbarkeit von Politik und Verwaltung
	b) Verlust der politischen Steuerungsfähigkeit
	c) Politisierung der Manager
	d) „Tyrannei der Indikatoren"
	e) Zentralisierung
	f) Steigender Einfluss von Interessengruppen
individuelle Rechte	g) Rechtsschutz / Rechtsgleichheit
	h) Korruption
Gleichstellung	i) Negative Auswirkungen auf Frauen als Staatsangestellte
	j) Negative Wirkungen auf Frauen als Bürgerinnen
Wirtschaft	k) Unfairer Wettbewerb
Quelle: eigene Darstellung, basierend auf Berchtold (1995), Knoepfel (1995), Mastronardi (1995), Mintzberg (1996), Müller (1996), Stewart (1996).	

Um insbesondere die ersten drei Kritikpunkte verständlich darzustellen, ist folgende Vorbemerkungen nötig:

Befürworter und Kritiker des New Public Management sind sich offenbar über den Status quo nicht einig. Leider wird er weder bei Kritikern noch bei Befürwortern explizit gemacht. Implizit scheinen die Kritiker den Status quo wie folgt zu sehen:

- *Verwaltungsmanager* lassen politisch brisante Fragen immer von Politikern beantworten. Sie fällen solche Entscheide nie selbst.
- *Politiker* sind gut über Sach- und Fachfragen informiert, weil sie sich auch ab und zu mit Detailfragen befassen. Sie sind daher genügend informiert, um strategische bzw. politische Entscheide zu fällen. Zusätzlich darf man aufgrund der regelmässigen Wahlen erwarten, dass sie politische Entscheide auf gesellschaftlich nutzbringende Weise fällen.

Die New Public Management Befürwortenden sehen den Status quo implizit etwa so:

- *Verwaltungsmanager* sind wesentlich besser über Sach- und Fachfragen informiert als Politiker. Sie entscheiden schon heute über verschiedene gesellschaftlich relevante Fragen,

allerdings mit einem sich laufend wandelnden Handlungsspielraum.
- *Politiker* mischen sich ohne viel Fachkenntnis, getrieben vom politischen Tagesgeschäft, in die Belange der Verwaltungen ein und schaden damit der Gesellschaft oft mehr als dass sie ihr nützen. Dies trotz der Anreize, die durch die kommenden Wahlen entstehen. Abschwächend wirkt, dass Wählende schnell vergessen und dass sich viele Politiker aufgrund der allgemeinen Lage ihrer Wiederwahl sicher sind[110]. Gar kontraproduktiv werden die Anreize, wenn grosse Verzögerungen zwischen Massnahmen und Wirkung vorliegen wie unter dem Stichwort „political business cycle" ausführlich diskutiert worden ist[111]. Politiker verwenden daher ihre Zeit für einige wenige Detailfragen, drücken sich aber um Entscheide bezüglich wichtiger politischer Weichenstellungen, weil sich daraus weniger Kapital für die Wiederwahl schlagen lässt. Weil sie sich unsystematisch, zeitlich beschränkt und nur punktuell mit Umsetzungsfragen befassen, haben sie kaum diesbezügliches Wissen, das bei einer Trennung von Politik und Verwaltung verloren gehen könnte.

Welche der beiden Einschätzungen trifft eher zu? Aufgrund der theoretischen Überlegungen und empirischen Ergebnisse der Public Choice Theory (siehe Seite 69) erscheint die Position der NPM-Befürworter wesentlich glaubwürdiger. Es ist allerdings anzumerken, dass sich die Literatur der Public Choice Theory noch wenig New Public Management im Speziellen befasst hat.

a) Untrennbarkeit von Politik und Verwaltung

Mintzberg (1996), Stewart (1996) und andere Autoren argumentieren, dass Politik und Verwaltung nicht trennbar seien. Worin die Nachteile einer solchen Trennung bestehen, wird jedoch nicht weiter ausgeführt. Bei Mintzberg findet sich die Analogie zum Strategieprozess in der Betriebswirtschaftslehre (siehe unten, Seite 91). Damit wird auf die Überforderung des Topmanagements angespielt, gute Strategien ohne intensive Kommunikation mit tieferen Hierarchiestufen zu entwerfen und dass Strategien oft erst in der Gesamtheit von Verhaltensweisen auf tieferer hierarchischer Ebene entstehen (sog. emergente Strategien).

---

[110] Vgl. Frey (1981, S. 137-138).
[111] Vgl. Paldam (1997).

Implizit ist damit die Gefahr angesprochen, dass weniger intelligente Strategien eingeschlagen werden. Aufgrund dieser Überlegungen sei New Public Management als grundsätzlich untauglich einzustufen.

Dies ist eine massive Kritik, die sehr ernst zu nehmen ist: Bei der heutigen Komplexität der meisten politischen Fragen sind Politiker schlicht auf fundiertes Fachwissen und vertieftes Problemverständnis angewiesen. Dieses ist aber meist nur in der öffentlichen Verwaltung vorhanden. Es besteht daher die Gefahr, dass mit der Trennung von Politik und Verwaltung zwar ein Anreizproblem gelöst (siehe S. 68), hingegen ein Informations- und Lernproblem geschaffen wird (siehe S. 107). Dieser Gefahr muss unbedingt entgegengewirkt werden, indem systematische Lernchancen geschaffen und der Austausch zwischen Politik und Verwaltung institutionalisiert wird. Ein einseitiges Vertrauen auf informelle Kontakte kann nicht genügen.

Diesem Punkt wird in der Schweizerischen Bundesverwaltung bereits heute Rechnung getragen, indem Leistungsaufträge von den entsprechenden Ämtern zunächst selbständig erarbeitet und anschliessend vom zuständigen Generalsekretariat bzw. Bundesrat oder Bundesrätin genehmigt werden.

Von NPM-Befürwortern könnte eingewendet werden, dass mit der „Trennung von Politik und Verwaltung" eine Aufteilung der *Verantwortlichkeiten* gemeint sei und verbindende *Kommunikationskanäle* durchaus offen bleiben können. Diese Auffassung verkennt aber, dass Kommunikationsmöglichkeiten ohne institutionelle Regelungen kaum systematisch, intensiv und zielorientiert benutzt würden. Auf diesen Punkt unten näher eingegangen (siehe Seite 122), nachdem die Erkenntnisse der Strategieprozessforschung vorgestellt worden sind, auf die Mintzberg hier anspielt.

b) Verlust der politischen Steuerungsfähigkeit

New Public Management wird vorgeworfen, es führe zu einem Verlust an politischer Steuerungsfähigkeit. Knoepfel (1995) spricht sogar von der „Tyrannei der Manager". Dies ist interessant, weil die NPM-Befürwortenden im Gegenteil eine verbesserte politische Steuerbarkeit der Verwaltung von New Public Management erwarten. Leider wird in der Literatur nicht konkretisiert,

wie Manager zu Tyrannen werden können. Folgende Argumentation lässt sich vermuten:
Erstens könnten Manager Politiker durch ihren Informationsvorsprung dominieren. Durch geschickte Darlegung komplexer betrieblicher Zusammenhänge könnten sie jede Politik als zwingend nötig darlegen und damit die Politiker quasi tyrannisieren[112].
Zweitens könnten Manager über betriebliche Details selber entscheiden, die politisch eventuell sehr brisant sind. Hier stellt man sich vielleicht eine Wettbewerbskommission vor, die bei knappen Ressourcen selber entscheidet, welchen Fall sie vorrangig behandelt.
Drittens - und dieser Punkt wurde von den Kritikern bisher übersehen - bekommt die Allokation staatlicher Mittel durch das Prinzip der Globalbudgetierung eine gewisse Eigendynamik. Ämter, welche unternehmerisch handeln, erwirtschaften sich finanzielle Mittel, über deren Verwendung sie weitgehend selbst bestimmen. Dabei haben nicht alle Verwaltungseinheiten die gleichen Voraussetzungen. Es ergeben sich daraus zwangsläufig Umlagerungen in der Ausgabenstruktur. Die von den Ämtern selbst erwirtschafteten Mittel können nicht ohne weiteres anderen politischen Zwecken zugeführt werden. Einerseits können gesetzliche Regelungen bezüglich der Handhabung des Globalbudgets dies behindern, andererseits ist auch die demotivierende Wirkung zu berücksichtigen, die entsteht, wenn Budgeteinsparungen mit Budgetkürzungen quittiert werden[113].

Gegen die ersten beiden Kritikpunkte ist Folgendes einzuwenden:
- Das grundsätzliche Problem, dass Chefbeamte durch ihre bessere Detailkenntnis gewisse Einflussmöglichkeiten auf die Politiker haben können, wird vom Führungssystem an sich nicht berührt. Allenfalls *verbessert* sich die Position der Politik durch das Reportingsystem.
- Wenn Chefbeamte neu flächendeckend ihre Entscheide regelmässig formal standardisiert begründen müssen, so haben sie doch weniger Gelegenheit, ihre eigenen Interessen zu kaschieren als im traditionellen System.

---

[112] Dies wird in der Literatur des Public Choice als „Optionsfixierung" modelliert, vgl. Frey (1991, S. 161-163).
[113] Dieses Problem wird in der Literatur als „ratchet effect" diskutiert, vgl. Milgrom/Roberts (1992, S. 232-236).

- *Volksentscheide* bleiben in allen Leistungsaufträgen zumindest implizit vorbehalten[114].
- Wenn Politiker sich weniger mit Detailfragen auseinandersetzen, dürfte dies wesentliche Vorteile haben. Nehmen wir als Beispiel die Ausgestaltung der Billett-Automaten der öffentlichen Verkehrsbetriebe einer Stadt. Gerade hier wäre eine kundenfreundliche Verwaltung weit leistungsfähiger als eine eingriffsfreudige Politik.

Diese Argumente deuten darauf hin, dass die politische Steuerungsfähigkeit mit der Einführung von New Public Management tendenziell *eher zunimmt.* Dies gilt besonders dann, wenn die Trennung von Politik und Verwaltung mit unterstützenden Reportingsystemen und anderen institutionellen Regelungen versehen wird (siehe Seite 122).

Gegen den dritten Kritikpunkt ist eine Argumentation schwieriger. Immerhin lassen sich folgende Überlegungen machen:
- Die Einnahmen der öffentlichen Verwaltung durch Kosteneinsparungen und kommerzielle Aktivitäten dürften nur einen geringen Prozentsatz der Gesamtausgaben ausmachen. Eine mögliche Behinderung der politischen Steuerung kann sich aber nur auf diesen Anteil beziehen.
- In der Regel darf die öffentliche Verwaltung nur einen Teil der eingesparten Finanzmittel auf das nächste Jahr übertragen. Der Rest fliesst in die Staatskasse und steht anderen Verwendungszwecken zur Verfügung. Übermässige Mittelzuwendungen werden somit zwar nicht sofort, aber über die Zeit abgebaut.
- Ohne die Globalbudgetierung stehen insgesamt weniger Mittel zur Verfügung, da mögliche Effizienzsteigerungen unterbleiben. Es ist zu bedenken, dass für keinen Verwendungszweck weniger Mittel zur Verfügung stehen, sondern dass nur verschiede Verwendungszwecke unterschiedlich stark profitieren.
- Die Zweckbindung von Staatseinnahmen - und damit der Entzug der Mittel des Entscheidungsbereichs von Legislative und Exekutive - wurde bereits vor der NPM-Debatte diskutiert

---

[114] Vorbehalten bleiben ebenso Eingriffe der Politik bei einem „Vertragsbruch" (Nichterfüllen des Leistungsauftrags, Überziehen des Globalbudgets). Allerdings fehlen klare Richtlinien oder eine bisherige Praxis bezüglich der Handhabung solcher Fälle in der Schweiz.

und von namhaften Autoren für sinnvoll erachtet[115]. Die von Ämtern erwirtschafteten Mittel können als zweckgebundene Einnahmen erachtet werden, weil sie nur im Rahmen des Amtszwecks verwendet werden dürfen.

c) Politisierung der Manager

Die politisch-technische Démarche beinhaltet immer Werturteile. Dabei müssen sich auch „öffentliche Manager" politisch abstützen können. Knoepfel (1995) meint, wo heute politisch wenigstens Farbe bekannt wird (Chefbeamte werden u.a. nach Parteizugehörigkeit gewählt), muss man unter New Public Management seine politische Meinung hinter Zahlen verstecken.

Geht es bei diesem Punkt darum, ob *einzelne* Fragen von Politikern oder Verwaltungsmanagern entschieden werden, so befinden wir uns wieder beim vorangehenden Kritikpunkt: Was die Politiker an Steuerungsfähigkeit angeblich verlieren, gewinnen zwangsläufig die Verwaltungsmanager. Darauf wurde bereits oben eingegangen.

Geht es aber um die Entscheidung *vieler* Fragen, so ist zu beachten, dass viele auf operativer Ebene gefällte *Entscheide in der Summe* letztlich strategische oder politische Auswirkungen haben können. Dies wird in der Betriebswirtschaftslehre mit dem Begriff der „emergent strategy"[116] bezeichnet. Es ist also durchaus möglich, dass Verwaltungsmanager in ihrer Gesamtheit politisch relevante Entscheide fällen, ohne dass aber ein einzelner von ihnen eine entsprechende Machtstellung hätte.

Es sind gegen diese Kritik folgende Punkte vorzubringen:
- Manager können sich ihre politisch brisanten Entscheide von Politikern absegnen lassen. Damit können sie einer „Politisierung" entgegenwirken.
- Den Politikern bleibt es unbenommen, auch unter NPM die bisherige politikorientierte Besetzungspraxis weiterzuführen.
- Die Berichte von Ämtern an die Generalsekretariate bestehen nicht nur aus Kennzahlen, sondern wesentlich auch aus der Beschreibung und Begründung von Situationen und Handlungen.

---

[115] Brennan/Buchanan (1977).
[116] Vgl. Mintzberg (1978).

- Politiker können bestimmen, welche Kennzahlen zu rapportieren sind. Damit können beispielsweise politisch relevante Nebeneffekte systematisch erkannt werden.

Insgesamt vermag auch dieser Kritikpunkt nicht zu überzeugen.

d) Tyrannei der Indikatoren

Weil komplexe Produkte nicht einfach gemessen werden können, besteht die Gefahr, dass die schwer messbaren Eigenschaften gegen messbare substituiert werden und damit ein insgesamt schlechteres Resultat erzielt wird[117]. Dies kann selbst dann der Fall sein, wenn die Ressourcennutzung besser, d.h. effizienter wird.

Formal kann dies folgendermassen dargestellt werden[118]:

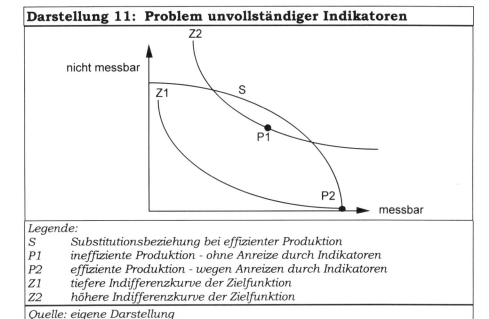

Darstellung 11: Problem unvollständiger Indikatoren

Legende:
S   Substitutionsbeziehung bei effizienter Produktion
P1   ineffiziente Produktion - ohne Anreize durch Indikatoren
P2   effiziente Produktion - wegen Anreizen durch Indikatoren
Z1   tiefere Indifferenzkurve der Zielfunktion
Z2   höhere Indifferenzkurve der Zielfunktion

Quelle: eigene Darstellung

---

[117] Vgl. Knoepfel (1995).
[118] Gegeben sind Ressourcen, Produktions- und Zielfunktion. Angenommen wird Folgendes: Die Ressourcen lassen sich unterschiedlich kombinieren, sodass mehr von der einen Qualität auf Kosten der anderen (und umgekehrt) hergestellt werden kann. Die Zielfunktion setzt sich aus einer messbaren und einer nichtmessbaren Komponente zusammen. Die Produktion ist vorher ineffizient (befindet sich innerhalb der Linie S).

Im Ausgangspunkt (P1) werden messbare wie unmessbare Leistungen erbracht. Man kann sich eine Lehrperson vorstellen, welche den Schülerinnen und Schülern nicht nur (messbares) Rechnen, Lesen und Schreiben beibringt, sondern auch ihre (unmessbare) Sozialkompetenz fördert. Werden nun die Löhne der Lehrpersonen von den messbaren Schulleistungen ihrer Klassen abhängig gemacht, besteht die Gefahr, dass deutlich weniger Zeit für das Erreichen des nicht messbaren Ziels eingesetzt wird. Selbst, wenn die technische Effizienz der Lehrperson steigt (P1 befindet sich innerhalb des Möglichkeitsraumes, P2 an der Grenze), kann sich die Effektivität verschlechtern (P2 liegt auf einer tieferen Indifferenzkurve als P1). Die Lehrperson verfolgt die „falschen" Ziele effizienter[119].

Diese Problematik besteht aber nur unter drei Bedingungen:
- **Die messbare Dimension ist *direkt* an extrinsische Anreize geknüpft.**
Eine solche Verknüpfung muss nicht zwingend vorgenommen werden. Zwar finden Beispiele der gewinnabhängigen Entlöhnung im Topmanagement grosser Firmen viel Aufmerksamkeit, in der Praxis wird jedoch weit häufiger die Erreichung persönlicher Ziele in den Vordergrund gestellt, deren Erreichung meist nicht objektiv gemessen werden kann[120]. Ebenso haben im Mitarbeitergespräch festgestellte Zielabweichungen oft nicht sofortige finanzielle Konsequenzen. Natürlich können auch die Beförderungschancen durch gute Indikatoren verbessert werden. Eine *direkte* Verbindung besteht aber selten: Dem Verkäufer mit den grössten Umsätzen kann eine Beförderung durchaus versagt werden, wenn er sich beispielsweise bei anderen Mitarbeitenden unbeliebt macht. Selbst wenn dies in einigen konkreten Fällen nicht so geschieht, besteht kein Grund, sich in der öffentlichen Verwaltung an einer fehlgeleiteten privatwirtschaftlichen Praxis[121] zu orientieren.
- **Über die nicht messbare Dimension gibt es auch keine qualitativen Informationen.**
Nun mag es in der öffentlichen Verwaltung tatsächlich Produkte geben, deren Qualität kaum beurteilbar ist. Dies ist beispielsweise in der Schweizerischen Asylrekurskommission

---
[119] Vgl. Milgrom/Roberts (1992, S. 228-231 und 394-395).
[120] Vgl. Gilli (1994) und Milgrom/Roberts (1992, S. 402 und S. 404-408).
[121] Vgl. Kerr (1995).

der Fall (vgl. Fallbeispiel ab Seite 188). In den allermeisten Fällen gibt es jedoch recht zuverlässige Hinweise auf die Qualität. Beim Institut für geistiges Eigentum, das unter anderem über die Eintragung von Handelsmarken ins Markenregister entscheidet (siehe Fallbeispiel ab Seite 226), können die Reklamationen von Kunden als Anhaltspunkt für die Qualität der Entscheide genommen werden. Solche Signale richtig zu interpretieren und Massnahmen zu ergreifen sind typische Führungsaufgaben. Dies ist einer der Gründe, warum Tätigkeiten nicht einfach ausgelagert werden können (Ausführungen dazu siehe ab Seite 139).

- **Für die Leistung bezüglich der nicht messbaren Dimension besteht keine intrinsische[122] Motivation.**
Oft sind schlecht messbare Kriterien einer Arbeit mit Berufsehre verknüpft, welche ein Gegengewicht zu den leichter messbaren, quantitativen Kennzahlen bieten können. Eine Zerstörung dieser intrinsischen Motivation durch die Einführung von Indikatoren ist keinesfalls zwangsläufig. Im Gegenteil ist eine positive Motivationswirkung möglich. Dazu ist es allerdings zentral, dass die Indikatoren *nicht* an finanzielle Anreize geknüpft werden und dass ein hoher Grad an Selbstbestimmung bei der Ausführung der Arbeit gewährt wird[123].

Insgesamt kann das Problem der Indikatoren als ein Führungsproblem betrachtet werden. Ob die befürchteten negativen Effekte auftreten, hängt im Wesentlichen von der Handhabung der Indikatoren ab.

e) *Zentralisierung*

Knoepfel (1995) befürchtet, dass mit zentral gesteuerten „Benchmarks" alles über einen Leisten geschlagen wird. Dies könne zu einer Zentralisierung führen.
Nun ist dies gerade in einem föderalistischen Staat wie dem schweizerischen nicht zu befürchten. Sollten z.B. die Unterhaltskosten pro Kilometer Kantonsstrasse in verschiedenen Kantonen stark voneinander abweichen, so mag es dafür gute Gründe geben (z.B. Anteil an Brücken). Gibt es diese guten Gründe nicht, so ist es Sache der Kantons- oder Gemeinderegierungen, dies bei

---

[122] D.h. „in der Arbeit selbst liegenden".
[123] Vgl. Frey/Osterloh (1997).

der Festlegung des Globalbudgets entsprechend zu berücksichtigen. Benchmarking ist weder im privaten noch im öffentlichen Sektor ein Instrument zur zentralen Steuerung, sondern ein Instrument, um von Organisationen mit besseren Praktiken zu lernen oder einen (dezentralen!) Wettbewerb zu substituieren[124]. Die Erfahrungen des Zentrums für Verwaltungsvergleich in Basel können Knoepfels Befürchtungen nicht bestätigen.

f) Steigender Einfluss von Interessengruppen

Mastronardi (1995) befürchtet, dass gut gemeinte Fragebögen der komplexen Erfassung öffentlicher Güter nicht gerecht werden[125]. Seines Erachtens läuft New Public Management die Gefahr ...

> „... einem naiven Glauben an die „Demokratie des Fragebogens" zu verfallen. Sie stellt heikle Probleme der empirischen Sozialforschung und erfordert einen beträchtlichen Aufwand. Zu befürchten ist, dass aus Effizienzgründen vor allem quantitative Methoden der Meinungsforschung eingesetzt werden. Dann aber werden die öffentlichen Güter, welche die Verwaltung zu erbringen hat, wie Marktgüter bewertet: nach dem Eigeninteresse der Befragten und der Nutzenmaximierung des Kunden. Der Wert öffentlicher Güter liegt aber nicht im Nutzen, den der unmittelbar betroffene Personenkreis darin erkennt, sondern im Beitrag für das *Wohlergehen der gesamten Rechtsgemeinschaft*. Und diese Bewertung kann allein im demokratischen Verfahren gültig vorgenommen werden." (Mastronardi 1995, S. 16, Hervorhebungen im Original)

Letztlich würde dies zu einer Überbewertung der Interessen von Interessengruppen führen. Diese können ihre relativ gebündelten, aber auf wenige Personen verteilten Interessen eher ausdrücken, als die Gesellschaft, deren Interesse sich auf eine riesige Anzahl von Personen verteilt.

Dieser Einwand beruht auf einem grundsätzlichen Missverständnis. Mit denjenigen Fragebogen, die unter NPM vermutlich vermehrt zur Anwendung kommen, wird nämlich gar nicht

---

[124] Vgl. Rahmann (1997).
[125] Zu den Problemen der Präferenzaggregation vgl. Pattanaik (1997).

erhoben, *welche und wie viele* öffentliche Güter von der Verwaltung abzugeben sind; dies wird nach wie vor im *politischen System* entschieden. Fragebögen dienen der Verwaltung lediglich dazu, die *Qualität* ihrer Leistungen zu überprüfen. Damit steigt also der Einfluss der (demokratisch festgelegten) Leistungsempfänger auf die *Qualität* der Leistung, bei einem fixierten Globalbudget.

Würden hingegen tatsächlich vermehrt Fragebogen zur Erfassung der *Zahlungsbereitschaft für öffentliche Güter* zum Einsatz kommen, so wäre dies ebenfalls kein Nachteil, weil auch im NPM die Umsetzung deren Resultate der Zustimmung der Politik bedürfen. Zudem stehen heute moderne Befragungsmethoden zur Verfügung, welche das strategische Antworten wirksam eindämmen wie beispielsweise die sogenannten „Budgetspiele"[126].

Auch wenn diese Kritik damit im Wesentlichen ausgeräumt sein dürfte, so können ihr doch folgende Hinweise abgewonnen werden:

- Der Umgang mit Fragebögen ist nicht immer ganz einfach und erfordert allenfalls in der diesbezüglich unerfahrenen Verwaltung eine entsprechende fachliche Unterstützung oder Ausbildung.
- Für Ämter, welche zwei unterschiedlich gut organisierte Interessengruppen mit unterschiedlichen Produkten „bedienen", kann es sinnvoll sein, zwei separate Globalbudgets zu haben. Damit kann verhindert werden, dass die besser organisierte Interessengruppe die Verwaltung beeinflusst, Mittel zu ihren Gunsten und zu Lasten der anderen Gruppe zu verschieben.

g) *Weniger Rechtsschutz und Rechtsgleichheit*

Mastronardi (1995) befürchtet einen Abbau des Rechtsschutzes. Er fordert:

> „New Public Management muss mit Auflagen versehen werden, die einen gleichwertigen Rechtsschutz gewährleisten wie die herkömmliche Verwaltungsorganisation."
> (Mastronardi 1995, S. 16)

---

[126] Vgl. Frey (1981, S. 307-308).

Gegen diese Forderung ist an sich nichts einzuwenden. In der Literatur werden aber kaum Fälle berichtet, in denen der Rechtsschutz ein Problem dargestellt hätte. Die praktische Relevanz dieses Problems ist zum heutigen Zeitpunkt nicht als erwiesen zu erachten.

h) Korruption

Als weiterer möglicher Nebeneffekt ist die Zunahme der Korruption zu nennen[127]. Für diese gibt es bislang keine praktischen Hinweise[128].
Um den Einfluss vermehrter finanzieller Eigenverantwortung zu untersuchen, müssen zwei Fälle unterschieden werden: Korrupte Handlungen, welche die Verwaltung etwas kosten (z.B. zu hohe Einkaufspreise) und solche die kostenneutral[129] sind (selektive Durchsetzung der Baurechtsvorschriften). Korruptionen, die für die Verwaltung finanziell interessant sind, erscheinen praktisch nicht relevant. Wenn ein Amt mehr finanzielle Eigenverantwortung trägt, sind die Auswirkungen kostenverursachender Korruption auf die Angestellten deutlicher zu spüren. Daher dürfte der Anreiz zur Korruption in diesem Fall tendenziell sinken bzw. der Anreiz zur Überwachung und Meldung eher ansteigen. Bei der kostenneutralen Korruption ist keine Veränderung zu erwarten, es sei denn, es würde ein entsprechender Indikator erhoben, in welchem sich die Korruption negativ niederschlägt (etwa ein Indikator für die von Kunden wahrgenommene „Neutralität" bei der Durchsetzung von Bauvorschriften). Dann wäre eher ein Absinken zu erwarten.
Insgesamt erscheint die Befürchtung also wenig stichhaltig.

i) Negative Auswirkungen auf Frauen als Staatsangestellte

Erstaunlich ist, dass Kritiker des New Public Management dieses Thema kaum aufgreifen. Die Kritik aus der Frauenperspektive wird in der Regel losgelöst von anderen Kritiken geäussert. Dabei sind gerade hier Nachteile nicht blosse Vermutung, sondern empirisch belegbar.

---

[127] Vgl. Berchtold (1995).
[128] In einem internationalen Korruptionsvergleich schneiden die für NPM bekannten Staaten überdurchschnittlich gut ab (NZZ 1977c).
[129] Hier sind nicht die volkswirtschaftlichen Kosten gemeint.

- **Geringere Aufstiegschancen für hoch qualifizierte Frauen**
  Auf Managementstufe werden Frauen dadurch benachteiligt, dass bei Neurekrutierungen mehr Wert auf Führungserfahrung in der Privatwirtschaft gelegt wird[130] - ein Kriterium, das bevorzugt von Männern erfüllt wird.
- **Schlechtere Arbeitsbedingungen für tief qualifizierte Frauen**
  Auf Stufe der wenig qualifizierten Arbeitskräfte ist eine Verschlechterung der Arbeitsbedingungen festzustellen (beispielsweise bei der Auslagerung der Gebäudereinigung[131]), wovon insbesondere Frauen betroffen sind. Es ist allerdings eine Frage des Massstabs, ob man die bisherigen Arbeitsbedingungen als „zu gut" (auf Kosten der Steuerzahler) oder die neuen Arbeitsbedingungen als „zu schlecht" (auf Kosten des Reinigungspersonals) einstuft.
- **Flexibilisierung der Arbeitszeiten zulasten der Erziehungsarbeit.**
  Flexible Arbeitszeiten sind nicht immer günstig für die Erziehungsarbeit. Es fragt sich, wonach sich die Flexibilität richtet, nach den Bedürfnissen der Kunden bzw. eines Vorgesetzten oder nach den Bedürfnissen der angestellten, erziehenden Person. Meist ist das erstere der Fall. Eltern benötigen aber für ihre Erziehungsarbeit eine klare zeitliche Regelung, damit sie sich verbindlich mit anderen bezüglich der Kinderbetreuung absprechen können.

j) Negative Auswirkungen auf Frauen als Bürgerinnen

Dort wo Frauen die „schwierigeren Kunden" als Männer sind, entstehen bei rein quantitativen Leistungsmessungen Anreize zur Bevorzugung von Männern. Dies ist eine Variation des Themas „Tyrannei der Indikatoren". Im Fürsorgebereich und bei der Beratung von Erwerbslosen dürfen Frauen - aufgrund ihrer komplexeren Lebensrealitäten - für die ihnen zustehende Leistung durchschnittlich mehr Zeit in Anspruch nehmen. In den USA, England und teilweise in Deutschland basieren Leistungsbeurteilungen der Mitarbeitenden nur auf der Anzahl der bedienten Personen[132].

---

[130] Vgl. Pollitt (1995, S. 149) und Ferlie et al. (1996, S. 135).
[131] Vgl. Naschold (1993, S. 36).
[132] Vgl. Burger (1996, S. 12).

Dies ist kein grundsätzliches Argument gegen New Public Management. Mit qualitativen oder etwas ausführlicheren quantitativen Erhebungen lassen sich die Rahmenbedingungen, sofern sie tatsächlich zu Problemen führen, als Ursache erkennen und beseitigen.

k) Unfairer Wettbewerb

Kontrovers sind unternehmerische Innovationen in der öffentlichen Verwaltung hauptsächlich bezüglich möglicher *Wettbewerbsverzerrungen*[133]. Das Problem liegt in der Kostenkalkulation der öffentlichen Verwaltung. Es geht insbesondere um die Zurechnung von Gemeinkosten auf einzelne Produkte, um die Amortisation von Investitionen und um den fehlenden Gewinnzuschlag sowie die fehlende Besteuerung. Von einigen Autoren wird die Einführung eines privatwirtschaftlich orientierten Rechnungswesens als Heilmittel gesehen[134]. Die Zurechnungsproblematik der Gemeinkosten lässt sich damit aber nicht immer lösen. Die Schweizerische Wettbewerbskommission hat daher eine organisatorische Trennung von hoheitlichen und kommerziellen Aufgaben vorgeschlagen. Hier ist einzuwenden, dass durch solche Massnahmen mögliche Skalenerträge nicht genutzt werden können und dass wichtige Lernchancen ungenutzt bleiben (siehe ab Seite 107).

l) Fazit

In den vorangehenden Abschnitten wurden die wichtigsten Kritikpunkte am New Public Management dargestellt und ihre Stichhaltigkeit soweit möglich geprüft. Dabei ergab sich, dass einige Punkte durchaus ernst zu nehmen sind. Sie geben wichtige Hinweise auf zu vermeidende Probleme. Allerdings wurden keine Gründe für einen grundsätzlichen Verzicht auf New Public Management gefunden.

2.7 Erfolgsausweis von New Public Management

Von vielen Autoren wird der Erfolg von New Public Management ohne Verweis auf empirische Evidenz als sicher angenommen. Tatsächlich können einige positive Resultate vorgewiesen werden.

---

[133] Vgl. OECD (1995, S. 41).
[134] Vgl. Ecoplan (1996, S. 29).

Eine umfassende Beurteilung ist aber schlicht nicht möglich, weil zu wenig aussagekräftige Studien vorliegen. Zu diesem Schluss kommen auch namhafte Autoren:

„The general scarcity of rigorous evaluation of reforms is regrettable." (OECD 1995, S. 16)

„The literature in the area is long in anecdote and general commentary, but short on systematic comparison, and comes close to being a datafree environment. (Hood 1995, S. 98)

Pollitt hat vorhandene Studien gesammelt und kommt zum sehr *ernüchternden Schluss:*

„(...) the underpinnings of the New Public Management's reputation are actually quite fragile." (Pollitt 1995, S. 149)

Weiter schreibt Pollitt, dass von den einzigen zwei gründlichen Studien über den Zusammenhang zwischen New Public Management und makroökonomischen Grössen die eine keinen und die andere einen *negativen* Zusammenhang findet[135]. Diese Resultate könnten nach Ansicht des Autors im Sinne eines Selektionseffektes damit erklärt werden, dass Länder mit schlechter makroökonomischer Leistung vermehrt auf New Public Management zurückgreifen[136].

Die Erfolge von einzelnen Massnahmen - im Gegensatz zu New Public Management im Allgemeinen - lassen sich messen. Einsparungen, die durch Auswärtsvergabe von Personalrestaurants oder Gebäudereinigungen erzielt werden, gehören dazu. In Grossbritannien wurden Einsparungen von durchschnittlich 6,5% bis maximal zu 25% festgestellt[137], obgleich rund 70-80% der Ausschreibungen von der öffentlichen Verwaltung gewonnen wurden.

---

[135] Vgl. Pollitt (1995, S. 148).
[136] Vgl. Hood (1991).
[137] Vgl. Naschold (1993, S. 36).

Erste Resultate der Pilotprojekte aus der Schweiz zeigen ermutigende Ergebnisse: In allen Projekten der Kantone Bern und Luzern, sowie der Stadt Bern konnten ansehnliche Geldbeträge eingespart werden. Ein Teil dieser Einsparungen (zwischen 3,5 % und 50 %) gehen aber nicht in die Staatskasse, sondern stehen den entsprechenden Ämtern im nächsten Jahr zur Verfügung. Einzige Auflage ist jeweils, dass das Geld für die Förderung des Amtszweckes eingesetzt wird.[138]

Zu den Ansätzen der Erfolgsmessungen sind einige Punkte anzumerken, beziehungsweise zu kritisieren. Zu einer *zu positiven* Darstellung des NPM können folgende Verzerrungen beitragen:
- Bei einer Aneinanderreihung von erfolgreichen Einzelevaluationen kann leicht ein *„selectivity bias"* auftreten: Nur erfolgreiche Projekte stellen sich überhaupt nachträglich zur Evaluation, während weniger erfolgreiche nicht in die Betrachtung einfliessen.
- Unerwünschte Nebeneffekte werden nicht in die Messung einbezogen. So wurden zum Beispiel negative Auswirkungen auf Frauen festgestellt (siehe Seite 64). Dieser Punkt wurde oft deshalb nicht beachtet, weil Gleichstellung nicht zu den Zielen des New Public Management gehört. Ebenso ist ein Einfluss auf die *Korruption* denkbar, wenn auch nicht sehr wahrscheinlich (siehe Seite 63). Unerkannt bliebe auch eine allfällige Verschlechterung der *politischen Steuerbarkeit* (siehe Seite 54).

Andererseits gibt es auch Messprobleme, welche systematisch zu einer *zu negativen* Beurteilung von NPM führen können:
- Qualitative Verbesserungen bleiben unberücksichtigt. Bei vielen New Public Management Projekten geht es nicht nur darum, Kosten einzusparen, sondern auch die Qualität zu verbessern. Es ist ausserordentlich *schwierig, qualitative Erfolge zu messen und zu bewerten* wie verlängerte Öffnungszeiten, vereinfachte Steuerformulare oder verkürzte Dauer von Baustellen (und die Vermeidung der damit verbundenen Verkehrstaus). Solche Messungen können auch nicht für New Public Management im Allgemeinen gemacht werden, sondern müssen sich immer auf einzelne Fallstudien beziehen. Es ist daher anzunehmen, dass rein kostenorientierte Studien den

---

[138] Gemäss Tagesanzeiger (1997): Sogar Geld übrig, 12. Juli, S. 8.

Erfolg von New Public Management Projekten systematisch unterschätzen[139].
- Eine erhöhte Flexibilität bleibt unberücksichtigt. Mit üblichen Vorher-Nachher-Vergleichen wird nur *ein* Anpassungsschritt beobachtet und beurteilt. Welche Erleichterungen und Verbesserungen für künftige Anpassungen erreicht wurden bleibt unerkannt. Dies ist insofern relevant, als eine erhöhte Flexibilität zu den erklärten Zielen von NPM gehört. Diese könnte sich aber nur in einer Langzeitstudie wirklich zeigen.
- Eine verbesserte Arbeitsteilung zwischen Politik und Verwaltung wird nicht gemessen. Damit bleibt aber ein Kernargument der Befürworter ohne empirische Grundlage[140].

Zusammenfassend kann festgehalten werden: *Globale* Evaluationen von New Public Management fehlen weitgehend oder kommen zu ernüchternden Resultaten. In sehr vielen *Einzelfällen* sind jedoch positive Erfahrungen gemacht und dokumentiert worden. Es ist aber ausserordentlich schwierig, alle wichtigen Effekte in einer Evaluation zu berücksichtigen und es bleiben wesentliche Streitpunkte zwischen Kritikern und Befürwortern empirisch ungeklärt.

2.8 Theoretische Grundlagen des New Public Management

Obgleich New Public Management ein Konzept ist, das sich aus der Praxis heraus entwickelt hat[141], steht es nicht im theorieleeren Raum. Die theoretischen Grundlagen, auf die implizit oder explizit in der New Public Management Literatur Bezug genommen wird, sind
- Public Choice Theory,
- Agency Theory,
- Transaktionskostenökonomie und
- verschiedene Konzepte aus der Betriebswirtschaftslehre[142].

---

[139] Dem Einwand, die Qualität könne bei einer Auswärtsvergabe auch sinken, kann man entgegnen, dass der Abbau einer zu hohen (und zu teuren) Qualität ebenfalls ein Ziel sein kann und dass bei unerwünschten Qualitätseinbussen politische Instanzen eine Veränderung des Leistungsauftrages erwirken würden.
[140] In der Schweiz müsste eine solche Evaluation zusätzlich die Besonderheit des Volksentscheides berücksichtigen.
[141] Vgl. beispielsweise Osborne/Gaebler (1992, S. xvii).
[142] Vgl. Boston et al. (1996), Moe (1984), Hood (1991) und Ferlie et al. (1996).

Diese Grundlagen werden in den folgenden Abschnitten kurz vorgestellt und gewürdigt. Die Kritiken an den ökonomischen Ansätzen überschneiden sich zwangsläufig.

a) Public Choice

Der Public Choice Ansatz wird auch Public Choice Theory, Rational Choice, Neue Politische Ökonomie oder Institutionenökonomie genannt und hat die Praxis der öffentlichen Verwaltung stark beeinflusst (Mitchell 1988). Zu den grundlegenden Werken gehören Buchanan (1984), Downs (1967), Niskanen (1971), Olson (1965) und Tullock (1965). Der Literaturstrang befasst sich mit folgenden zusammenhängenden Fragestellungen:
- Wie können individuelle Präferenzen aggregiert werden?
- Welches sind mögliche Abstimmungs- und Wahlverfahren und wie wirken sie sich aus?
- Wie reagieren Individuen auf unterschiedliche institutionelle Rahmenbedingungen?
- Wie entsteht Kooperation unter kooperationsfeindlichen Bedingungen?

Der Ansatz basiert auf der Grundannahme, dass der Mensch sich als rationaler Nutzenmaximierer verhält[143]. Der Ausdruck „rational" beinhaltet ein Selbstinteresse (Egoismus) und die geistige Fähigkeit, die Konsequenzen des eigenen Handelns vorauszusehen (Vernunft). Diese Grundannahme wird auch in den beiden Ansätzen getroffen.

Für unsere Themenstellung wichtige Resultate sind:
- Politiker sind Stimmenmaximierer: Mit ihrem Verhalten verfolgen sie in erster Linie das Ziel, wieder gewählt zu werden[144]. Sie verfolgen andere Ziele erst, wenn sie sich ihrer Wiederwahl relativ sicher sind[145].
- Beamte sind Budgetmaximierer: Sie versuchen, ihr Budget und ihren diskretionären Spielraum auszuweiten[146].

---

[143] Vgl. Smith (1989).
[144] Vgl. Downs (1967)
[145] Vgl. dazu z.B. Frey (1977, S. 181-195).
[146] Vgl. (Niskanen 1971. Dies steht im Gegensatz zur üblichen Annahme der Einkommensmaximierung. Unter entsprechenden Rahmenbedingungen ist das Verhalten der Budgetmaximierung grundsätzlich auch in privaten Unternehmen möglich.

- Interessengruppen versuchen, durch Beeinflussung der Verwaltung sich Vorteile auf Kosten der Allgemeinheit zu verschaffen[147].
- Das politisch-administrative System ist daher sehr ineffizient[148].

Der Ansatz bietet einen wesentlichen *positiven Punkt*: Er weist darauf hin, dass Individuen sich gemäss ihren Rahmenbedingungen verhalten (und nicht etwa gemäss ihrer Herkunft, Einstellung oder Ähnlichem). Damit wird die „Schuld" für schlechte Leistungen des öffentlichen Sektors von den „faulen Beamten" auf die „schlechten Rahmenbedingungen" verschoben. Diese Idee ist ein Grundstein des New Public Management: Das Ziel, Rahmenbedingungen zu schaffen, unter denen das erwünschte Verhalten belohnt, und nicht etwa noch bestraft wird.

Der Ansatz hat trotz diesem grossen Verdienst seine *Tücken*. Er traut den Beamten nicht zu, dass sie sich um der Sache willen engagieren, ohne dabei auf den eigenen Vorteil zu schauen. Auch wenn dies für viele zutrifft, ist eine solche Generalisierung für die engagiert arbeitenden Beamten doch eine Beleidigung und für die übrigen ein Vorwand sich zu entrüsten. Damit kann der Ansatz, wenn er *unreflektiert* in die Praxis umgesetzt wird, leicht zur selbsterfüllenden Prophezeiung werden[149]. Diese Gefahr kann aber umgangen werden, wenn die Gefahr der Zerstörung intrinsischer Motivation berücksichtigt wird[150].

b) *Agency Theory*

Die Agency Theory bezieht sich auf die Beziehung zwischen einem Auftraggeber (Principal) und einer ausführenden Person (Agent), die durch eine Informationsasymmetrie gekennzeichnet ist: Der Prinzipal ist weniger gut informiert als der Agent. Es wird zunächst festgehalten, dass der Agent daher nicht immer nach bestem Wissen und Gewissen die Interessen des Prinzipals wahrnimmt, da er auch eigene Interessen hat, die er dank dem Informationsvorsprung wahrnehmen kann. Es wird untersucht,

---

[147] Vgl. Tullok (1965).
[148] Vgl. Blankhart (1985).
[149] Vgl. Goshal/Moran (1996) und Conner/Prahallad (1996).
[150] Praktisch bedeutet dies zum Beispiel, dass Ziele *vereinbart* statt diktiert werden. Vgl. dazu Frey/Osterloh (1997).

welche Rahmenbedingungen sich wie auf das Verhalten des Agenten - gemessen daran, was der Prinzipal möchte - auswirken.
Folgende Phänomene sind zentral:
- **Moral hazard**: Man hält sich nicht an Verträge, wenn das Einhalten des Vertrages nicht kontrolliert werden kann.
- **Hold-up**: Auch wenn die Vertragseinhaltung später kontrolliert wird, ist bei geringer Sanktionsmöglichkeit ein Vertragsbruch wahrscheinlich.
- **Adverse selection**: Wer geeignete von ungeeigneten Vertragspartnern nicht unterscheiden kann, muss damit rechnen, dass sich systematisch die ungeeigneten melden, weil sie vom Vertrag mehr profitieren.

Über die Ausgestaltung von Agency-Beziehungen sagt der Ansatz im Allgemeinen aus, dass
- Informationsasymmetrien möglichst zu vermeiden sind, sowie
- Agenten am Gewinn zu beteiligen sind.

Das ganze politische System einschliesslich der Verwaltung kann als Kette von Agency-Beziehungen gesehen werden: Volk - Parlament - Regierung - Verwaltung[151].

Das *Verdienst* dieses Ansatzes ist es, die ungünstigen Rahmenbedingungen in der öffentlichen Verwaltung genauer aufzuzeigen und analysierbar zu machen. Zusätzlich kann man aus der langen Kette von Agency-Beziehungen erkennen, dass eine direkte Kommunikationsmöglichkeit zwischen Volk und Verwaltung nötig ist, wenn die Verwaltung tatsächlich dem Volk und nicht sich selbst dienen soll.

Die *Gefahr* dieses Ansatzes liegt auf zwei Ebenen. Die (impliziten) Annahmen setzen erstens voraus, dass die psychologischen Verträge und die intrinsische Motivation (Spass an der Arbeit selbst) nicht verhaltensrelevant sind. Damit entsteht die Gefahr, dass intrinsische Motivation durch anreizorientierte Verträge verdrängt wird[152]. Zweitens wird angenommen, dass der Prinzipal genau weiss, was er vom Agenten will. Wie die moderne Strategieforschung zeigt[153], ist dies in der Praxis jedoch oft nicht der

---

[151] Vgl. Moe (1994) und Cook/Wood (1989).
[152] Vgl. Frey/Osterloh (1997).
[153] Vgl. Teil III dieser Arbeit.

Fall. Moderne Methoden des Projektmanagements versuchen ebenfalls, dieses Problem zu lösen[154]. Die Prinzipal-Agent-Beziehung ist daher durch die Informationsasymmetrie nur unzureichend beschrieben. Asymmetrien punkto Wissen, d.h. bezüglich der Fähigkeit, Informationen zu interpretieren, sind praktisch oft viel wichtiger, weil sich fehlendes Wissen, im Gegensatz zu fehlenden Informationen, nicht einfach übertragen lässt.

c) Transaktionskostenökonomie

Der *Transaktionskostenansatz*[155] befasst sich mit der Frage der optimalen „Governance"-Struktur. Dabei steht die Frage im Vordergrund, ob Transaktionen über den Markt oder über eine (firmen- bzw. amts-) interne Hierarchie gesteuert werden sollen. Damit ist eine konkrete betriebswirtschaftliche Frage angesprochen, die auch in der öffentlichen Verwaltung relevant ist: Was soll man selber herstellen, und was soll ausgelagert resp. über einen Markt eingekauft werden? Der Ansatz gibt darauf folgende Antwort:
Der optimale Integrationsgrad ist gegeben, wenn die Summe aus Produktions- und Transaktionskosten für die Erfüllung einer Gesamtaufgabe minimiert ist. Die Höhe der Transaktionskosten wird durch die Faktoren „Eigenschaft der Transaktion" und „Einbindungsform" bestimmt. Die Eigenschaften der Transaktion setzen sich zusammen aus den vorrangigen Eigenschaften „Spezifität" (*asset specificity*) und „Unsicherheit" (*uncertainty*) sowie der unterstützenden Eigenschaften „Häufigkeit" (*frequency*). Hohe „Spezifität" einer Transaktion bedeutet, dass sie eine Investition verlangt, die sich ausserhalb der Vertragsbeziehung nur wesentlich schlechter verwenden lässt. „Unsicherheit" einer Transaktion bezeichnet die Anfälligkeit der Vertragsbeziehung für Änderungen in Bezug auf qualitative, quantitative, terminliche oder technische Leistungsmerkmale. Die Eigenschaft „Häufigkeit" gibt den Umfang des Auftragsvolumens einer Leistung je Zeiteinheit an. Die „Einbindungsform" gibt Auskunft darüber, wie Kunde und Lieferant ihre Beziehung organisatorisch gestalten, um arbeitsteilig eine Leistung zu erstellen, wobei die Varianten „interne Erstellung", „externe Erstellung" und Mischformen zur

---

[154] Vgl. Schmidt (1997).
[155] Vgl. Williamson (1979), Ebers/Gotsch (1995).

Auswahl stehen. Grundsätzlich wird der transaktionskostenoptimale Integrationsgrad umso höher sein, je spezifischer, je unsicherer und je häufiger eine Leistung ist. Dagegen sind mit zunehmender Standardisierung einer Leistung marktorientiertere Einbindungsformen effizient.

Der Transaktionskostenansatz bietet ein relativ differenziertes und theoretisch fundiertes Instrument, um *Auslagerungsentscheide* zu fällen. Diese spielen im New Public Management eine erhebliche Rolle (siehe Seite 43). Der Ansatz ist jedoch aus betriebswirtschaftlicher Perspektive zu *kritisieren*:
Er gibt zwar eine theoretische Erklärung für Auslagerungsentscheide, hat aber einen zu engen Fokus[156], weil aus seiner Perspektive die Spezifität exogen und somit nicht erklärbar ist[157]. Jedoch kann die Spezifität durch *Ansätze des Wissensmanagements und des organisationalen Lernens* erklärt werden. Der zentrale Begriff ist hier die „absorptive Kapazität"[158]. Sie beschreibt die Fähigkeit einer Organisation, neues Wissen auf der Handlungsebene umzusetzen. Die wesentliche Erkenntnis ist, dass diese Kapazität beschränkt ist: Eine Organisation kann nicht beliebig viel neues Wissen durch Crash-Programme absorbieren und in ihr tägliches Handeln integrieren. Vielmehr setzt dies einen kontinuierlichen Lernprozess voraus, in welchem insbesondere die Übertragung impliziten Wissens kritisch ist. Über die individuellen Lernprozesse hinaus geht es nämlich darum, die Kommunikation auf eine erweiterte Basis gemeinsam geteilten Wissens zu stellen und neue Regeln der Handlungskoordination zu entwickeln[159].

In der öffentlichen Verwaltung ist bei der Verwendung des Transaktionskostenansatzes zusätzlich Vorsicht geboten. Er nimmt nämlich an, dass Transaktionen stattfinden, d.h. dass Güter ihren Besitzer wechseln. Dies kann für meritorische Güter zutreffen, kann aber unmöglich für öffentliche Güter gelten, da

---

[156] Vgl. Goshal/Moran (1996).
[157] Die Spezifität kann sich im Lauf der Zeit ändern. Zum Beispiel waren vor wenigen Jahrzehnten die meisten Investitionen zur Herstellung von Landkarten (im Bundesamt für Landestopographie der Schweiz) hoch spezifisch, denn der einzige zahlungskräftige Abnehmer war die Schweizer Armee. Heute gibt es eine grössere private Nachfrage nach Landkarten, was die Spezifität verringert.
[158] Vgl. Cohen/Levinthal (1990).
[159] Zum organisationalen Lernen vgl. Kim (1993), Probst/Büchel (1994) und Schreyögg/Noss (1997).

sie mangels Anwendbarkeit des Ausschlussprinzips gar nicht besessen werden können. Bei der Produktion von öffentlichen Gütern *durch regulative Funktion* werden öffentliche Güter dadurch produziert, dass Individuen sich an gewisse Spielregeln halten. Es finden also keine Transaktionen des betreffenden öffentlichen Gutes statt.

d) Betriebswirtschaftslehre

Die Betriebswirtschaftslehre kann nicht wie die obigen Ansätze kurz vorgestellt und kritisch gewürdigt werden, weil es sich nicht um *einen* Ansatz handelt[160]. Dieser Abschnitt will den Umgang mit der Betriebswirtschaftslehre im Umfeld der öffentlichen Verwaltung thematisieren.

Obgleich die Übertragung von betriebswirtschaftlichen Konzepten als eine zentrale Idee des New Public Management angesehen wird, werden die neueren Erkenntnisse der Managementlehre in kaum einer Publikation tatsächlich als Grundlage des New Public Management verwendet. Auf die betriebswirtschaftliche Praxis und Lehre wird auf sehr unterschiedliche Weise Bezug genommen. Dabei lassen sich vier Klassifikationen bilden

- **Ignorierung**
  Die Betriebswirtschaftslehre wird schlicht ignoriert (z.B. Hood 1991). Es ist zu vermuten, dass von den meist politikwissenschaftlich und volkswirtschaftlich orientierten Autoren der Betriebswirtschaftslehre der Rang als „theoretische Grundlage" grundsätzlich abgesprochen wird. Tatsächlich hat die Betriebswirtschaftslehre keine einheitliche Theorie zu bieten. Im Gegenteil versucht sie - aus praxisorientierter Sicht - mit der vorhandenen Theorienvielfalt umzugehen.
- **Übernahme**
  Bei der Übernahme von betriebswirtschaftlichen Konzepten gibt es drei verschiedene Vorgehensweisen. *Erstens* werden Achsen oder Kästchen aus bekannten Diagrammen situationsgemäss „umetikettiert" (z.B. Hieber 1996, S. 56). *Zweitens* werden in eine Argumentationskette passende, z.T. überholte Erkenntnisse aus dem Kontext gerissen und in den Verwaltungskontext eingebettet. Buschor (1995) beispielsweise hält als Erkenntnis der Organisationslehre fest, dass strategische

---

[160] Vgl. Osterloh/Grand (1997).

und operative Tätigkeiten zu trennen seien (Kritik dazu folgt im Teil III). Und *drittens* wird die Betriebswirtschaftslehre als eine Anhäufung von Anleitungen zur Kostensenkung oder Qualitätssteigerung reduziert. Damit besteht der Beitrag der Betriebswirtschaftslehre darin, Managementkonzepte zur Verfügung zu stellen wie Lean Management, Total Quality Management usw. (Hieber 1996).

- **Idealisierung**
Es wird geglaubt und implizit behauptet, durch gutes Management seien alle Probleme lösbar. Diese Tendenz wird teilweise als „Managerialismus" bezeichnet[161]. Diese Position lässt sich nicht wissenschaftlich untermauern[162].
- **Übertragung**
Beim Übertragen von Erkenntnissen der Betriebswirtschaftslehre geht es darum, unter Berücksichtigung der Verwaltungsspezifika Hinweise zu erarbeiten, inwieweit betriebswirtschaftliche Konzepte einfach übernommen werden können oder eben angepasst werden müssen. Natürlich müssen auch Anhaltspunkte für eine solche Anpassung gesucht werden. Dieser Ansatz konnte in der Literatur bisher nicht festgestellt werden. Diese Schrift soll ein erster Beitrag in diese Richtung sein.

Ein paar wenige Aufsätze befassen sich zwar mit den Unterschieden zwischen privatem und öffentlichem Management (z.B. Allison 1980), aber geben keinen Aufschluss über konkrete Fragestellungen.

2.9 Zusammenfassung

New Public Management ist neue Verwaltungspraxis. Sie beruht auf einer veränderten Betrachtungsweise der Probleme in der öffentlichen Verwaltung, welche durch ökonomische Theoriestränge und praktische Erfahrungen angeregt wurden. Diese Praxis erstreckt sich auf einen weiten Bereich und tangiert politische, strategische und operative Fragen. Den Schwerpunkt bildet die *Outputsteuerung*, welche in Kombination mit flankierenden Massnahmen sowohl die politische Führung verbessern

---

[161] Vgl. Boston et al. (1996, S. 36). Der Managerialismus wird von einigen Autoren als ein separates Element des NPM betrachtet, so z.B. von Ferlie et al. (1996). Von anderen hingegen wird er als Synonym zu NPM betrachtet wie z.B. von Alford (1993, Fn. 1).
[162] Kritik am „Managerialismus" findet sich in Schedler (1995, S. 42-43) oder Mintzberg (1996).

wie auch (und vor allem) den Handlungsspielraum zur effizienten Aufgabenerfüllung der Verwaltung eröffnen soll. Dieser Handlungsspielraum soll mit der Anwendung betriebswirtschaftlicher Konzepte genutzt werden. Rund um diesen Schwerpunkt gruppiert sich ein Bündel von mehr oder weniger verwandten Ansätzen, welche Alternativen oder Ergänzungen darstellen.

Als theoretische Basis werden hauptsächlich ökonomische Theorien verwendet. Diese vernachlässigen systematisch intrinsische Anreize und implizite Wissensbestände. Die Bezugnahme auf betriebswirtschaftliche Erkenntnisse ist - gemessen an der Aufgabenstellung - zu selten, zu wenig fundiert und zu undifferenziert.

3 Prozessorganisation

3.1 Überblick

In diesem Kapitel wird die Prozessorganisation vorgestellt. Der Begriff wird gleichbedeutend verwendet mit:
- Business Reengineering[163]
- Business Process Redesign[164] (BPR)
- Process Innovation[165]
- Horizontal Organization[166]
- Prozessmanagement[167]

Es soll ein Basisverständnis des Begriffs geschaffen werden, auf dem die weiteren Kapitel, insbesondere die Fallstudien, aufbauen. Die folgenden, zentralen Ideen werden erläutert:
- kundenorientierte Rundumbearbeitung
- Prozess-Idee
- horizontale Prozesssegmentierung bzw. Triage
- informationelle Vernetzung

3.2 Grundideen der Prozessorganisation

Prozesse an sich sind in der Unternehmung oder in der Verwaltung nichts Neues. Alle Aktivitäten lassen sich als Prozesse betrachten. Obwohl anerkannt wird, dass Aufbauorganisation (Strukturen) und Ablauforganisation (Prozesse) zwei Seiten der gleichen Medaille darstellen[168], ist in der Praxis die Aufbauorganisation dominierend: Die Strukturen werden zuerst festgelegt, erst danach werden Abläufe definiert[169]. Damit degeneriert die Ablauforganisation zum Lückenbüsser[170], weil sie sich an die gegebenen strukturellen Prämissen zu halten hat. Dies gilt einerseits unter dem Gesichtspunkt des sich laufend verändernden Tagesgeschäftes, wo neu hinzukommende Aufgaben in den vorhandenen Strukturen „untergebracht" werden, aber auch

---

[163] Vgl. Hammer/Champy (1994).
[164] Vgl. Davenport/Short (1990).
[165] Vgl. Davenport (1993b).
[166] Vgl. Ostroff/Smith (1992), Boehm/Phipps (1996).
[167] Vgl. Osterloh/Frost (1996).
[168] Vgl. Kosiol (1962).
[169] Vgl. z.B. Schmidt (1997, S. 347).
[170] Vgl. Osterloh/Frost (1996, S. 30).

andererseits unter dem Gesichtspunkt der Reorganisation, wo Strukturen grundlegend neu überdacht werden.

Die Idee der Prozessorganisation ist es, das Schwergewicht zu verlagern und Strukturen *nach* den Prozessen zu bauen. Dabei steht die Verminderung der Anzahl Schnittstellen im Vordergrund: Schnittstellen verursachen Kosten, Zeit- und Qualitätsverluste und behindern zudem Flexibilität und Innovativität einer Organisation, indem Koordinationswege verlängert und die Nutzung von Lernchancen behindert werden. Der systematische Abbau von Schnittstellen führt in letzter Konsequenz zur „kundenorientierten Rundumbearbeitung" von Geschäftsfällen: Relativ kleine Teams werden befähigt, Kundenaufträge vollumfänglich zu erledigen. Koordinationsfragen können unbürokratisch in den jeweiligen Teams beantwortet werden.

Die Prozessorganisation bricht nicht mit allem, was bisher in der Organisationslehre bekannt war, auch wenn gewisse Aussagen diesen Eindruck erwecken[171]. Ebensowenig kann aber behauptet werden, sie beinhalte nichts Neues. Osterloh/Frost (1996) haben drei Ideen herausgearbeitet, welche als neu bezeichnet werden können. Sie werden in den folgenden drei Abschnitten behandelt.

a) Prozess-Idee

Die Prozess-Idee charakterisiert die Dominanz der Prozesse über die Unternehmensstruktur. Statt *'process follows structure'* heisst es nun *'structure follows process'*; die (vertikalen) Unternehmensstrukturen werden zu abhängigen Variablen der betrieblichen, funktionsübergreifenden Prozesse.

---

[171] Vgl. Hammer/Champy (1994).

Abbildung 1: Prozessidee

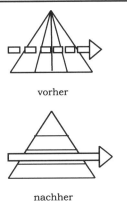

vorher — Baubewilligungen müssen verschiedene funktionale (nach Funktionen gegliederte) Abteilungen durchlaufen, wie z.b. Grundbuch, Feuerpolizei, Umweltschutz usw.

nachher — Eine Prozessorganisation basiert - statt auf den funktionalen Abteilungen - auf "Case Teams", die ein Baugesuch von A bis Z bearbeiten. Das "Case Team" besteht aus Personen, die alle nötigen Fachbereiche vertreten, und somit eine ordnungsgemässe Behandlung sicherstellen, ohne dass ein Baugesuch je die Abteilung wechselt.

Quelle: eigene Darstellung in Anlehnung an Osterloh/Frost (1996)

Ausgangspunkt des *strategischen* Prozessmanagements sind Kernkompetenzen (vgl. Seite 97), aus denen strategisch bedeutsame Kernprozesse abgeleitet werden. Solche *Kernprozesse* bestehen aus einer Verknüpfung von zusammenhängenden Aktivitäten, Entscheidungen, Informationen und Materialflüssen, die zusammen den Wettbewerbsvorteil einer Unternehmung ausmachen.

Reicht entweder die „kritische Masse" innerhalb eines Kernprozesses nicht aus, um Spezialisten auszulasten, oder soll eine „unité de doctrine" realisiert werden, werden aus den Kernprozessen Kompetenzzentren ausgelagert.

Kompetenzzentren sind Querschnittseinheiten. Sie unterscheiden sich von Kernprozessen dadurch, dass sie ihre spezialisierten Leistungen mehreren Kernprozessen zur Verfügung stellen, wie z.B. eine Informatik-Abteilung oder ein juristischer Beratungsdienst. Kompetenzzentren sind Dienstleistungszentren. Ihre Aufgabe ist es, ihr Wissen an die Mitglieder der Kernprozesse weiterzugeben[172].

Neben den Kernprozessen und den Kompetenzzentren sind *Supportprozesse* zu unterscheiden. Diese beinhalten ebenso wie

---

[172] Vgl. Osterloh/Frost (1996). Die Übertragung kann insbesondere auch mittels eines Lern-Anwendungs-Lern-Kreislaufs unterstützt werden, vgl. dazu Womack/Jones (1994).

die Kernprozesse umfassende Wertschöpfungsketten. Sie stellen jedoch Leistungen her, aus denen die Organisation keinen nachhaltigen Wettbewerbsvorteil zieht. Supportprozesse können prinzipiell mit Prozessen in anderen Organisationen verglichen (Benchmarking) oder durch Zukauf von aussen ausgelagert werden (Outsourcing bzw. Privatisierung). Häufig anzutreffende Beispiele sind Hausdruckereien, Personalrestaurants oder Gebäudemanagement[173].

b) *Idee der horizontalen Prozesssegmentierung*

Die Idee der horizontalen Prozesssegmentierung bezeichnet die Untergliederung von Prozessen in Prozessvarianten. Sie begründet eine völlig neue Form der Arbeitsteilung. Die Untergliederung der Prozesse kann nach verschiedenen Kriterien erfolgen.

Die funktionale Segmentierung lässt die funktionalen Strukturen unberührt, führt aber zu einer einheitlichen Prozessverantwortung. Eine radikale Schnittstellenreduktion wird dadurch aber nicht ermöglicht. Die *Segmentierung nach Problemhaltigkeit* unterscheidet einfache, mittlere und komplexe Geschäftsprozesse. Dadurch wird verhindert, dass einfache Fälle unnötig kompliziert bearbeitet werden. *Die Segmentierung nach Kundengruppen* ermöglicht eine Spezialisierung nach Kundenbedürfnissen. Alle Varianten sollen ermöglichen, dass ein Team oder eine Person für einen Geschäftsprozess die gesamte Verantwortung übernehmen kann.

Abbildung 2: Idee der horizontalen Prozesssegmentierung	
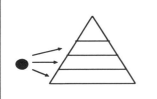	Bei Baugesuchen könnte die Höhe der geschätzten Bausumme als Unterscheidungskriterium dienen. Liegt sie unter einem bestimmten Wert, kann eine vereinfachte Prozessvariante angewendet werden. Damit ergibt sich ein Team für komplexe, eines für mittel-komplexe und eins für einfache Gesuche.
	Es ist aber auch eine Segmentierung nach Gebieten möglich. Damit entsteht ein Team für Gebiet A, eines für Gebiet B und eines für Gebiet C.
Quelle: eigene Darstellung in Anlehnung an Osterloh/Frost (1996)	

---

[173] Vgl. Picot/Franck (1995), Krause/Hampke (1996) und Schneider (1996).

c) Idee der informationellen Vernetzung

Die Idee der informationellen Vernetzung besteht darin, dass Informationstechnologien nicht nur dazu verwendet werden sollen, bestehende Abläufe im Sinne der Automatisierung schneller und billiger zu gestalten. Vielmehr sollen vollkommen neue Anwendungen dadurch ermöglicht werden, dass alle Mitarbeitenden auf alle Informationen dezentral zugreifen können.

In der Buchhaltungsabteilung kann beispielsweise der zeitraubende Vergleich zwischen Bestellung, Lieferschein und Rechnung wegfallen, wenn bei der Warenannahme die Lieferung mit der Bestellung im EDV-System verglichen und die Zahlung elektronisch direkt ausgelöst wird. Auf die Rechnung kann vollständig verzichtet werden. Dank der Vereinfachung fallen viel weniger Rückfragen an.

Abbildung 3: Idee der informationellen Vernetzung

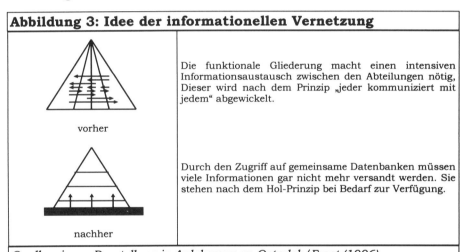

vorher	Die funktionale Gliederung macht einen intensiven Informationsaustausch zwischen den Abteilungen nötig, Dieser wird nach dem Prinzip „jeder kommuniziert mit jedem" abgewickelt.
nachher	Durch den Zugriff auf gemeinsame Datenbanken müssen viele Informationen gar nicht mehr versandt werden. Sie stehen nach dem Hol-Prinzip bei Bedarf zur Verfügung.

Quelle: eigene Darstellung in Anlehnung an Osterloh/Frost (1996)

Die *gleichzeitige*[174] Umsetzung dieser drei Grundideen lässt eine fundamental neue Organisationsform entstehen: die Prozessorganisation. Diese ist ein Input-Transformations-Output-Modell. Den *Input* liefern Kundenbedürfnisse und Lieferantenleistungen. Er wird in den verschiedenen Prozessvarianten *transformiert*, bis der *Output*, die Kundenleistungen, entstanden ist.

---

[174] Für Grint (1994, S. 191) liegt der hohe Neuigkeitsgrad „in the total package, not the individual elements".

3.3 Anschluss an Strategiekonzeptionen

Der Erfolg der Prozessorganisation bzw. des Prozessmanagements wird häufig daran gemessen, ob Kosten oder Zeit eingespart oder die Produktequalität verbessert wurde[175]. Dabei wird übersehen, dass blosses Rationalisieren ein Unternehmen zwar schlank, aber noch lange nicht dynamisch macht. Die Aufgabe, den Kunden immer wieder neue und einzigartige Leistungen anzubieten, ist eine Frage der Strategie. Daher wird hier ein breiter verstandenes, *strategisches* Prozessmanagement[176] vertreten, welches an das Konzept der Kernkompetenzen anknüpft (siehe unten, ab Seite 97).

Die Übertragung des Konzeptes der Kernkompetenzen auf die öffentliche Verwaltung bedarf aber einer näheren Betrachtung. Diese erfolgt im Teil III dieser Arbeit.

3.4 Erfolg der Prozessorganisation

Die Prozessorganisation kann aus verschiedener Perspektive als äusserst erfolgreiches Konzept betrachtet werden. Als theoretisches Konzept wurde das Thema in der Fachwelt mit grosser Aufmerksamkeit und mit vielen Publikationen bedacht. Einerseits bietet es einen relativ hohen Neuigkeitsgehalt, andererseits ist es anschlussfähig an andere organisatorische Konzepte[177]. Als praktisches Konzept fand es in sehr vielen Firmen aus allen Branchen zumindest teilweise seine Anwendung. Die Beratungsfirmen machen unter diesem Stichwort ganz erhebliche Umsätze[178]. Die Beispiele, bei denen die Leistungsfähigkeit um Grössenordnungen gesteigert und die Kosten um grosse zweistellige Prozentzahlen reduziert wurden, trugen wesentlich zum Glanz des Konzeptes bei.

3.5 Kritik und Probleme

Die Praxis ist aber oft nicht so glänzend wie die Vorzeigebeispiele: Es erfüllen nur 60-70 % aller Reengineeringprojekte die in sie

---

[175] Vgl. Hammer/Champy (1994, S. 32)
[176] Vgl. Osterloh/Frost (1996).
[177] Vgl. Frost (1998), Davenport (1993a).
[178] Der Reengineering-Markt wird für 1993 auf 1,3 Mrd. US$ geschätzt, vgl. Rebstock (1997, Fn. 2).

gesteckten Erwartungen[179]. Was braucht es denn, damit die Prozessorganisation wirklich funktioniert? Diese Frage ist nicht restlos geklärt, wenn auch viele Hinweise dazu vorliegen. Auch aus theoretischer Sicht sind Relativierungen vorgebracht worden. In zwei wichtigen Situationen kann Reengineering nicht empfohlen werden[180]: Wenn grosse Skaleneffekte vorliegen und wenn der Erfolg einer Unternehmung auf der Konzentration von Fachwissen in einem bestimmten Bereich basiert. In vielen Fällen liegen diese Faktoren in mittlerer Ausprägung vor. Damit eröffnet sich ein Spannungsfeld zwischen (Fach-)Spezialisierungs- und Prozessvorteilen. Die Idee der Prozessorganisation wird daher in sehr vielen Fällen nicht in Reinkultur umgesetzt, sondern mit *matrixähnlichen* Strukturen versehen, ohne dass sich dabei eine gemeinsame strukturelle Lösung abzeichnen würde[181]. Die neuen Strukturen werden also situationsbezogen im Kontinuum zwischen rein funktionaler und rein horizontaler Organisation substituiert[182].

3.6 Zusammenfassung

Die Prozessorganisation ist ein neues organisatorisches Strukturierungsprinzip, das sich an betrieblichen Prozessen - und daher letztlich an den Kunden - orientiert. Die zentrale Idee ist die kundenorientierte Rundumbearbeitung. Sie wird realisierbar durch die gleichzeitige Umsetzung der Prozessidee, der Idee der horizontalen Prozessegmentierung und der Idee der informationellen Vernetzung. Als theoretische Neuerung kann sie als äusserst erfolgreich bezeichnet werden. Dies gilt sowohl bezüglich der Menge an Publikationen, die sich mit diesem Thema befassen, als auch bezüglich der Anschlussfähigkeit an andere betriebswirtschaftliche Konzepte. In der praktischen Umsetzung wurde, nebst einer Reihe von spektakulären Erfolgen, eine Vielzahl von Fehlschlägen festgestellt.

---

[179] Vgl. CSC Index (1994).
[180] Vgl. Boehm/Phipps (1996).
[181] Vgl. Rühli et al. (1995).
[182] Vgl. Rebstock (1997).

Teil III: Strategie in der öffentlichen Verwaltung

Basierend auf der globalen Fragestellung der Übertragbarkeit betriebswirtschaftlicher Erkenntnisse auf die öffentliche Verwaltung wird in diesem Teil die spezifischere Frage bearbeitet, wie weit Erkenntnisse der Strategielehre für die Ausgestaltung des NPM-Ansatzes nützlich sind.
Diese Frage wird aus verschiedenen Gründen vertieft behandelt. Zunächst ist die Unterscheidung von strategischen und operativen Aufgaben eine zentrale Forderung der NPM-Befürworter, wobei sie sich auf die Betriebswirtschaftslehre berufen. Dann darf man sich aus dieser Fragestellung erhoffen, Gefahren klarer zu erkennen und allfällige Lösungsansätze zu erhalten. Wie im Laufe dieses Kapitels zu zeigen versucht wird, ist es für die öffentliche Verwaltung wichtig, sich nicht (wie bisher üblich) nur als befehlsempfangendes Ausführungsorgan zu verstehen, sondern vorausschauend zu handeln und an strategischen Entscheiden teilzuhaben.
Für die Bearbeitung dieser Fragestellung wird folgende Kapiteleinteilung verwendet:

1. **Strategiebegriff in der öffentlichen Verwaltung**
   Es wird gezeigt, wie der Strategiebegriff in der NPM-Literatur verwendet wird und wie der Begriff in dieser Arbeit verstanden werden soll.

2. **Strategie in der betriebswirtschaftlichen Literatur**
   Das betriebswirtschaftliche Strategieverständnis wird ausgebreitet. Dabei wird die Übertragung auf die öffentliche Verwaltung Schritt für Schritt geprüft.

3. **Strategische Grundsatzprobleme in der öffentlichen Verwaltung**
Aus den im Teil II gezeigten Besonderheiten der öffentlichen Verwaltung ergeben sich Grundsatzprobleme bezüglich der Strategie in der öffentlichen Verwaltung. Diese werden dargelegt.

4. **Konsequenzen für NPM und FLAG**
Es wird untersucht, welche Konsequenzen sich aus der betriebswirtschaftlichen Strategieforschung für NPM und FLAG ergeben.

5. **Fazit**
Aus den Darlegungen des Teils III werden Folgerungen gezogen.

1 Strategiebegriff in der öffentlichen Verwaltung

1.1 Begriffsverwendung in der NPM-Literatur

In der NPM-Literatur trifft man oft auf den Begriff „Strategie" oder „strategisch". Allerdings ist die Begriffsverwendung
- sehr heterogen und
- meist ohne Bezug zur Betriebswirtschaftslehre.

Die wohl häufigste Begriffsverwendung ist die klare Zuordnung von „strategisch" zur politischen Ebene. Damit wird „politisch" und „strategisch" implizit gleichgesetzt[183]. So können gemäss Buschor die Ziele des NPM erreicht werden ...

> „... indem durch strategische Leistungsaufträge operative Kompetenzen an die Front delegiert werden." (Buschor 1993, S. 20)

Ein analoges Verständnis findet sich in Deutschland bei der Kommunalen Gemeinschaftsstelle für Verwaltungsvereinfachung. Sie spricht von einer

> „... Unterscheidung in einen strategischen Konzernhaushalt und einen operativen Dienstplan." (KGSt 1992 S. 26)

Das „Strategische" an der Politik kann auch enger als das blosse Festlegen des staatlichen Leistungsumfanges gesehen werden, womit die strategische Bedeutung der Outsourcingfrage (Was wird selbst hergestellt?) allerdings heruntergespielt wird. Nach dieser Auffassung wird bei NPM ...

> „... eine klare Trennung zwischen der strategischen Festlegung der Staatsaufgaben durch die politischen Behörden(...) und der operativen Aufgabenerfüllung durch die Verwaltung sowie verselbständigte oder private Träger (...) vorgenommen." (Buschor 1997, S. 16)

---

[183] Vgl. auch Haldemann (1995, S. 10-11) sowie Schedler (1995, S. 19 und S. 116).

Über die Grenze zwischen Politik und Verwaltung ist man sich dabei nicht einig. Einerseits kann die Regierung nicht mehr zur Politik, sondern bereits zur Verwaltung gezählt werden:

> „Die neue Arbeitsteilung zwischen Politik (Volk, Parlament) und Verwaltung (Regierung, Administration) erfolgt anhand der Unterscheidung von strategischer und operativer Führung." (Haldemann, 1995, S. 10)

Andererseits wird im Modell der Stadtverwaltung Bern die Politik nicht als Ganzes strategisch genannt, sondern nur die Exekutive, allenfalls unterstützt durch die Verwaltungsspitze[184]:

> „Die neue Struktur sieht drei getrennte Ebenen vor (...): eine normative (Legislative), eine strategische (Exekutive und Direktionen) und eine operative Ebene (Leistungserbringer bzw. Agenturen)." (Tschanz, 1995, S. 90)

Alle obigen Begriffsverwendungen suggerieren, dass innerhalb der Verwaltung, also auf Ebene der Leistungserbringer, keine strategischen Aufgaben wahrzunehmen seinen. Das wird insbesondere aus einer betriebswirtschaftlichen Perspektive nicht zwangsläufig so gesehen[185]. Demgemäss ...

> „ ... ist es eine strategische Aufgabe jeder Verwaltungseinheit, dafür zu sorgen, dass sie auch in Zukunft kostengünstige und innovative Leistungen erbringt." (Osterloh/Hunziker 1997b, S. 14)

Je nach dem, wo also der Fokus der Betrachtung liegt, werden die Aufgaben der Politik im Allgemeinen, der Exekutive im Speziellen oder aber der Amtsführung als „strategisch" bezeichnet. Dies sei wie folgt illustriert:

---

[184] Vgl. auch Schedler (1995, S. 102).
[185] Vgl. auch Pullen (1994) und Osterloh/Hunziker 1998).

Darstellung 12: Strategiebegriff in der NPM-Literatur			
	Fokus Politik	**Fokus Exekutive**	**Fokus Amt**
Legislative	**strategisch**	normativ	politisch
Exekutive		**strategisch**	
Verwaltung	operativ	administrativ	administrativ: **strategisch** & operativ
Quelle: eigene Darstellung			

Von einigen Autoren wird darauf hingewiesen, dass der Begriff „strategisch" der Betriebswirtschaftslehre entliehen ist und eine Analogie zur Privatwirtschaft beinhaltet. Meist fehlt jedoch eine Konkretisierung, wie diese Trennung in der Privatwirtschaft vorgenommen wird oder das Thema wird als längst geklärte Abgrenzungsfrage dargestellt[186]. So schreibt z. B. Haldemann:

> „Kompetenzen und Verantwortung sollen analog zu einer privaten Aktiengesellschaft möglichst so aufgeteilt werden, dass der Verwaltungsrat die strategischen Führungsaufgaben und die Geschäftsleitung die operativen Führungsaufgaben zu erledigen und zu verantworten haben ..." (Haldemann 1995, S. 10)

Zusammenfassend kann festgestellt werden, dass der Begriff „strategisch" höchst uneinheitlich verwendet wird. Dass er sich nur vermeintlich auf eine klare Abgrenzung in der Betriebswirtschaftslehre stützt, wird aus den nun folgenden Ausführungen ersichtlich (siehe insbesondere Seite 113).

1.2 Begriffsverwendung in dieser Arbeit

Die unterschiedliche Begriffsverwendung ist insbesondere dort verwirrend, wo es um die Trennung von politischen und administrativen Tätigkeiten geht (siehe oben, Seite 37). Wird statt dessen von einer Trennung von strategischen und operativen Tätigkeiten gesprochen, wird zwar eine Analogie zwischen der

---

[186] Vgl. z.B. Haldemann (1995, S. 10)

Betriebswirtschaftslehre und dem politischen System angedeutet. Leider wird nicht konkretisiert, wie diese Analogie zu machen ist.

Es wird deshalb vorgeschlagen, „politische" gegen „administrative" Aufgaben abzugrenzen und die Übertragung des betriebswirtschaftlichen Strategiebegriffs separat zu betrachten.

Darstellung 13: Übertragung des Strategiebegriffs auf zwei Ebenen

verwaltungswissenschaftlich \ betriebswirtschaftlich	strategisch	operativ
politisch (Fokus Politik und Fokus Exekutive)		
administrativ (Fokus Amt)		

Quelle: eigene Darstellung

Damit sind weder politische noch administrative Aufgaben a priori strategisch. Dies hat den Vorteil, dass Erkenntnisse über Zusammenhänge zwischen strategischen und operativen Aufgaben auf beide Ebenen übertragen werden können. Die Unterscheidung zwischen Legislative und Exekutive soll hier in den Hintergrund treten, da die vorliegende Arbeit sich nicht vertieft mit den politischen Prozessen auseinanderzusetzen hat.

2 Strategie in der betriebswirtschaftlichen Literatur

2.1 Begriffsverwendung

Der Begriff „Strategie" - bzw. das Attribut „strategisch" - wird in der betriebswirtschaftlichen Literatur sehr vielfältig verwendet. Eine allgemeine Definition, die den differenzierteren Begriffsverwendungen zugrunde liegt, lautet: Eine Strategie ist ein Plan des Vorgehens, um bestimmte Ziele auch unter widrigen Umständen zu erreichen.
In der betriebswirtschaftlichen Literatur können verschiedene Begriffsverwendungen unterschieden werden. Diese sollen hier überblicksartig dargestellt[187] und bezüglich der weiteren Verwendung in dieser Arbeit kurz besprochen werden.
- **ohne Inhalt**
  Der Begriff „strategisch" wird lediglich als Schlagwort verwendet und nicht weiter erklärt. Diese Verwendungsart dürfte sich mit der zunehmenden Verwendung betriebswirtschaftlicher Ausdrücke im öffentlichen Sektor vermehrt feststellen lassen. Sie soll in dieser Arbeit nicht zur Anwendung kommen.
- **Massnahmen, die den langfristigen Unternehmenserfolg betreffen.**
  „Strategisch" sind nach diesem Verständnis Aktivitäten im Zusammenhang mit dem Früherkennen von Chancen, Gefahren, Risiken, Potentialen und Eventualitäten und die daraus abgeleiteten Massnahmen.
  Soweit klar ist, was in der öffentlichen Verwaltung unter „Erfolg" zu verstehen ist, kann diese Begriffsverwendung übernommen werden. Der Erfolg lässt sich aber oft nicht in Umsatz, Gewinn oder Aktienkurssteigerung ausdrücken. Er muss inhaltlich auf das Erreichen gesteckter Ziele definiert werden (vgl. oben, Seite 13). Verschiedene Autoren, die sich mit dem öffentlichen Sektor auseinandersetzen, verwenden den Begriff in diesem Sinn[188]. Hier soll dieses Verständnis nicht ausgeschlossen, aber durch die markt- bzw. ressourcenorientierte

---
[187] In Anlehnung an Neus/Nippel (1996).
[188] Vgl. z.B. Berry (1994), Joubert (1988) oder Bichsel (1994).

Sicht der Strategie ergänzt und konkretisiert werden (siehe Seite 95).
- **Vollständiger Verhaltensplan**
Diese Begriffsverwendung basiert auf der Spieltheorie. Dort ist der Begriff definiert als ein Plan, der für alle möglichen Fälle und Kombinationen der Umweltzustände bzw. des Mitspielerverhaltens das eigene Verhalten im Voraus festlegt. Damit ein solcher Plan überhaupt möglich wird, müssen sämtliche Handlungsalternativen der eigenen Partei und aller Mitspieler bekannt sein, sowie die Auswirkungen aller möglichen Verhaltenskombinationen auf die Mitspielenden (sogenannte Auszahlungsmatrix). Erst dann können Strategien im spieltheoretischen Sinne aufgestellt und beurteilt werden.
Weil jede Handlung bzw. Handlungssequenz spieltheoretisch als Strategie bezeichnet werden kann, werden vom diesem Begriffsverständnis keine „operativen Tätigkeiten" abgegrenzt. Damit leistet dieses Verständnis keinen Beitrag zur oben (siehe Seite 87) aufgezeigten Problemstellung in der öffentlichen Verwaltung. Generell hat die Spieltheorie bisher nur geringen Eingang in die betriebswirtschaftliche Strategieliteratur gefunden[189]. Daher wird auf dieses Begriffsverständnis und eine ausführliche Darlegung der Spieltheorie hier verzichtet[190].
- **Reaktion auf und Beeinflussung von Verhalten der Konkurrenten**
Hier wird auf die Volkswirtschaftslehre, speziell auf die Industrieökonomik Bezug genommen. Im Sinne der traditionellen Oligopoltheorie wird auf das Verhalten anderer adaptiv reagiert. Oder im Sinne der neueren Industrieökonomik wird versucht, durch eigenes Verhalten das Verhalten der Gegner zu beeinflussen (z.B. durch hohe Investitionen den Markteintritt für den Gegner unattraktiv zu machen).
Dieser Strategiebegriff bezieht sich auf die Modellierung von Rahmenbedingungen wie sie in der Privatwirtschaft üblich sind. Es ist nicht auszuschliessen, dass in speziellen Situatio-

---

[189] Der Nutzen der Spieltheorie für die betriebswirtschaftliche Praxis ist auf relativ einfache Spiele beschränkt, die als Metaphern in die Praxis übertragen werden können, vgl. Saloner (1991) und Camerer (1991).

[190] Der Verzicht auf den spieltheoretischen Strategiebegriff bedeutet aber nicht, dass die gesamte Spieltheorie für Probleme des öffentlichen Sektors generell unnütz sein muss. In der Public Choice Literatur wird die Spieltheorie zur Erklärung von Wahl- und Abstimmungsverhalten angewendet, vgl. z.B. Mueller (1989). Mit Ausnahme von militärischen Situationen wurde das Verhalten von öffentlichen Verwaltungen aber kaum spieltheoretisch modelliert.

nen ähnliche Rahmenbedingungen auch für öffentliche Betriebe gelten. Dieser Ansatz wurde aber für den Einsatz in der betriebswirtschaftlichen Praxis konkretisiert, was dem nächsten Begriffsverständnis (Massnahmen bezüglich der Wettbewerbsposition) entspricht. Daher wird dieser Ansatz nicht separat behandelt, sondern integral mit dem nun folgenden Ansatz vertieft besprochen (siehe unten, Seite 102).

- **Massnahmen bezüglich der Wettbewerbsposition**
  Diese Begriffsverwendung bezieht sich auf das Begriffsgebäude der „marktorientierten Sicht der Strategie", welche hauptsächlich auf Porter (1980) zurückgeht. Dieser Ansatz basiert im Wesentlichen auf den Überlegungen der Industrieökonomik und hat in der betriebswirtschaftlichen Literatur eine sehr weite Verbreitung gefunden. Im Folgenden wird dargelegt, warum dieser Ansatz in der öffentlichen Verwaltung kaum zweckmässig sein kann (siehe Seite 95).
- **Massnahmen bezüglich der Kernkompetenzen**
  Diese Begriffsverwendung bezieht sich auf den Ansatz der „ressourcenorientierten Sicht der Strategie". Dieser Ansatz hat sich quasi als Gegenpol zur marktorientierten Sicht entwickelt, nachdem diese in vielen Fällen nicht mehr befriedigen konnte. Es ist zu zeigen, dass die ressourcenorientierte Sicht der Strategie besonders für die öffentliche Verwaltung geeignet ist.

2.2 Ebenen der Anwendung des Begriffes

Der Strategiebegriff wird in der Betriebswirtschaftslehre auf verschiedenen Ebenen angewendet. Es werden zwei, teilweise sogar drei Ebenen unterschieden[191].

a) Geschäftsfeldstrategie

Im Rahmen der Geschäftsfeldstrategie geht es darum, die Produkte gut zu positionieren. Typischerweise tragen organisatorische Einheiten volle unternehmerische Verantwortung für die Bearbeitung ihrer Geschäftsfelder.

b) Unternehmensstrategie

Aufgabe der Unternehmensstrategie ist es, ein gutes Portefeuille an Geschäftsfeldern zusammenzustellen, Kapitalströme sinnvoll

---
[191] Vgl. Bronder (1991)

auf die Geschäftsfelder zu verteilen, Synergievorteile zwischen den Geschäftsfeldern zu nutzen und Koordinationsaufgaben wahrzunehmen.

c) Holdingstrategie

Es muss entschieden werden - meist in Abhängigkeit der Fähigkeiten der bisherigen Unternehmensleitung - wo sich die Holding im Spektrum zwischen Managementholding und Finanzholding ansiedeln will. Im ersten Fall würde sie konkrete Managementaufgaben übernehmen, im zweiten würde sie sich auf eine geschickte Portfolio-Zusammenstellung und Finanzierungsfragen konzentrieren.

Diese kurze Darlegung weist bereits darauf hin, dass keineswegs von einer klaren Trennung zwischen strategischen und operativen Aufgaben in der Privatwirtschaft gesprochen werden kann, wie in der NPM-Literatur behauptet wird. Ebensowenig können strategische Aufgaben mit Bestimmtheit einer einzigen Hierarchiestufe zugeordnet werden. Auf diesen Punkt wird im Laufe dieser Arbeit noch vertiefter eingegangen.

2.3 Strategiekonzepte und Forschungsrichtungen

Die oben erwähnten Begriffsverwendungen gehen auf unterschiedliche Strategiekonzepte zurück, welche sich aus unterschiedlichen Forschungsrichtungen ergeben haben:
In der einen Forschungsrichtung wird Strategie tendenziell als Aufgabe des Topmanagements angesehen. Sie befasst sich mit dem *Inhalt* von Strategien. Letztlich geht es dabei um die Frage: Was ist eine gute Strategie?
In der anderen wird Strategie als etwas verstanden, das in der Kommunikation zwischen verschiedenen Individuen bzw. verschiedenen Organisationseinheiten entsteht. Sie befasst sich mit dem *Prozess* der Strategieentstehung. Die Frage lautet also: Wie entstehen strategische Entscheide?
In jüngster Zeit werden die beiden Forschungsrichtungen miteinander verknüpft unter Bezugnahme auf Konzepte und Forschungsergebnisse, die nicht direkt aus diesem Gebiet stammen. Daraus ergibt sich eine Struktur, die in der folgenden Darstellung verdeutlicht wird.

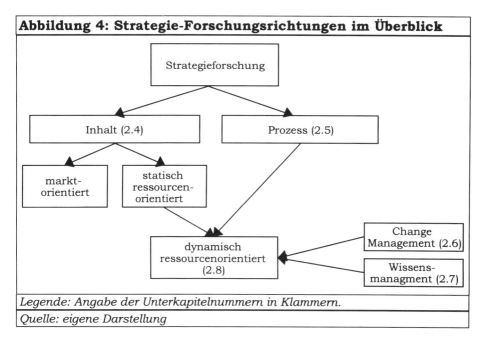

2.4 Strategie*inhalt*

Die Grundfrage der Strategieinhaltsforschung lautet: Wie kann ein Unternehmen langfristig einen überdurchschnittlichen Gewinn erzielen? Diese Frage wurde auf zwei sehr unterschiedliche Arten beantwortet: in der marktorientierten und in der ressourcenorientierten Sicht der Strategie. Beide haben im Wesentlichen präskriptiven Charakter. Sie geben ein Denkraster vor, welches helfen soll, gute Strategien zu entwickeln.

a) Marktorientierte Strategie

Aus der *marktorientierten Sicht* besteht das Ziel der Strategie darin, einen nachhaltigen Wettbewerbsvorteil dadurch zu erreichen, dass Marktunvollkommenheiten erzeugt oder - wo bereits vorhanden - ausgenutzt werden[192]. Die Chancen-/Risiken-Analyse betrachtet die Anbieterkonzentration, Markteintrittsbarrieren, Bedrohung durch Substitute und die Macht von Abnehmern und Lieferanten (Porter 1980). Dabei geht

---

[192] Vgl. Porter (1980), insbesondere auch S. 3-4 (deutsche Übersetzung, 1983, S. 25-26).

es vor allem um die geeignete Wahl von Produkten und Märkten. In zweiter Linie geht es darum, sich im Rahmen der gewählten Geschäftsfelder für eine der drei Grundstrategien zu entscheiden: Kostenführerschaft, Produktedifferenzierung oder Konzentration auf Schwerpunkte. Die Ressourcen werden dabei implizit als mobil, homogen und handelbar angenommen[193]. Daraus resultiert, dass das Ressourcenmanagement als sekundäres Problem betrachtet wird.

Die marktorientierte Sicht führt zu einem Widerspruch zwischen einzelwirtschaftlichen und gesamtwirtschaftlichen Interessen. Überdurchschnittliche (einzelwirtschaftliche) Gewinne beruhen auf monopolistischen Renten, welche die (gesamtwirtschaftliche) Effizienz der Märkte beeinträchtigen[194].

Ist dieses Strategieverständnis auf die öffentliche Verwaltung übertragbar?

Man könnte geneigt sein, die Frage spontan mit Ja zu beantworten: Typischerweise operieren öffentliche Verwaltungen in gesetzlich geschützten Monopolen und man könnte sie aus marktorientierter Sicht zu ihrer Wettbewerbsposition nur beglückwünschen. Folgende Überlegungen stehen einer Anwendung dieser Strategiesicht im Weg:

- Öffentliche Verwaltungen haben gar nicht die Kompetenz, in einem weiteren Sinn über Produkte und Märkte zu entscheiden. Sie werden von der Politik in einen Markt „hineingeboren" und haben die Weisung, ihn nicht zu verlassen.
- Der Trend in der öffentlichen Verwaltung, insbesondere unter dem Stichwort NPM, geht in Richtung eines verstärkten Wettbewerbs. Natürlich können und werden öffentliche Verwaltungen versuchen, dem Wettbewerb auszuweichen. Letzlich müssen sie sich aber darauf vorbereiten, sich ihm zu stellen. Und dazu gibt dieser Ansatz nur wenige Hinweise.
- Öffentliche Verwaltungen sollten das öffentliche Interesse verfolgen. Das Ausnutzen von Marktunvollkommenheiten führt aber zu gesellschaftlichen Wohlfahrtsverlusten[195]. Aus Sicht des einzelnen Amtes mag eine marktorientierte Strategie zwar attraktiv erscheinen, sie liesse sich aber kaum öffentlich rechtfertigen. Es ergeben sich also Rechtfertigungsdefizite.

---

[193] Vgl. Barney (1991).
[194] Vgl. Barney (1991) und Bamberger/Wrona (196).
[195] Vgl. z.B. Hirshleifer (1988, S. 234).

Aus diesen Überlegungen folgt eine grundsätzliche Unbrauchbarkeit des marktorientierten Ansatzes für die öffentliche Verwaltung. Er *kann* weitgehend nicht und *soll* auch nicht angewendet werden.

b) Ressourcenorientierte Strategie

Aus der (statischen[196]) *ressourcenorientierten Sicht* werden nachhaltige Wettbewerbsvorteile durch Unvollständigkeiten auf dem Beschaffungsmarkt erzeugt[197], insbesondere durch das Schaffen und Ausnutzen von „Kernkompetenzen"[198]. In diesem Sinne eröffnen Kernkompetenzen, verstanden als „dynamic capabilities"[199], die Möglichkeit, selbst bei vollkommenem Wettbewerb auf dem Absatzmarkt nachhaltige Gewinne zu erzielen, wenn sie folgende Kriterien erfüllen[200]:

- Sie sind schwer handelbar und schwer transferierbar.
- Sie benötigen einen langen Zeitraum der Erstellung.
- Sie sind schwer substituierbar und schwer imitierbar.
- Sie erzeugen einen geldwerten Zusatznutzen für die Kunden.

Diese Bedingungen erfüllen insbesondere Ressourcen, die in der Geschichte der Organisation begründet oder komplex sind, wie beispielsweise die Unternehmenskultur oder gute Beziehungen zu Mitarbeitern, Lieferanten und Kunden[201]. Auch Ressourcen, die sich durch diffuse Kausalzusammenhänge auszeichnen, wie lebensweltliches Hintergrundwissen und Erfahrungen[202] sind hier zu nennen. Bei der Erstellung dieser Ressourcen spielt das *Wissensmanagement* eine erhebliche Rolle[203] (siehe ab Seite 107).

---

[196] Weiter unten wird der „dynamische" ressourcenorientierte Ansatz vorgestellt und vom hier dargelegten Ansatz unterschieden (siehe Seite 110).
[197] Vgl. Rühli (1994). Diese Betrachtung geht weit über die von Porter (1990) beschriebene Verhandlungsmacht der Lieferanten hinaus, indem sie beispielsweise Humankapital, organisatorisches Kapital und Wissen als Ressourcen berücksichtigt. Vgl. Rasche/Wolfrum (1994) und Barney (1991).
[198] Vgl. Prahalad/Hamel (1990) und Hamel/Prahalad (1993).
[199] Vgl. Teece et al. (1994). Dynamische Kernkompetenzen zeichnen sich dadurch aus, dass sie die Grundlage zur Hervorbringung von Kernkompetenzen im Sinne von Prahalad/Hamel (1990) bilden. Ein analoges Verständnis beinhaltet der Begriff „strategic asset" bei Amit/Shoemaker (1993).
[200] Vgl. Barney (1991).
[201] So auch Ackerlof (1971), der gezeigt hat, dass ein guter Ruf eine wichtige Ressource darstellt, wenn Kunden die Qualität von Gütern erst nach dem Kauf vollständig erkennen.
[202] Vgl. Shoemaker (1992).
[203] Sogar abgeworbene Schlüsselpersonen können organisationale Wissensrückstände meist nicht schliessen, weil ihr Wissen aufgrund ungenügender Wissensbasis in der betreffenden Unternehmung nicht zur Geltung kommt.

Beim ressourcenorientierten Ansatz entsteht kein Widerspruch zwischen privat- und gesamtwirtschaftlichen Interessen, weil die effiziente Nutzung der vorhandenen Ressourcen gefördert wird, ohne die Allokationskraft der Märkte zu schwächen. Die erzielten Gewinne entsprechen nicht einer Monopol-, sondern einer Effizienzrente[204]. Das ressourcenorientierte Strategieverständnis hat organisatorische Konsequenzen: Kernkompetenzen müssen im Unternehmen verbleiben, entwickelt und genutzt werden. Was keine Kernkompetenz ist, kann intern als gesondertes Profitcenter organisiert und mit Benchmarking auf den Stand der Konkurrenz gebracht werden (internes Outsourcing). Es kann aber auch ganz ausgelagert werden (externes Outsourcing).

Das ressourcenorientierte Strategie*verständnis* ist auf die öffentliche Verwaltung übertragbar:
- Es deckt sich mit dem Ziel des New Public Management, mehr Wettbewerb zu schaffen.
- Die Idee der Kernkompetenz kann eine Anleitung für das interne und externe Outsourcing geben. Diese Entscheide können im Rahmen des New Public Managements in den Verwaltungseinheiten weitgehend selbständig gefällt werden.
- Das Bekenntnis zur effizienten Nutzung vorhandener Ressourcen dürfte auf grosse politische Akzeptanz stossen.

Die obige *Definition* von Kernkompetenzen allerdings kann nicht direkt in der öffentlichen Verwaltung Anwendung finden. Insbesondere der „Zusatznutzen für die Kunden" kann so nicht übernommen werden, da öffentlichen Verwaltungen nicht in erster Linie privaten, sondern öffentlichen Nutzen stiften sollen. Mit einer angemessenen Definition beschäftigt sich der „Teil IV" (siehe ab Seite 122).

2.5 Strategie*prozess*

Die Strategieprozessforschung stellt sich die Frage: Wie kommen organisationale Entscheide zustande? Obgleich ihre Wurzeln weit zurückgehen auf Werke von Barnard (1938) und Simon (1945)[205],

---

[204] Vgl. Barney (1991).
[205] Vgl. Chakravarthy/Doz (1992, S. 7).

erhielt sie im Vergleich zu der Strategieinhaltsforschung lange Zeit wenig Beachtung. Dies hat sich im Laufe der letzen zehn Jahre kontinuierlich geändert, so dass man ohne Übertreibung zumindest für den englischen Sprachraum sagen kann: Moderne Strategieforschung ist heute Strategieprozessforschung[206].

Gemäss Schreyögg (1984) und Eisenhardt/Zbaracki (1992) lassen sich vier Ansätze in der Strategieprozessforschung festmachen:
- begrenzte Rationalität
- Kampfspiel
- Mülleimer

Einzelne Untersuchungen lassen sich nicht immer einzelnen Ansätzen zuordnen, weil die Fragestellung sehr breit angelegt ist oder die Ansätze als konkurrierende Erklärungen einander gegenübergestellt werden. Trotzdem lassen sich die Ansätze von ihrem Gedankengut her abgrenzen.

Die folgende Darstellung soll einen Überblick schaffen. Die Ansätze werden danach vorgestellt, indem ihre Grundidee und die wichtigsten empirischen Resultate präsentiert werden und die Frage der Gültigkeit der Ergebnisse in der öffentlichen Verwaltung besprochen wird. Der letzte Punkt ist deshalb nötig, weil es sich ja um Ansätze mit betriebswirtschaftlicher Perspektive handelt, welche vor allem für die Privatwirtschaft gültige Resultate zu erzielen wollen.

---

[206] Vgl. die beiden Spezialausgaben des Strategic Management Journal, Sommer und Winter 1992; sie legen ein eindrucksvolles Zeugnis davon ab. Vgl. insbesondere Pettigrew (1992) und zu Knypausen (1997) und die dort zitierte Literatur.

Darstellung 14: Ansätze der Strategieprozessforschung im Vergleich

	bounded rationality	Kampfspiel	Garbage Can
Fragestellung	Wie wirken individuelle geistige Kapazitätsgrenzen und sozialpsychologische Gruppeneffekte auf Entscheide?	Wie wirkt Egoismus (von Individuen und Gruppen) auf Entscheide?	Wie wirkt Mehrdeutigkeit der Situation auf Entscheide?
Rationalität der Organisation	nein	nein	nein
rationale Individuen	begrenzt rational	ja	ja
Präferenzen	definiert	definiert	nicht definiert / inkonsistent
Probleme und Problemlösungen sind eng verknüpft	ja	ja	nein
Entscheidungsgremium	i.d.R. konstant	i.d.R. konstant	variable Teilnahme

Quelle: Eigene Darstellung, basierend auf Schreyögg (1984) und Eisenhardt/Zbaracki (1992)

Die Ansätze haben Folgendes gemeinsam: Es wird angenommen, dass ein einheitliches Zielsystem der Unternehmung a priori *nicht* existiert. Vielmehr existieren Individuen und Gruppen, die in der Organisation unterschiedliche, oft konfliktäre Ziele verfolgen. Damit führt der Prozess der Zielbildung meist auch posteriori nicht zu einem präzisen, konsistenten Zielsystem, sondern zu einem Konglomerat von mehr oder weniger widersprüchlichen Zielen. Die Organisation wird daher nicht als rational handelnde Einheit betrachtet.

a) *Begrenzte Rationalität*

Der Ansatz der begrenzten Rationalität („bounded rationality") charakterisiert sich gegenüber den folgenden beiden dadurch, dass die Individuen *nicht* als rationale Aktoren gesehen werden, sondern als psychologische Wesen, die in ihrer Rationalität durch verschiedene Faktoren begrenzt sind wie Angst, Wahrnehmungsverzerrungen oder mangelnde oder Informationsverarbeitungska-

pazität. Dies kommt in Gruppenentscheidungssituationen deutlich zum Ausdruck in Form von Gruppendruck, Gruppendenken[207] und Risikoverzerrung (risky shift). Bei Entscheidungsprozessen *zwischen* Gruppen zeigen sich Effekte wie gruppenkulturbedingte Verständigungsprobleme oder durch rivalisierende Dynamik verstärktes Gruppendenken (beispielsweise die Stereotypisierung der anderen Gruppe).
Die diesem Ansatz folgende Empirie stützt folgende Thesen:
- Die *Organisationsstruktur* ist entscheidungsrelevant, insbesondere die horizontale und vertikale Arbeitsteilung und die Art der Abteilungsbildung[208].
- Bei vielen Entscheidungen sind die Phasen Problemerkennung, Alternativensuche und Alternativenauswahl zu erkennen, aber diese werden nicht sequentiell durchlaufen, sondern es wird zwischen den Phasen hin und her gesprungen, ohne dass sich dabei ein allgemeines Muster feststellen liesse[209].
- Eine Entscheidungsfindung wird bei inkonsistenten Zielen ermöglicht durch (1) die organisatorische Teilung der Entscheidungsprozesse, (2) die sequentielle Betrachtung von Zielen und (3) die Umverteilung von freien Ressourcen („slack").
- Die kognitiven Vorstellungen der Manager sind für die Formulierung von Strategien relevant[210].
- Ein formaler Prozess - basierend auf standardisierten, formalisierten Analysen - kann für eine strategische Entscheidungsfindung nicht genügen. Das Reagieren auf weniger harte Informationen wie Gerüchte und Kaffeepausengespräche ist wichtig.[211]
- Das Sammeln von harten Informationen kann eher delegiert werden als das Sammeln von weichen Informationen.
- Strategische Planung kann demzufolge nicht einfach als Aufgabe des Topmanagements bzw. des Verwaltungsrates aufgefasst werden (wie teilweise in der NPM-Literatur behauptet), sondern muss als einen Prozess gesehen werden, an dem alle Hierarchiestufen beteiligt sind und in dem Personen die Verantwortung tragen, die Zugang zu den weichen Informationen haben.

---

[207] Vgl. Janis (1972).
[208] Vgl. Schreyögg (1989, S 165).
[209] Vgl. Eisenhardt/Zbaracki (1992, S. 22).
[210] Vgl. Chakravarthy/Doz (1992, S. 11).
[211] Vgl. Mintzberg (1994).

Die Verwendbarkeit dieser Forschungsresultate im öffentlichen Sektor stellt kein Problem dar. Obgleich ein grosser Teil der Empirie aus der Privatwirtschaft stammt, basieren sehr einflussreiche Studien auf öffentlichen Verwaltungen. So zum Beispiel die Untersuchung von Janis (1972) zum Thema Gruppendenken, teilweise auch die Studie von Mintzberg (1978) über emergente Strategien, sowie die Untersuchungen von Allison (1980) und Anderson (1983) und das Konzept der inkrementalen Entscheidung von Lindblom (1959).

Statt dessen ist die Frage aufzuwerfen, ob nicht allenfalls die Randbedingungen der öffentlichen Verwaltung (siehe oben, ab Seite 12) das Auftreten der entsprechenden Verhaltensweisen begünstigt haben. Zu dieser Fragestellung wurde keine Studie gefunden.

b) Machtkampf

Dieser Ansatz wird auch „Power and Politics"[212], „Governmental Politics"[213] oder „Kampfspiel"[214] genannt. Charakteristisch für diese Optik ist, dass Individuen wohl als rational angesehen werden, nicht aber das Kollektiv dieser Individuen. Die Zielkonflikte unter den Individuen - und die Art und Weise wie sie ausgetragen werden - sind dafür verantwortlich. Während einige Ziele gemeinsam sein mögen (beispielsweise das Weiterbestehen der Organisation) können andere Ziele individuell verschieden und konfliktär sein. Basismodell für diese Betrachtungsweise war der staatliche Gesetzgebungsprozess, welcher durch die Politikwissenschaft untersucht wurde. Entscheidungen wurden als Resultate eines Machtkampfes gesehen, der - basierend auf unterschiedlichen Interessen - durch die Bildung von Koalitionen geführt wird. Dabei gewinnt die mächtigste Koalition. Ausgehend von den unterschiedlichen Interessen und der „Spielregel", dass die Mächtigen sich durchsetzen, resultiert als drittes Element das „Taktieren". Damit sind beobachtbare - wenn auch oft verdeckt ausgeführte - Handlungen gemeint, die dazu dienen, Macht zur Entscheidungsbeeinflussung zu gewinnen. Dazu gehören beispielsweise das Bilden von Koalitionen, Lobbying, das Zurückhalten, respektive Verzerren von Informationen oder die

---

[212] Vgl. Eisenhardt/Zbaracki (1992).
[213] Vgl. Allison (1980).
[214] Vgl. Schreyögg (1989).

Steuerung der Traktandenliste („agenda control"). Ebenso zu erwähnen ist das „Management of Meaning", das darauf abzielt, eigene Ziele zu legitimieren und die der Gegenspieler zu delegitimieren[215].
Die diesem Ansatz folgende Empirie stützt folgende Thesen:
- Menschen in Organisationen verfolgen teilweise konfliktäre Ziele.
- Beim strategischen Entscheidungsfindungsprozess setzen sich die Mächtigen durch.
- Individuen taktieren.

Kontrovers an diesem Ansatz ist, ob dieses Taktieren ein hilfreiches oder zu vermeidendes Verhalten im Entscheidungsfindungsprozess darstellt. Eine Durchsicht der Literatur suggeriert Folgendes: Sowohl sinnvolle wie nicht sinnvolle Entscheidungen (aus Sicht der ganzen Organisation) konnten nur unter Einsatz von Macht so gefällt werden. Mit einzelnen Fallstudien - die vorherrschende Untersuchungsmethode auf diesem Gebiet - lässt sich diese Frage nicht klären. Vergleichende Studien wären dazu nötig.
Kontrovers ist weiter, ob das Taktieren ein praktisch zwangsläufiges Verhalten ist, oder ob es nur als letztes Hilfsmittel benutzt wird bei Machtasymmetrien oder bei Pattsituationen.[216]

Grundsätzlich ist die Übertragung der Untersuchungsergebnisse auf den öffentlichen Sektor auch hier unproblematisch. Ein Teil der Untersuchungen wurde dort gemacht. Wiederum ist die Frage zu stellen, wieweit die Rahmenbedingungen der öffentlichen Verwaltung die beobachteten Verhaltensweisen beeinflusst haben.
Zu beachten ist, dass der Begriff des „Politischen" im öffentlichen Sektor anders verstanden wird, was leicht zu Missverständnissen führen kann. Politik ist das Staatsgeschäft[217], was gemäss dem NPM-Verständnis von der Verwaltung zu trennen ist. Würden nun im Rahmen der öffentlichen Verwaltung Begriffe wie „Politisieren", „politisches Taktieren" angewendet, wie es im Rahmen dieses Ansatzes üblich ist, würden damit unweigerlich staatspo-

---

[215] Vgl. Pettigrew (1977).
[216] Eisenhardt (1989, S. 544) hält eine mittlere Machtverteilung für effizient. Ein weiterer kontroverser Punkt ist die Frage, ob Koalitionen stabil seien oder ob sie dem Opportunismus gehorchend laufend wechseln.
[217] Dies entspricht der ursprünglichen Bedeutung des Wortes. Die Verbindung mit Gerangel um Macht ist neueren Datums.

litische Fragen assoziiert. Gemeint wären aber nicht die Interessen von Parteien und Verbänden, sondern von einzelnen Beamten und Staatsangestellten. In der obigen Darstellung wurde deshalb auf diese Begriffe bewusst verzichtet.

c) Mülleimer

Der Mülleimeransatz oder auch „Garbage Can Approach"[218] befasst sich mit Entscheidungsfindung unter äusserst unklaren Bedingungen. Die Unklarheit oder Mehrdeutigkeit ist auf drei Ebenen zu finden:
- **Individuen unter Unsicherheit**: Aktoren haben inkonsistente und unklare Präferenzen, die sich zum Teil erst während der Umsetzung von Entscheiden herausbilden.
- **Unklare Kausalzusammenhänge**: Es besteht nur ein schwaches Verständnis darüber, wie Massnahmen sich auf mögliche Ziele auswirken. Probleme und Lösungen lassen sich nicht eng verknüpfen.
- **Variable Teilnahme am Entscheidungsprozess**: Im Zeitablauf der Entscheidung treten laufend Personen ein und aus. Ihre Teilnahme hängt von ihren Interessen ab und von anderen, ihre Zeit beanspruchenden Faktoren.

Aus Sicht dieses Ansatzes werden Entscheide beschrieben als ein Zusammenfliessen von vier Strömen:
- **Entscheidungsmöglichkeiten**: Gelegenheiten, die eine Entscheidung ermöglichen oder erfordern.
- **Lösungen auf Problemsuche**: Attraktive Handlungen, die nicht unternommen werden können, ausser wenn man zeigen kann, dass sie geeignet sind, Probleme zu lösen.
- **Teilnehmende**: Personen mit vollem Terminkalender, die am Entscheidungsprozess teilnehmen könnten, es aber nicht immer tun.
- **Probleme**: Belange von Personen innerhalb oder ausserhalb der Organisation.

Entscheide werden beim zufälligen Zusammentreffen dieser Ströme gefällt. Mit diesem Ansatz wird also der Einfluss von Zufällen in den Mittelpunkt gestellt.
Die diesem Ansatz folgende Empirie ist schwächer als die der beiden vorangegangenen Ansätze. Sie stützt die folgenden Thesen nur schwach:

---

[218] Vgl. Cohen et al. (1972).

- Die angenommenen Mehrdeutigkeiten bestehen tatsächlich.
- Entscheide entstehen durch das zufällige Zusammentreffen von Entscheidungsmöglichkeiten, Lösungen, Personen und Problemen.

Es ist anzumerken, dass das Modell weniger robust ist, wenn institutionelle Kräfte wirken.

Die Empirie zu diesem Ansatz ergibt nicht ganz so robuste Resultate wie die beiden vorangehenden Ansätze. Sie stammt aber zu wesentlichen Teilen aus dem öffentlichen und dem Ausbildungssektor (v.a. Universitäten). Die Frage der Übertragbarkeit auf den öffentlichen Sektor stellt sich daher gar nicht, höchstens in die umgekehrte Richtung, nach der Übertragbarkeit auf die Privatwirtschaft[219].

d) Fazit

Die Strategieprozessforschung liefert zweifellos sehr wichtige Erkenntnisse. Die Gültigkeit der Resultate für die öffentliche Verwaltung kann nicht ernsthaft angezweifelt werden, da ein Grossteil der empirischen Untersuchungen in genau diesem Sektor vorgenommen wurde. Am aktuellen Stand der Strategieprozessforschung ist allerdings zu bemängeln, dass sich noch nicht viele konkrete Handlungsanweisungen ableiten lassen. Namhafte Autoren bestätigen dies[220]:

> „... the existing empirical (strategy process, A.d.A.) research is often distant from normative concerns of complex organizations at heart of strategic management." (Eisenhardt/Zbaracki, 1992, S. 35).

> „The (...) challenge we see strategy process research faces is to become more relevant to practice." (Chakravarthy/Doz 1992, S. 9)

---

[219] Eisenhardt/Zbaracki (1992, S. 35) fordern sogar explizit, die Untersuchungen seien auf gewinnorientierte Firmen auszudehnen.
[220] Vgl. auch Grant (1997).

2.6 Change Management

Unter dem Stichwort „Change Management" oder schlichter „Umgang mit Veränderungen" kann eine weitere Perspektive bezüglich strategischer Entscheide eingenommen werden. Es werden nicht die Vorgänge betrachtet, die zu Entscheidungen führen - wie dies in der Strategieprozessforschung im Wesentlichen der Fall ist - sondern die praktische Umsetzung dieser Entscheide. Diese Perspektive ist nicht neu. Die Literatur zum Thema „Organizational Development" (OD) oder „Organisationsentwicklung" (OE) befasst sich schon seit vielen Jahren mit diesem Thema[221]. Relativ neu ist, dass die Fragen der Strategieumsetzung in engen Bezug zur Strategiefindung gebracht werden. Wenn die Ergebnisse der Strategieprozessforschung betrachtet werden, so erscheint es nur folgerichtig, dass die künstliche Trennung zwischen dem Fällen und dem Durchsetzen von Entscheiden aufgehoben wird und die entsprechenden Interdependenzen untersucht werden.

Dieser junge Literaturstrang hat zur Zeit noch wenige generalisierbare Resultate erzielt. Hervorzuheben ist aber Folgendes:
- Change Management ist ein wesentliches praktisches Problem. Viele Veränderungsvorhaben scheitern oder bringen nicht den erhofften Erfolg[222].
- Strategische Entscheide, die unvermittelt von „oben" kommen, stossen auf mehr Widerstand und führen zu mehr Problemen bei der Umsetzung, als wenn intensive Kommunikation mit den Betroffenen in der Entscheidungsphase stattfindet[223].

Dieses Resultat dürfte seine Gültigkeit grundsätzlich ebenfalls in der öffentlichen Verwaltung haben. Schliesslich geht es darum, welche Entscheidungsverfahren generell als legitim gelten.

---

[221] Vgl. Wohlgemuth (1991).
[222] Vgl. die Kritik an der Prozessorganisation (Seite 82 dieser Arbeit) und Handelszeitung (1998), Nr. 3, S. 13.
[223] Vgl. Kim/Mauborgne (1995).

2.7 Organisationales Lernen / Wissensmanagement

Die Literatur zum Wissensmanagement kann direkt an die ressourcenorientierte Sicht der Strategie und an die Strategieprozessforschung angeknüpft werden[224]. Schliesslich ist Wissen immer eine schwer handel- und transferierbare sowie schwer imitierbare und ersetzbare Ressource. Wissen – und damit die Fähigkeit, Informationen sinnvoll zu interpretieren - kann im Gegensatz zu den einzelnen Informationen eben nicht gekauft werden. Die Eigenschaft des Wissens, dass man es sich nicht beliebig schnell aneignen kann, wird mit dem Begriff der „absorptiven Kapazität" beschrieben: Wer in einem Gebiet viel Vorwissen hat, kann neue Informationen leichter aufnehmen und in die vorhandene Wissensbasis integrieren - und ist damit lernfähiger.
Eine zentrale Unterscheidung ist diejenige zwischen Lernen auf Ebene von Individuen und Lernen auf der Ebene der Organisation. Das Lernen von Individuen ist zwar eine notwendige, aber keine hinreichende Bedingung für organisationales Lernen. Organisationales Lernen findet beispielsweise dann statt, wenn Individuen - angeregt durch das Versagen der bisherigen Interpretationsmuster - sich gemeinsam in kollektiven Kommunikationsprozessen auf ein neues Interpretationsmuster einigen. Organisationales Lernen findet ebenfalls statt, wenn Individuen ihr Spezialistenwissen miteinander verknüpfen, damit neues Wissen entsteht[225]. Wichtig ist, dass *organisationales* Wissen durch den Weggang von Individuen nicht verloren geht. Während individuelles Wissen auf dem Arbeitsmarkt in einem gewissen Masse quasi eingekauft werden kann, ist organisationales Wissen nur käuflich, wenn man die ganze Organisation kauft. Die Wissensgenerierung wird damit zur zentralen Aufgabe von Organisationen.

Zur Zeit liegt keine integrale Theorie des Wissensmanagements vor, es bestehen aber eine ganze Reihe von Ansätzen, die sich nur lose aufeinander beziehen[226]. An dieser Stelle sollen deshalb nicht die verschiedenen Theorien des Wissensmanagements ausgebreitet werden, dies ist bereits an anderer Stelle getan

---

[224] Vgl. Schendel (1996, S. 3).
[225] Vgl. Grant (1996).
[226] Vgl. Schendel (1996, S. 3).

worden[227]. Anhand der wichtigsten Begriffsunterscheidungen des Gebietes sollen die wesentlichen Erkenntnisse des Gebietes in geraffter Form dargestellt werden
- **Explizites vs. implizites Wissen**
  Explizites Wissen kann kodifiziert, d.h. aufgeschrieben und mitgeteilt werden. Es stellt aber nur die Spitze des Eisbergs des gesamten Wissens dar. Der grössere und in weiten Belangen wichtigere Teil unseres Wissens können wir nicht einfach mitteilen[228]. Dies kommt beispielsweise im bekannten Aphorismus zum Ausdruck: „Theoretiker wissen wie es geht, aber es geht nicht; Praktiker wissen nicht wie es geht, aber es geht." Das Begriffspaar lenkt die Aufmerksamkeit auf Prozesse der Übertragung impliziten Wissens sowie der Umwandlung von explizitem in implizites Wissen und umgekehrt[229].
- **Know-What vs. Know-How vs. Know-Why**[230]
  Hier wird unterschieden zwischen Faktenwissen (Know-What) also Informationen, welche ohne Wissensbasis zu ihrer Interpretation wertlos sind und der Fähigkeit, praktische Probleme zu lösten (Know-How) sowie der genannten Fähigkeit, Informationen zu interpretieren (Know-Why). Es folgt daraus, dass Lernen nicht nur die Absorption von Informationen sein kann, sondern auch die Veränderung der Interpretationsmuster beinhalten muss.
- **Firmenspezifisches vs. firmenunspezifisches Wissen**
  Firmenunspezifisches Wissen ist grundsätzlich in jeder beliebigen Firma nutzbringend anwendbar. Dazu zählt generell an Schulen erworbenes Wissen z.B. über Projektmanagement oder über Organisationstheorie. Firmenspezifisches Wissen ist im Gegensatz dazu nur innerhalb der Organisation nützlich. Dazu gehört das Wissen über die internen Beförderungsregeln oder über Projektabwicklungsroutinen. Natürlich braucht jede Firma das allgemeine, firmenunspezifische Wissen. Soweit sie sich aber differenzieren will, ist sie daran interessiert, dass die Mitarbeitenden sich firmenspezifisches Wissen aneignen. Die Mitarbeitenden sind daran aber nur soweit interessiert, als sie eine interne Karriere anstreben. Das firmenspezifische Wissen ist auf dem Arbeitsmarkt kaum etwas wert.

---

[227] Vgl. Frost (1998) und Schendel (1996).
[228] Vgl. Polanyi (1985).
[229] Vgl. Nonaka (1994).
[230] Vgl. Kim (1993).

- **Fachwissen vs. Verknüpfungswissen**
Ein minimales Fachwissen ist wohl für jede komplexere Aufgabe eine Voraussetzung. Die Fachkompetenz in allen nötigen Bereichen ist aber keine Erfolgsgarantie. Es kann als die Aufgabe einer Organisation betrachtet werden, verschiedene (eventuell firmenunspezifische) Fachwissensgebiete zu firmenspezifischen Wissensbündeln zu verknüpfen, um daraus Kundennutzen zu generieren. Für viele praktische Anwendungen ist ja die Verknüpfung von Fachwissen verschiedener Gebiete zentral. So muss für die erfolgreiche Einführung eines neuen EDV-Systems technisches Fachwissen mit Wissen über den Einbezug der daran beteiligten Personen verknüpft werden.
- **Single-loop- vs. Double-loop- vs. Deutero-Lernen**
Beim Single-loop-Lernen findet lediglich ein Soll-Ist-Vergleich und eine entsprechende Anpassung statt. Beim Double-loop-Lernen werden hingegen die Ziele selbst hinterfragt. Dazu ist eine Verständigung über verschiedene Interpretationsmuster nötig, was einen intensiven Kommunikationsprozesss voraussetzt. Deutero-Lernen bedeutet das Lernen des Lernens. Die Organisationsmitglieder kommen dabei zu einem reflektierten Umgang mit Single-loop- und Double-loop-Lernen.
- **Lernen vs. Verlernen**
Faktenwissen kann angehäuft und kumulativ gelernt werden. Interpretationsmuster müssen aber verlernt werden, sollen neue Interpretationsmuster zur Anwendung kommen. Solange mehrere Interpretationsmuster gleichberechtigt nebeneinander stehen, ist keine eindeutige Interpretation von Informationen möglich. Lernen ist daher besonders auch auf der organisationalen Ebene eng mit dem Verlernen verknüpft.

Empirische Studien bestätigen und unterstreichen die Relevanz dieser Begriffsunterscheidungen. Es wurden insbesondere folgende Feststellungen gemacht:
- Die Verknüpfung von Wissen unterschiedlicher Hierarchiestufen ist für gute strategische Entscheidungen wichtig[231].
- Die interne Organisation beeinflusst die Innovationsfähigkeit[232].

---

[231] Vgl. Burgelman (1996).
[232] Vgl. Iansity/Clarke (1994, S 578-579), wo insbesondere der Einflussbereich der Projektmanager als wichtiger Bestimmungsfaktor für die Innovativität eruiert würde.

- Längerfristig erfolgreiche Firmen investieren gleichmässiger in Forschung und Entwicklung als andere[233].
- Schwer übertragbares implizites Wissen wird am ehesten über persönliche Kontakte von Angesicht zu Angesicht übermittelt. Wissensaustausch ist daher innerhalb von Abteilungen meist einfacher als über Abteilungsgrenzen hinweg[234].

Auch diese Forschungsresultate dürften generell Gültigkeit in der öffentlichen Verwaltungen haben. Es geht schliesslich darum, wie Menschen bzw. Organisationen lernen. Es ist allerdings zu berücksichtigen, dass die für das Lernen wichtige *Rückmeldung* („Feedback") in öffentlichen Verwaltungen systematisch seltener und unklarer erfolgen dürfte als in Unternehmen. Vergleiche zur Privatwirtschaft sind also vor allem in Bereichen angebracht, die ebenfalls wenig Rückmeldung erhalten wie beispielsweise Forschungs- und Entwicklungsabteilungen[235].

2.8 Dynamischer ressourcenorientierter Ansatz

Die ressourcenorientierte Sicht der Strategie (siehe Seite 97) identifiziert Kernkompetenzen als Ursachen für langfristigen überdurchschnittlichen Gewinn trotz starker Wettbewerbskräfte. Wie diese Kernkompetenzen zustande kommen, darüber sagt der Ansatz (zunächst) nichts aus und kann daher als „statisch" bezeichnet werden. Da jede praktische Kernkompetenz früher oder später erodiert, ist die laufende Generierung von Kernkompetenzen aber genau die zentrale Frage. Die Fähigkeit, immer wieder neue Kernkompetenzen zu generieren, kann als so genannte „dynamische Kernkompetenz" bezeichnet werden. Die dargestellten Ansätze können als Versuch gedeutet werden, die Frage nach dynamischen Kernkompetenzen zu beantworten.

- **Strategieprozessforschung**
  Dieser Ansatz zeigt, dass die Fähigkeit, laufend gute Entscheide zu fällen, durchaus keine Selbstverständlichkeit ist. Eine solche Fähigkeit kann aber nicht durch die Konkurrenz wegerodiert werden, sondern befähigt eine Organisation, laufend neue Kernkompetenzen (im statischen Sinne) zu generieren.

---

[233] Vgl. Chakravarthy (1986), zudem generieren sie mehr „Slack".
[234] Vgl. Nonaka/Takeuchi (1995).
[235] Beispielsweise die Einführung einr betrieblichen Kostenrechnung in der öffentlichen Verwaltung kann aber genau solche Rückmeldungen erzeugen.

Damit leistet dieser Ansatz einen wesentlichen Beitrag zur Entstehung von Kernkompetenzen bzw. zum dynamischen ressourcenorientierten Ansatz. Als wesentliche Determinante des Entscheidungsprozesses haben sich die Strukturen einer Organisation erwiesen (siehe ab Seite 98).

- **Changemanagement**
  Dieser Ansatz zeigt, dass die Gestaltung von Veränderungen in Organisationen ein wesentliches Problem ist. Die Verbindung zur Strategieprozessforschung ergibt sich dadurch, dass einerseits die Umsetzung von strategischen Entscheiden meist zu wesentlichen Veränderungen führt, andererseits nach strukturellen Anpassungen Strategieprozesse auf einer neuen Struktur basieren. Die Fähigkeit, tiefgreifende Entscheide reibungslos umzusetzen, liefert einen wesentlichen Beitrag zum Entstehen von (statischen) Kernkompetenzen (siehe ab Seite 106). Es hat sich gezeigt, dass die Veränderung von organisatorischen Regeln selbst wiederum Regeln zu folgen hat, also organisiert werden muss.
- **Organisationales Lernen / Wissensmanagement**
  Dieser Ansatz schliesst nahtlos an das Kernkompetenzkonzept an, weil Wissen selbst eine Kernkompetenz ist (siehe Seite 107f). Da sich dieser Ansatz mit Lernen, also mit dem Entstehen von Wissen auseinandersetzt, untersucht er gleichzeitig auch die Entstehung von Kernkompetenzen. Die Organisation spielt dabei eine wichtige Rolle, weil organisatorische Gegebenheiten das Entstehen von neuem Wissen durch selektive Behinderung und Förderung steuern.

Aus der Zusammenführung dieser Ansätze entsteht der „dynamische ressourcenorientierte Ansatz". Die folgende Darstellung skizziert tabellarisch, welche Aspekte die verschiedenen Ansätze zur gesamten Fragestellung beitragen.

Darstellung 15: Der dynamische ressourcenorientierte Ansatz als Konsequenz aus anderen Ansätzen

	statischer ressourcenorientierter Ansatz	Strategieprozessforschung	Change Management	Wissensmanagement	dynamischer ressourcenorientierter Ansatz
Fragestellung	Wie kann ein Unternehmen trotz Wettbewerb auf dem Absatzmarkt überdurchschnittliche Gewinne erzielen?	Auf welche Weise kommen strategische Entscheide zustande?	Wie soll der Wandel in Organisationen gestaltet werden?	Wie können Organisationen lernen?	Wie kann ein Unternehmen laufend neue Kernkompetenzen generieren?
Antwort (Skizze)	Durch Kernkompetenzen, d.h. Ressourcen die wertvoll, schwer handelbar, transferierbar, imitierbar und substituierbar sind.	Durch Gruppenprozesse mit begrenzter Rationalität, Machtkämpfe, und Mülleimerprozesse, wobei es auch „emergente" Strategien gibt.	Mittels Kommunikation, Beteiligung der Betroffenen, und weiteren Massnahmen zum Abbau von Widerständen.	Indem Individuen in Kommunikationsprozessen sich auf neue Interpretationsmuster verständigen.	Durch organisationale Fähigkeiten, wie sie in den Ansätzen der Strategieprozessforschung, Change Management und Wissensmanagement dargestellt werden.
Beitrag zum dynamischen ressourcenorientierten Ansatz	Kernkompetenzen werden als relevante Grösse erkannt, aber ihre Erzeugung ist unklar.	Die Fähigkeit, gute strategische Entscheide zu fällen, ist eine dynamische Kernkompetenz.	Entscheide reibungslos realisieren zu können ist eine dynamische Kernkompetenz.	Die Fähigkeit einer Organisation, sich in einer mehrdeutigen Umwelt zu orientieren, ist eine dynamische Kernkompetenz.	-

Quelle: eigene Darstellung

Der dynamische ressourcenorientierte Ansatz verweist in aller Deutlichkeit darauf, dass dynamische Kernkompetenzen in der Organisation generiert werden müssen. Damit wird die strategische Dimension der Organisation (oder die sogenannte „Orientierungsfunktion"[236]) ins Zentrum des Interesses gerückt. Dieser angesponnene Faden wird im Teil IV wieder aufgenommen. Zunächst sollen jedoch - nach Abschluss dieses Kapitels - in den folgenden beiden Kapiteln die strategischen Grundsatzprobleme

---

[236] Vgl. unten ab Seite 135.

der öffentlichen Verwaltung festgehalten und die Konsequenzen für New Public Management daraus abgeleitet werden.

2.9 Abgrenzung strategische vs. operative Aufgaben

Aus den obigen Ausführungen wird ersichtlich, dass es in der modernen Betriebswirtschaftslehre keine *klare* Trennung zwischen operativen und strategischen Aufgaben gibt, an der sich eine analoge Trennung in der öffentlichen Verwaltung orientieren könnte. Im Gegenteil ist festzuhalten, dass sich in der Betriebswirtschaftslehre ...

> „... eine inhaltlich - gleichsam wesensgemäss natürliche - Grenzziehung zwischen operativer und strategischer Planung *nicht* vollziehen lässt." (Steinmann/Schreyögg 1993, S. 239, eigene Hervorhebung)

Dies wird beispielsweise durch die Strategieprozessforschung unterstrichen, welche „emergente" Strategien erkannt hat, die sich dadurch ergeben, dass operative Aufgaben durch dezentrale Entscheide auf die gleiche Art gelöst werden (siehe Seite 100). Ebenso verweist das Change Management auf die Wichtigkeit, beim Fällen von weitreichenden Entscheiden die mit der Ausführung Betrauten einzubeziehen (siehe Seite 106).

2.10 Zusammenfassung

In diesem Kapitel wurde der Strategiebegriff in der Betriebswirtschaftlichen Literatur erläutert. Verschiedene Ansätze wurden näher erläutert, wobei für jeden einzelnen geklärt wurde ob und wieweit die Forschungsresultate zu diesen Ansätzen auch in der öffentlichen Verwaltung Gültigkeit haben. Dabei kamen wir zum Schluss, dass ausser dem marktorientierten Strategieverständnis alle anderen vorgestellten Ansätze Resultate liefern, welche auch in der öffentlichen Verwaltung verallgemeinert werden dürfen. Auffällig war, dass die theoretischen Überlegungen und empirischen Untersuchungen zur Strategie*prozess*forschung bereits weitgehend aus dem öffentlichen Sektor stammen. Allerdings konnte die von NPM-Befürwortern geforderte, angeblich auf der Betriebswirtschaftslehre beruhende, klare Trennung zwischen strategischen und operativen Aufgaben nicht gefunden werden.

Ebenfalls eine wichtige Erkenntnis dieses Kapitels ist, dass Strategie in einem modernen Verständnis auch eine Frage der Organisation ist. Es sind nicht nur einfach Personen, die Entscheide fällen. Organisatorische Strukturen üben einen wichtigen Einfluss darauf aus, welche Entscheide gefällt werden. Auf diesen Aspekt der Organisation soll im Teil IV ein genauerer Blick geworfen werden.

3 Strategische Grundsatzprobleme in der öffentlichen Verwaltung

Die Erkenntnisse der betriebswirtschaftlichen Strategieforschung des vorhergehenden Abschnitts lassen sich mit den Besonderheiten der öffentlichen Verwaltung (siehe oben, ab Seite 12) kombinieren. Daraus ergeben sich die strategischen Grundsatzprobleme der öffentlichen Verwaltungen. Sie beziehen sich auf die Entstehung, Steuerung und Implementation von Strategien und werden in Form von Thesen vorgestellt und kommentiert.

3.1 Selektive Formulierung von Strategien

These 1: Weil öffentliche Verwaltungen nicht so starken Bedrohungen durch die Umwelt ausgesetzt sind wie private Firmen, sind Strategien in öffentlichen Verwaltungen systematisch verzerrt - und zwar zugunsten der Beteiligten und zuungunsten der Effizienz der Organisation.

Folgendes geht aus der Agency Theorie hervor: Je weniger Individuen Sanktionen zu befürchten haben, desto mehr verfolgen sie ihre eigenen Interessen auf Kosten des Auftraggebers. In der öffentlichen Verwaltung, wo Leistungen tendenziell schlecht messbar sind und der Bestand der Ämter durch die Steuerfinanzierung sichergestellt ist, sind diese Bedingungen in besonderem Ausmass gegeben[237]. Schliessen wir diese Überlegung an das Kampfspielparadigma an[238], erhalten wir folgendes Resultat: Im Rahmen des Strategieformulierungsprozesses werden individuell nützliche, aber insgesamt schädliche Strategien nur dann tendenziell ausgeschieden, wenn ihnen der Widerstand durch die anderen Akteure erwächst, die am Überleben der Organisation interessiert sind, aber nicht individuell profitieren. Dieser Widerstand ist umso schwächer, je weniger das Überleben der Organisation (oder einer einzelnen Einheiten davon) in Frage gestellt ist. Diese theoretischen Überlegungen werden durch die Beobachtung bestätigt, dass Firmen mit Monopol weniger effizient arbeiten als Firmen, die unter Wettbewerbsdruck stehen.

---

[237] Damit wird nicht ausgeschlossen, dass in privaten Firmen ähnliche Situationen entstehen können.
[238] Das Kampfspielparadigma bietet sich besonders an, weil es wie die Agency Theorie von der Annahme eigennütziger Individuen ausgeht.

Eine Tatsache, die mit der neoklassischen Ökonomie nicht erklärt wird[239].
Selbst unter FLAG wird das Überleben von Verwaltungseinheiten üblicherweise nicht in Frage gestellt. Es ist daher damit zu rechnen, dass Strategien, welche von der Verwaltung erarbeitet und der Politik zur Annahme vorgeschlagen werden, systematisch verzerrt sind. Leider sind diese Verzerrungen selten offensichtlich und aufgrund fehlender Informationen und fehlendem Wissen seitens der Politik schwer zu entdecken. Aber selbst wenn es der Politik gelingt, die Einflüsse der Eigeninteressen der Verwaltung bei der Entstehung von Strategien zu erkennen, bleibt fraglich, ob die Politik die Verwaltung tatsächlich zurechtweisen wird. Dazu hat sie oft wenig Anreize, weil sie auf die weitere Kooperation mit der Verwaltung in vielerlei Hinsicht angewiesen ist. Zudem bleiben Fragen der Steuerung und Implementierung der Strategien offen, welche nachfolgend besprochen werden.

3.2 Mangelnde Steuerung der Strategien

These 2: Die öffentliche Verwaltung erhält systematisch weniger Rückmeldung über den Erfolg ihrer Strategien als private Firmen.

Strategien stehen in einem Spannungsfeld. Einerseits bezwecken sie eine langfristige Wirkung und können daher nicht laufend geändert werden, andererseits können veränderte Umstände Änderungen in der Strategie notwendig machen. Daher stellt sich die Frage nach der Überarbeitung und Neufindung von Strategien, kurz: nach der strategischen Steuerung[240].

Ein reiner Soll/Ist-Vergleich kann - weil Strategien einen langfristigen Charakter haben - erst sehr spät Aufschluss über Fehlentscheide geben. Aufgrund der Erkenntnisse der Strategieprozessforschung kann eine jährliche Überarbeitung der Strategien nicht

---

[239] Die Firma wird als Einpersonenfirma und daher als rational betrachtet. Vgl. aber Hirschleifer (1988, S. 537).
[240] Die deutsche Übersetzung von „Strategic Control" als „Strategische Kontrolle" - vgl. Steinmann/Schreyögg (1986) - soll hier nicht verwendet werden, um die nicht sinngemässe Assoziation mit einer „von oben" aufgezwungenen Kontrolle im öffentlichen Bereich zu vermeiden. „Controlling" wäre hier ebenfalls keine treffende Übersetzung.

als genügend betrachtet werden. Eine strategische Steuerung muss deshalb drei Elemente beinhalten[241]:
1. Durchführungskontrolle: Systematisch wird gefragt, ob Implementationsprobleme auf strategische Fehler deuten.
2. Prämissenkontrolle: Systematisch wird untersucht, ob die Prämissen, auf denen die vorhandene Strategie beruht, immer noch zutreffen.
3. Überwachung: vernünftiges, im Dialog gewonnenes Urteil über die Revisionsbedürftigkeit der ersten Planungsinhalte[242].

Die *Durchführungskontrolle* ist dadurch erschwert, dass Ziele in der öffentlichen Verwaltung oft nur unklar oder gar nicht definiert sind. Üblicherweise werden von Gesetzen nur Vorgehensweisen vorgeschrieben (Konditionalprogramme), ohne dass die Ziele, welche damit erreicht werden sollen, explizit aufgeführt werden. Viele staatliche Massnahmen erzielen aber - auch bei korrekter Durchführung - nicht die von ihnen erwartete Wirkung. Nicht selten bewirken sie sogar das Gegenteil[243].
Eine Wirkungsorientierung bereits auf Ebene der Gesetzgebung (Finalprogramme) würde hier einiges an Abhilfe schaffen. Aber auch unter der üblichen Gesetzgebungsform kann die Betriebswirtschaftslehre Unterstützung bieten. Für den Umgang mit schwer fassbaren Zielen empfiehlt sich beispielsweise der Ansatz der „balanced scorecard"[244]. Dieser strebt eine breite Verteilung der erhobenen Kennzahlen an[245], setzt diese miteinander in Beziehung und lässt daher auch bei teilweise unbefriedigender Datenlage relativ fundierte Rückschlüsse zu.
Bei der *Prämissenkontrolle* und der *Überwachung* spielen wiederum die gleichen Mechanismen wie bei der Formulierung von Strategien. Diese Anreizproblematik macht es umso schwieriger, die Deutungsprobleme zu lösen. Je klarer die individuelle Interessenlage trotz Mehrdeutigkeit für die gesamte Organisation bleibt, desto mehr geht es in Kommunikationssituationen nicht

---

[241] Vgl. Schreyögg/ Steinmann (1987).
[242] Vgl. Steinmann/Kustermann (1996).
[243] Dies gilt beispielsweise für die Mieterschutzgesetzgebung, für Mindestlohnpolitik, Preiskontrollen und für Umverteilungseffekte von Altersrenten, vgl. Frey (1981, S. 206-221).
[244] Vgl. Kaplan/Norton (1992).
[245] Neben finanziellen Kennzahlen sollen auch solche aus den Bereichen Kunden, Geschäftsprozess und Wissen/Innovation erhoben werden.

nur darum, sich über die mehrdeutige Situation zu verständigen, sondern auch darum, eigene Interessen zu verfolgen[246].

3.3 Mangelnde Implementation von Strategien

These 3: Strategien werden in der öffentlichen Verwaltung systematisch weniger gut umgesetzt als in der Privatwirtschaft.

Gute Strategien zu entwerfen und sie nötigenfalls zu korrigieren ist das eine, die Umsetzung der Strategien das andere. Für die Umsetzung werden in der Betriebswirtschaftslehre verschiedene Faktoren verantwortlich gemacht, von denen zwei hervorgehoben werden sollen.

Zum einen spielt die *Wettbewerbssituation* eine Rolle[247] wie empirische Untersuchungen bestätigen[248]. Die obige These lässt sich also damit begründen, dass Verwaltungen tendenziell weniger dem Wettbewerb ausgesetzt sind. Das Führen mit Leistungsauftrag und Globalbudget stellt jedoch eine Chance dar, diesen Unterschied zu verringern. FLAG ist aber noch kein Garant - nur eine Voraussetzung - für das Entstehen von Wettbewerb.

Zum anderen spielt der *Entstehungsprozess* von Entscheiden eine wichtige Rolle dafür, ob sie auch umgesetzt werden[249]. Partizipation am Entscheidungsprozess ist insbesondere dann umsetzungsrelevant, wenn Individuen einen besonderen Einsatz leisten müssen, für den sie nicht direkt entschädigt werden (können)[250]. Um in diesem Bereich einen systematischen Unterschied zur Privatwirtschaft ausmachen zu können, müsste der Grad an Partizipation an strategischen Entscheiden in der Privatwirtschaft (empirisch) bekannt sein. Dazu liegen aber kaum generalisierbare Informationen vor. Grundsätzlich lassen sich jedoch die folgenden Überlegungen machen: Die Partizipation der öffentlichen Verwaltung an politischen Entscheiden wird zwar (aus staatspolitischen Gründen) nicht erwünscht, sie findet jedoch zumindest teilweise durch die Entscheidungsvorbereitung statt, welche weitgehend in der Verwaltung abläuft. Zum anderen bietet FLAG

---

[246] Vgl. Siegenthaler (1993).
[247] Vgl. Chakravarthy/Doz (1992, S. 11) und
[248] Vgl. Ginsberg/Venkatraman (1992).
[249] Vgl. Kim/Maubrogne (1998).
[250] Vgl. von Rosenstiel (1992, S. 306-317), Ostrom et. al. (1992) und Bohnet (1997).

dann eine Chance, wenn die entsprechenden Ämter ihren Leistungsauftrag nicht einfach von der Politik vorgesetzt erhalten, sondern selbst erarbeiten können. Dies scheint vor allem dann sinnvoll, wenn die Politik nicht auf einen anderen Auftragnehmer ausweichen kann. Selbstverständlich muss dieser Leistungsauftrag von der Politik kritisch geprüft und notfalls zur Überarbeitung zurückgewiesen werden. Damit erhöhen sich die Chancen einer engagierten Umsetzung.

3.4 Zusammenfassung

Grundsätzliche strategische Probleme ergeben sich aufgrund der verwaltungstypischen Rahmenbedingungen auf folgenden Ebenen:
- Formulierung
- Steuerung sowie
- Umsetzung von Strategien.

Eine Verbesserung von strategischen Entscheiden könnte auf allen Ebenen ansetzen. FLAG bietet dabei eine wichtige Chance, welche aber nur genutzt werden kann, wenn einerseits dem Problem des mangelnden Wettbewerbs und der daraus folgenden Anreizproblematik Rechnung getragen wird, sowie andererseits die möglichen Nachteile mangelnder Partizipation angemessen berücksichtigt werden.

4 Konsequenzen für NPM und FLAG

Im Rahmen des New Public Management stellt FLAG den *strategischen* Ansatz dar. FLAG ist die praktische Umsetzung der geforderten Trennung von strategischen und operativen Entscheiden. In diesem Kapitel soll versucht werden, die Konsequenzen der dargelegten Theorien aufzuzeigen.

4.1 FLAG sinnlos?

Ausgehend von der Strategieprozessforschung muss bezüglich der Trennung von Politik und Verwaltung mittels des stark formalisierten Instrumentes FLAG eine skeptische Sicht eingenommen werden. Einer der bekanntesten Strategieprozessforscher kommt sogar zu einem vernichtenden Ergebnis:

> „Der Glaube freilich, beim Staat liesse sich politisches vom Verwaltungshandeln säuberlich trennen ... ist ein althergebrachter Mythos, dem ein stiller Tod beschieden sein sollte." (Mintzberg 1996, S. 13)

Sind die Resultate der Strategieprozessforschung tatsächlich so zu interpretieren, dass FLAG grundsätzlich einen Ansatz ohne Erfolgschancen darstellt? Dieser Frage soll hier nachgegangen werden[251].

Stewart (1996) zählt - basierend auf der Strategieprozessforschung - sechs Bedingungen auf, die für eine problemlose Trennung zu erfüllen wären.
Eine Politik bzw. Strategie oder eben ein Leistungsauftrag muss so definiert werden können, dass
1. keine Beratung von Beamten für deren Formulierung notwendig ist,
2. keine Informationen über die Resultate der tatsächlichen Umsetzung notwendig sind,
3. sie genügend detailliert ist und alle Eventualitäten vorweg nimmt,

---

[251] Vgl. auch Hunziker (1997).

4. sie eine fixe Zeit lang Gültigkeit hat,
5. die Implementation keine politischen Fragen aufwirft und
6. die Implementation von anderen Implementationen getrennt werden kann.

Bei Durchsicht dieser Bedingungen wird klar, dass sie in der Praxis kaum je erfüllt sein werden. Mit welchen Problemen haben wir also zu rechnen? Stewart (1996) sieht drei Probleme:

- **Unvollständige Verträge**
  Verträge sind nie vollständig. Es besteht die Gefahr, dass die Bürokratie der Hierarchie ersetzt wird durch eine Bürokratie der Verträge. Was in einem Führungsverhältnis an impliziten Verträgen aufgebaut worden ist, muss mit viel Aufwand explizit gemacht und schriftlich festgehalten werden.
- **Behinderte Flexibilität**
  Durch die klar definierten Verträge wird der Regierung die Möglichkeit raschen Reagierens aus der Hand genommen. Hierarchische Führungsanweisungen lassen sich viel leichter bei veränderten Situationen revidieren.
- **Verpasste Lernchancen**
  Die Regierung kann von Detailkenntnissen, die bei der Implementation entstehen, keine Rückschlüsse auf ihre Politik ziehen, weil sie von den Implementationsproblemen kaum etwas erfährt.

Es ist Stewart zuzustimmen, dass diese Probleme - von Fall zu Fall mit unterschiedlicher Intensität - auftreten werden. Müssen wir daher die ganze FLAG-Idee fallen lassen?
Die Antwort muss auf drei Ebenen gegeben werden. *Erstens* ist der Status quo auch nicht ohne Probleme und FLAG daher möglicherweise das kleinere Übel. *Zweitens* sind die Fälle, in denen die obigen Probleme nur schwach auftreten, möglicherweise identifizierbar. Und *drittens* können konkrete Ausgestaltungen und flankierende Massnahmen die Nachteile zumindest teilweise beheben.

4.2 Vergleich mit dem Status quo

Stellen wir uns vor, FLAG sei flächendeckend eingeführt und jemand schlüge für die Lösung der oben genannten Probleme die Einführung des heute üblichen Systems vor. In Analogie zu

Stewart (1996) liessen sich Bedingungen dafür formulieren, damit das traditionelle Verwaltungsmodell gut funktioniert:

1. Alle Beteiligten verfolgen die gleichen Ziele,
2. alle Beteiligten sind hoch motiviert, die gemeinsamen Ziele zu erreichen (schliesslich trägt niemand die Verantwortung),
3. Informationen über Implementationsprobleme werden tatsächlich erkannt, obgleich Leistungsvorgaben fehlen,
4. erkannte Probleme werden nicht geheim gehalten, sondern zur Lösung nach oben weitergeleitet und
5. das Topmanagement hat die Kapazität (Zeit, Fachwissen), sich mit Implementationsfragen auseinanderzusetzen. Es findet daher ein intensiver Austausch zwischen Politik und Verwaltung statt.

Die Durchsicht dieser Bedingungen ergibt das gleiche Bild wie oben: diese Bedingungen sind ebenfalls nie erfüllt. Ideale Bedingungen herrschen also in keinem Fall. Damit ist klar, dass die Argumentation von Stewart (1996) nicht abschliessend sein kann. Sie kann aber als Basis für Überlegungen zur Ausgestaltung von FLAG verstanden werden.

4.3 Institutionelle Ausgestaltung und Massnahmen

Die Bedingungen von Stewart (1996) sind absolut formuliert. Können die befürchteten Probleme mittels praktischer Ausgestaltung und flankierenden Massnahmen gemildert oder gar behoben werden? Die Antwort lautet weitgehend ja. Um dies zu verdeutlichen, werden im Folgenden die Bedingungen unter Einbezug der praktischen Umsetzung diskutiert.

1. **Beratung von Beamten darf für Strategieformulierung nicht notwendig sein.**
   Erstens kann die Verwaltungseinheit in die Erteilung des Leistungsauftrages mit einbezogen werden. In der Praxis werden Ämter oft beauftragt, einen Vorschlag für ihren Leistungsauftrag selbst auszuarbeiten. Selbstverständlich können von Seiten der Regierung an diesem Vorschlag noch Änderungen vorgenommen werden, das Know-How der Verwaltung fliesst aber in den Leistungsauftrag ein.

Und *zweitens* kann Beratung auch eingekauft werden. Dies muss nicht zwingend über externe Beratungsfirmen geschehen. Auch die Verwaltung kann als Beraterin auftreten. Dabei entsteht sogar eine gewisse Konkurrenzsituation, wenn verschiedene Stellen mit der Umsetzung betraut sind (z.B. verschiedene Arbeitsämter). Tatsächlich erscheinen im Produkteportfeuille von FLAG-Ämtern Produkte wie „Beratung der Politik" oder „Vorbereitung von Gesetzesvorlagen". Das Argument, dass die Beratung zugunsten der Verwaltung verzerrt sei, gilt ebenso stark für die traditionelle Verwaltungsführung wie für FLAG.

2. Informationen über die Resultate der tatsächlichen Umsetzung dürfen nicht notwendig sein

Die Resultate der Umsetzung müssen bei FLAG rapportiert werden. In der Bundesverwaltung ist viermal jährlich an das Departement und jährlich an den Bundesrat zu rapportieren[252]. Tatsächlich besteht ein Anreiz, diese Berichte etwas zu beschönigen. Im Gegensatz zu einer Situation, wo gar nicht oder nur sporadisch und mündlich rapportiert wird, erscheint der Anreiz relativ gering, weil schriftlich Festgehaltenes verbindlicher ist und ein Aufdecken der Beschönigung so schärfere Konsequenzen haben kann. Ebenso erscheint die Wahrscheinlichkeit verbessert, dass Resultate der Umsetzung überhaupt in den politischen Entscheidungsprozess miteinfliessen.

Die Erkenntnisse der Strategieprozessforschung und des Wissensmanagements weisen darauf hin, dass sich Wichtiges oft nicht aufschreiben lässt, weil es sich um implizites Wissen handelt. Dieses kann nur durch informelle Kontakte und gemeinsame Problembearbeitung übertragen werden. Da es offenbar nicht üblich ist, dass Chefbeamte in Bundesratssitzungen zu Sachfragen persönlich auftreten[253], bestünde hier ein wesentliches Verbesserungspotential.

---

[252] Vgl. EPA/EFV (1996, S. 17-18).
[253] Bundesräte verlesen üblicherweise vor den anderen Ratsmitgliedern eine schriftliche Stellungnahme des entsprechenden Chefbeamten, vgl. Hubacher (1994).

3. **Die Strategie muss genügend detailliert sein und alle Eventualitäten vorwegnehmen.**
Oft wird das Beispiel genannt: Die Politik legt fest, wie oft die Strassen gereinigt werden, die Verwaltung legt fest, wie sie gereinigt werden. Damit wird verdeutlicht, dass eine Aufgabentrennung von Politik und Verwaltung nicht problematisch sein muss. Es ist allerdings nicht immer so einfach wie im genannten Beispiel. Oft ist es schwierig, aus einer Strategie direkt konkrete, überprüfbare Aufträge zu formulieren. Insbesondere ist dies bei innovativen Ansätzen der Fall, wo sich die konkrete Durchführbarkeit und Umsetzung erst in der täglichen Arbeit ergibt. Dies könnte beispielsweise in der Drogenmissbrauchsbekämpfung oder der Arbeitslosenberatung zutreffen.
Alle Eventualitäten vorwegzunehmen vermag keine Strategie und auch kein Auftrag oder Vertrag. Für Fälle wo die Situation unwägbar erscheint gibt es aber die Möglichkeit, Vorabklärungen oder erste Umsetzungen zu beauftragen und einen entsprechenden Rapport zu verlangen. Da die Verwaltungsaufgabe nicht privatisiert, sondern nur über FLAG geführt werden soll, blieben auch Möglichkeiten zu informellem Austausch stärker erhalten. Es mag zutreffen, dass sich der Handlungsspielraum der Regierung verringert. Dies passiert aber immer unter bewusster Entscheidung der Regierung selbst, indem sie einen entsprechend langfristigen Auftrag erteilt. Diese Verbindlichkeit kann auch Vorteile haben: Die Aufträge werden besser durchdacht, weil man sie später nicht mehr so leicht nachbessern kann oder die Verwaltung wird weniger mit kurzfristigen Zusatzaufgaben für das politische Tagesgeschäft missbraucht.

4. **Strategie muss eine fixe Zeit lang Gültigkeit haben.**
In der eidgenössischen Bundesverwaltung wird unterschieden zwischen einem vierjährigen Leistungsauftrag (vom Bundesrat an das Amt) und einer einjährigen Leistungsvereinbarung (zwischen Departement und Amt). Damit wird einerseits das Problem der Konkretisierung und andererseits das Problem der Fristigkeit angegangen. In der Praxis liegt noch kein Fall vor, wo es der Bundesrat für angebracht hielt, den Leistungsauftrag innerhalb der vierjährigen Legislaturperiode zu verändern, weil die ersten Pilotprojekte erst 1996 gestartet

sind. Es besteht jedoch unter Verwaltungspraktikern kein Zweifel, dass er das könnte. Die Modalitäten der Vertragsänderung sind nicht generell geregelt, sondern werden im einzelnen Leistungsauftrag festgehalten[254]. Wäre der Auftrag an externe, private Wirtschaftseinheiten ergangen, so wäre dies weniger gut möglich. Wird berücksichtigt, dass auch in der Privatwirtschaft Strategien tendenziell jährlich angepasst werden, so erscheint dieser Nachteil nicht als gravierend.

5. **Implementation darf keine politischen Fragen aufwerfen.**
Es ist kaum im Voraus auszuschliessen, dass gewisse Massnahmen, welche die Verwaltung zur Umsetzung politischer Ziele ergreift auf Widerstand stossen. Was passiert, wenn so etwas geschieht? Auch hier fehlt die Erfahrung, wie eine solche Situation praktisch gehandhabt wird. Es ist dabei zu unterscheiden, ob Leistungsaufträge intern oder extern vergeben wurden. Bei internen Stellen ist anzunehmen, dass genügend Möglichkeiten bestehen, entsprechend Einfluss zu nehmen. Fraglich ist nur, wie die vermutlich teurere, aber besser akzeptierte Umsetzungsvariante finanziell unterstützt wird. Bei externen Organisationseinheiten ist der Handlungsspielraum entsprechend geringer.

6. **Implementation muss von anderen Implementationen unabhängig sein.**
In der Tat ist die praktische Umsetzung von vorgegebenen Zielen nicht immer unabhängig davon, ob andere Umsetzungsinstanzen ihre Arbeit gut erledigen. Bei der Abrechnung über die Zielerreichung sind ungünstige Rahmenbedingungen und nicht beeinflussbare Faktoren zu berücksichtigen. Dies muss im Führungsprozess und im Prozess der Aushandlung des neuen Globalbudgets geschehen. Es ist aber nicht vorgesehen, dass bei minderer Leistung eine Budgetkürzung vorgenommen wird. Die Leistungen müssen unter Berücksichtigung aller Umstände im Rahmen des Führungsprozesses beurteilt werden.
Starke Einflüsse von den Tätigkeiten anderer Ämter auf die eigenen Zielgrössen sind vor allem auf der Ebene der Wirkungsziele zu erwarten, auf der Ebene der Leistungsziele

---

[254] Vgl. EPA/EFV (1996, S. 11).

hingegen kaum. So wird die „Sauberkeit" in einer Stadt sicher nicht nur vom Amt beeinflusst, das für die Strassenreinigung zuständig ist, hingegen ist die Anzahl und Gründlichkeit der durchgeführten Reinigungen direkt von diesem Amt steuerbar und kaum von anderen Ämtern abhängig. Daher dürfte die Leistung einzelner Ämter - auch wenn diese im Resultat ineinandergreifen - in vernünftigem Masse feststellbar sein. Zudem spricht nichts dagegen, dass eine Koordination und Kompetenzabgrenzung zwischen den Ämtern stattfindet, deren Aufgabenbereiche sich überschneiden.

Es kommt nicht nur auf die einzelnen Rahmenbedingungen, sondern auch auf die konkrete institutionelle Ausgestaltung von FLAG an, ob die möglichen Probleme tatsächlich auftreten.
Zwei Ebenen sind zu beachten.

- **Verbesserung der Austauschprozesse zwischen Politik und Verwaltung**
  Die Trennung der Verantwortung darf nicht zu einer Abtrennung von Wissen führen. Die verwaltungsorganisatorisch bzw. politisch vorgesetzten Stellen wie Generalsekretariate, Bundesräte, Fachkommissionen und Parlamentarier sind in strategische Entscheidungsprozesse der Ämter einzubeziehen. Dies kann beispielsweise durch die Teilnahme an Strategiesitzungen geschehen. Es geschieht aber auch teilweise in den Abstimmungssitzungen, in denen über die neuen Leistungsaufträge verhandelt wird. Die Ausgestaltung in der eidgenössischen Bundesverwaltung hat vieles bereits vorweggenommen.
- **Förderung der Selbststeuerung der Verwaltung**
  Die Verwaltungen müssen in der Lage sein, selbst Strategien zu erzeugen. Sie dürfen sich nicht (mehr) als reines Organ der Befehlsausführung der Politik verstehen[255]. Dies bedeutet in vielen Verwaltungen ein wesentliches Umdenken. Um diese Aufgaben wahrnehmen zu können, müssen Verwaltungen aber ihre Fähigkeit zur Strategiefindung verbessern und Kernkompetenzen generieren. Auf diese Erkenntnis wird näher einzugehen sein.

---

[255] Vgl. EPA/EFV (1996, S. 21).

5 Fazit

Die Trennung von strategischen und operativen Aufgaben im Rahmen von FLAG stellt sich als in vielerlei Hinsicht problematisch heraus:

Erstens wird damit eine unklare Begrifflichkeit verwendet, die nicht an ein modernes betriebswirtschaftliches Verständnis anschliesst.

Zweitens gibt diese Trennung eine Reihe von Problemen auf, welche aber von der konkreten Ausgestaltung weitgehend gelöst werden können. Als Schwachpunkt erscheint vor allem der Mangel an institutionalisierten Gelegenheiten zum Austausch von implizitem Wissen zwischen Politik und Verwaltung.

Drittens darf sich die Verwaltung nicht (länger) als reines Ausführungsorgan der Regierung verstehen. Damit sie in der Lage ist, ihre Aufgabe langfristig zufriedenstellend wahrzunehmen und notwendige Strategien zu erkennen und umzusetzen, muss sie gezielt Kernkompetenzen aufbauen und bewusst ihre Fähigkeit zur Strategiebildung fördern. Dies obgleich sie ihre Strategien von vorgesetzten Behörden absegnen lassen muss. Um dieser Aufgabe gerecht zu werden, braucht sie insbesondere auch *organisatorische Strukturen*, welche der Strategiefindung und Orientierung in einer turbulenten Umwelt dienlich sind.

An diese Überlegung knüpft der nun der folgende Teil IV an.

Teil IV: Organisation und NPM

Im Teil III haben wir festgestellt, dass der Organisation eine strategische Bedeutung zukommt. Es sind nämlich nicht nur Inhalte von Strategien wichtig, sondern vor allem die Prozesse ihrer Entstehung, welche von den organisatorischen Rahmenbedingungen stark geprägt sind.
Im Rahmen der allgemeinen Frage nach der Übertragbarkeit betriebswirtschaftlicher Erkenntnisse auf die öffentliche Verwaltung wenden wir uns nun der Bedeutung der Organisation im Rahmen des New Public Management zu.
Diese Fragestellung kann auf zwei Ebenen untersucht werden.
Zum einen mit dem Fokus Politik, wo die Organisation der Schnittstelle zwischen Verwaltungsstelle und Politik im Zentrum steht.
Zum anderen kann diese Frage auch mit dem Fokus Amt untersucht werden, wo die Organisation der Verwaltungseinheit betrachtet wird. Hier soll gemäss der Themeneingrenzung ein Schwerpunkt bezüglich des Konzepts der Prozessorganisation gelegt werden.
An diese grundsätzlichen und theoretischen Überlegungen schliessen dann quasi nahtlos die Fallstudien aus Teil V an.

Der Teil IV gliedert sich folgendermassen:

1. **Was bedeutet der Begriff „Organisation"?**
   Die verschiedenen Bedeutungen des Begriffs werden erläutert.

2. **Welche Aufgaben hat eine Organisation zu erfüllen?**
   Es werden Kriterien diskutiert, anhand deren sich die Organisation eines Amtes zu messen hat.

3. **Gibt es Kernkompetenzen des Staates?**
   Es wird überlegt, welche Konsequenzen sich aus dem Gesagten für die Privatisierungsdebatte ergeben.

4. **Gibt es Kernkompetenzen der öffentlichen Verwaltung?**
   Es wird dargelegt, wie der Begriff der Kernkompetenzen sich auf die öffentliche Verwaltung übertragen lässt. Dabei wird der Begriff Kernkompetenz differenziert.

5. **Welchen Beitrag leistet die Prozessorganisation zur Generierung von Kernkompetenzen in der öffentlichen Verwaltung?**
   Die Eignung der Prozessorganisation für die öffentliche Verwaltung wird unter dem Aspekt der vier Arten von Kernkompetenzen besprochen.

1 Was ist „Organisation"?

Der Begriff Organisation wird auf drei verschiedene Weisen aufgefasst und verwendet.

Organisation kann *erstens* als eine Körperschaft oder Institution verstanden werden. Man spricht von der institutionellen Begriffsverwendung. Der Begriff „Organisation" wird in unserem Kontext oft so verwendet, wenn angedeutet werden soll, dass sowohl private Firmen wie auch öffentliche Verwaltungen gemeint sind; damit werden auch Non-Profit-Organisationen eingeschlossen.

Die Organisation kann *zweitens* als ein Set von (expliziten und impliziten) Regelungen verstanden werden, welche die Funktion haben, arbeitsteilige Prozesse zu strukturieren und zu vereinfachen. Man spricht deshalb von der funktionalen Begriffsverwendung. Sie kommt in dieser Arbeit beispielsweise im Wort „Prozessorganisation" oder im Ausdruck „funktionale Organisation" vor.

Und *drittens* kann Organisation als die Aufgabe des Organisierens aufgefasst werden, also des Aufstellens und Veränderns von Regelungen, welche die Arbeitsteilung strukturieren. Da diese Aufgabe als Instrument betrachtet werden kann, die Leistung einer Organisation (im institutionellen Sinn) zu verbessern, spricht man von der instrumentellen Begriffsverwendung.

Diese Begriffsbedeutungen bestehen nebeneinander und stehen untereinander nicht in Konkurrenz. In der Regel ist es aus dem Kontext klar, welche der drei Bedeutungen gemeint ist.

Darstellung 16: Bedeutungen des Begriffs „Organisation"

Begriffsverwendung	institutionell	funktional	instrumentell
Inhalt / Bedeutung	Institution oder Körperschaft	Set von Regeln zur Strukturierung der Arbeitsteilung	Aufstellen und Verändern solcher Regeln
Merksatz	Eine Verwaltung **ist** eine Organisation	Eine Verwaltung **hat** eine Organisation	Eine Verwaltung **wird** organisiert
Anwendungsbeispiel	„Unsere Organisation wird mit Leistungsauftrag und Globalbudget geführt."	„Ist die Organisation unseres Amtes NPM-konform?"	„Die Abteilungsleiterin ist für Fragen der Organisation zuständig."

Quelle: in Anlehnung an Wohlgemuth (1991)

Es ist allerdings anzumerken, dass die Abgrenzung zwischen dem funktionalen und dem instrumentellen Organisationsbegriff nicht sauber möglich ist, weil es Regeln für die Veränderung von Regeln gibt. Diese sind schwer zuzuordnen.

2 Aufgaben und Bedeutung der Organisation

In diesem Kapitel wird der Frage nachgegangen, was von der Organisation zu erwarten ist. Wichtig ist dabei die Erkenntnis, dass die Aufgaben der Organisation weit über die reine Koordinationsleistung hinausgeht.
Die Ausführungen basieren im Wesentlichen auf Osterloh/Frost (1996) und auf Frost (1998), welch diese Überlegungen im Detail dargestellt haben.

2.1 Koordination

Eine zentrale Aufgabe der Organisation ist es, die Koordination von der Arbeit mehrerer Personen zu erreichen, wie sie durch die Spezialisierung und Arbeitsteilung nötig wird. Dies geht aus der obigen Definition hervor. Es wird aber auch intuitiv klar, wenn man sich eine Fabrik mit mehreren hundert Mitarbeitenden vorstellt, die alle ganz alleine für sich arbeiten, als wären sie je in einer Ein-Personen-Werkstatt. Zu diesem Zeitpunkt sind keine Regelungen unter ihnen nötig. Lassen wir nun die Mitarbeitenden entdecken, dass sie effizienter produzieren können, wenn sie sich auf wenige Tätigkeiten *spezialisieren*. Sobald sich jeder nur auf einen Ausschnitt aus der Produktion beschränkt, entstehen zwar gewaltige Vorteile in der Produktivität, andererseits entstehen auch eine Reihe von Nachteilen.
Der Überblick über den gesamten (horizontalen) *Prozess* der Produktion geht verloren. Es entstehen Schnittstellen, welche Ursache für hohe Kosten, schlechte Qualität, Zeitverzögerungen und mangelnde Innovativität sein können.
Die Vergleichbarkeit am *Markt* geht verloren. Wo vorher die Leistungen der einzelnen Mitarbeitenden festgestellt und mit externen Leistungen verglichen werden konnte, stehen jetzt unvergleichbare - eben spezialisierte - Einzelleistungen, welche nur im Verbund einen Wert aufweisen und nicht mit Marktleistungen verglichen werden können. Folge davon ist die (vertikale) Ein- oder Auslagerung von Teilleistungen. Durch eine geschickte Bündelung der Teilaufgaben kann diese Vergleichbarkeit wieder hergestellt werden, ohne die Spezialisierung aufzugeben. Hausdruckereien und Personalrestaurants sind typische

Beispiele dafür. Sie können sich ihre Leistung mit anderen Anbietern der analogen (Support-)Leistung messen.
Entscheide über die eingekauften Materialien werden zwar zentral mit optimaler Übersicht über den gesamten Einkauf getätigt, sie entstehen aber nur unter Koordinationsaufwendungen und entbehren vollständiger Einsicht in die betrieblichen Details.

Damit sind die wesentlichen Aspekte der Koordinationsleistung zusammengetragen, die eine Organisation erbringen kann:
- Spezialisierung
- horizontale Synergien (Prozesseffizienz)
- vertikale Synergien
- Entscheidungsqualität

Nun können offensichtlich nicht *alle* Kriterien gleichzeitig erfüllt sein. Es müssen daher die *kritischen* Interdependenzen identifiziert werden. Die Teilbereiche sind nun so zu gestalten, dass diese kritischen Interdependenzen *innerhalb* eines Teilbereichs koordiniert werden können und keine Koordination *zwischen* Teilbereichen benötigen.

Die Koordinationsfunktion der Organisation ist für die Privatwirtschaft und für die öffentliche Verwaltung gleichermassen gültig. Bei der Nutzung von vertikalen Synergien, also bei der Auslagerung gelten aber teilweise engere, teilweise weitere Rahmenbedingungen. Handlungsspielraum verengend wirkt, dass sowohl bei der Ein- wie bei der Auslagerung von Tätigkeiten in oder aus der öffentlichen Verwaltung politische Kriterien zur Anwendung kommen können. Es geht um Arbeitsplätze und Konkurrenzsituationen.

2.2 Motivation

Die Regeln der Arbeitsteilung müssen aber nicht nur Fragen der Koordination berücksichtigen. Viele Menschen empfinden beispielsweise eine Arbeit weniger als freud- oder sinnvoll, wenn sie sich nur auf einen kleinen Produktionsausschnitt beschränkt. Aus diesem oder auch aus anderen Gründen, fehlt ihnen die intrinsische Motivation. Dies mag als bewältigbares Problem eingestuft werden, wenn die fehlende intrinsische durch extrinsische Motivation kompensiert werden kann, d.h. mit einer entsprechenden Entlohnung. Dies ist jedoch nur solange der Fall, wie die Arbeitsresultate genau gemessen werden können, um anschliessend den Lohn festzulegen. Je mehr mangels Messbarkeit auf eine gute Arbeit vertraut werden muss, desto schwerwiegender wird ein Mangel an intrinsischer Motivation. Es ist also bei schwerer Messbarkeit von Arbeitsleistungen eine wichtige Aufgabe der Organisation, intrinsische Motivation zu erzeugen, zu erhalten oder wenigstens nicht unnötig zu zerstören[256]. Andererseits kann ein günstiger Aufgabenzuschnitt auch die Messbarkeit von Arbeitsresultaten verbessern und damit das Potential sowohl von extrinsischer wie auch von intrinsischer Motivation erhöhen[257]. Eine wichtige Verbindung zur anschliessend zu besprechenden Orientierungsfunktion ist die Erkenntnis, dass für das Lernen intrinsische Motivation zu bevorzugen ist[258].

Bezüglich der Motivation ergeben sich keine prinzipiellen Unterschiede zwischen Privatwirtschaft und öffentlicher Verwaltung. Da aber die Leistung in öffentlichen Verwaltungen tendenziell schwieriger zu messen ist, dürfte der intrinsischen Motivation ein entsprechend höherer Stellenwert zukommen.

2.3 Orientierung / Strategiefindung

Es genügt nun nicht, wenn Mitarbeitende gut koordiniert und motiviert arbeiten. Die Tätigkeiten müssen sich insgesamt auch am Markt und an der weiteren Organisationsaussenwelt orientieren. Sonst steuert die Organisation - mit voller Kraft - in eine falsche Richtung.
Man könnte meinen, eine solche Orientierung - beispielsweise an Kundenbedürfnissen - sollte kein Problem darstellen. Sie ist aber durchaus nicht unproblematisch. Umweltsignale sind nämlich oft auf verschiedene Arten zu interpretieren[259], woraus sich unterschiedliche Handlungsmuster ableiten lassen. Die in ambivalenten Situationen erforderliche Orientierungsleistung beinhaltet zunächst die Selektion von relevanten Umweltinformationen und im Weiteren deren sinnvolle Interpretation. Dies kann nicht einfach von einer einzelnen Person erbracht werden. Eine

---

[256] Vgl. Deci (1975).
[257] Vgl. Frey/Osteroh (1997).
[258] Vgl. Deci (1994).
[259] Vgl. Siegenthaler (1993, S. 45).

Orientierung ist nur durch Kommunikationsprozesse zwischen verschiedenen Individuen zu erbringen, welche sich über ihre unterschiedlichen Wahrnehmungs- und Interpretationsmuster zu verständigen suchen[260].
Organisationsstrukturen prägen nachhaltig die Informations- und Kommunkationsprozesse. Sie sollten daher nicht nur auf die möglichst effiziente Aufgabenerfüllung ausgerichtet sein, sondern ebenfalls auf die Beschaffung, Entwicklung, Kombination und interne Verbreitung von Wissen und Fähigkeiten. Damit leisten Organisationsstrukturen einen wesentlichen Beitrag zur Innovationsfähigkeit und Strategiefindung. Dieser Beitrag wird umso erfolgsrelevanter, je dynamischer, turbulenter und damit interpretationsbedürftiger die Aussenwelt ist[261].

Dies gilt auch für die öffentliche Verwaltung, wenngleich sie sich ihre Strategien von den politischen Behörden bestätigen lassen muss. Ganz deutlich wird diese Funktion in der eidgenössischen Bundesverwaltung herausgestrichen. Man verfolgt dort mit New Public Management ausdrücklich das ...

> „ ... Ziel, insbesondere auch die Verantwortlichkeit der 'Agencies' (mit FLAG geführte Verwaltungseinheiten, A. d. A.) zu stärken. Diese erstreckt sich nicht nur auf den *Aufgabenvollzug*, sondern betrifft auch Fragen der *strategischen Ausrichtung*: Die Steuerung „von oben" basiert im wesentlichen auf Impulsen „von unten". Es liegt an den 'Agencies', die verschiedenen Kontrakte (...) vorzubereiten und im Rahmen des Berichtswesens die vorgesetzten Behörden rechtzeitig zu informieren. Sie tragen insofern eine Mitverantwortung dafür, von Departement, Bundesrat und Parlament die »richtigen« Vorgaben zu erhalten."
> EPA/EFV (1996, S. 21-22, Hervorhebungen im Original)

Es mag sein, dass diese Auffassung später politischen Widerstand erzeugt oder dass sie von staatsrechtlicher Seite als bedenklich eingestuft wird. Aufgrund der Komplexität der Aufgabenstellung im öffentlichen Bereich ist es jedoch kaum mehr zeitgemäss, die öffentliche Verwaltung als befehlsausführende Maschine aufzufassen. Auf die Selbststeuerung der

---
[260] Weick (1979) spricht von der sozialen Konstruktion der Umwelt.
[261] Vgl. Frost (1998, S. 233).

Verwaltung - im Austausch und unter Vorgaben der Politik - ist die Politik zwangsläufig angewiesen (vgl. Teil III).

2.4 Grenzen der Aufgaben der Organisation: Führung

Zwischen Organisation und Führung besteht eine enge Beziehung, auf die hier kurz eingegangen werden soll um aufzuzeigen, was *nicht* Aufgabe der Organisation ist. Diese Beziehung zur Führung spielt sich auf drei verschiedenen Ebenen ab:

- Organisation als abstraktes, relativ langfristig geltendes Regelwerk lässt sich von der Disposition, im Sinne der Entscheidung im Einzelfall abgrenzen. Wo es keine allgemeinen Regeln gibt, muss von Fall zu Fall entschieden werden. Daher ist die Führung ein *Substitut* für Organisation[262].
- Es ist Aufgabe der Führung, die Regeln zu kennen, durchzusetzen und damit für die Zielerreichung zu nutzen. Daher ist die Führung ebenso eine *Ergänzung* zur Organisation.
- Wie oben erwähnt ist Organisation - das Aufstellen und Verändern von Regeln - eine Führungsaufgabe. Damit kommt der Führung bezüglich der Organisation eine *konstitutive Aufgabe* zu.

2.5 Zusammenfassung

Der *Orientierung* kommt durch die Einführung von FLAG erhöhte Wichtigkeit zu. Die Nützlichkeit von *Akzeptanz* unter den Leistungsempfängern ist zu weiten Teilen eine Besonderheit der öffentlichen Verwaltung.
Wird berücksichtigt, dass Effektivität und Effizienz nicht Gegensätze sein müssen, sondern dass sie sich gegenseitig ergänzen sollten[263], so ergibt sich die folgende Darstellung:

---

[262] Vgl. Schmidt (1997).
[263] Vgl. Frost (1998, S. 235).

Darstellung 17: Organizing Map

organisatorische Quellen der Wettbewerbsvorteile: \ strategische Ziele:		Effizienz	Orientierung
Koordination	Spezialisierung	Sind gleichartige Tätigkeiten zusammengefasst?	Wird das Fachwissen genügend gebündelt?
	Horizontale Synergien	Sind zentrale Prozessketten „schnittstellenfrei"?	Wird das Verknüpfungswissen genügend gefördert?
	Vertikale Synergien	Werden die richtigen Aufgaben intern erfüllt bzw. extern vergeben?	Wird das amtspezifische Wissen genügend entwickelt?
	Entscheidung	Werden Entscheidungen effizient abgewickelt?	Wird gemeinsam geteiltes Wissen generiert?
		(Standardisierung und Delegation)	(Partizipation)
Motivation		Extrinsisch: Wird die Messbarkeit von Teilresultaten des Amtes unterstützt?	Wird der Austausch von implizitem Wissen unterstützt?
		Intrinsisch: Wird die Befriedigung in der Arbeit gefördert?	

Quelle: in Anlehnung an Osterloh/Frost (1996)

Die im Organizing Map aufgeworfenen Fragen können generell für verschiedene Organisationsformen beantwortet werden[264].

---

[264] Vgl. Frost (1998, S. 301-302).

3 Organisation und Kernkompetenzen des Staates

3.1 Grundsätzliches

Es wäre sehr praktisch, wenn wir aus dem Gesagten die Kernkompetenzen des Staates ableiten könnten. Schliesslich könnte man so die Frage beantworten, was der Staat zwingend selbst zu tun hat und was er der Privatwirtschaft überlassen kann.
Die Frage, welches nun eigentlich die Kernkompetenz des Staates sei, ist leider falsch gestellt. Dies ist wie folgt zu begründen.

- Es gibt keine Kernkompetenzen der Privatwirtschaft, sondern nur Kernkompetenzen von bestimmten Firmen. Daher ist die Suche nach generellen Kernkompetenzen des Staates ein widersprüchliches Unterfangen. Wenn schon, müsste die Frage nach der Kernkompetenz des Kantons Zürich oder der Schweiz gestellt werden. Um sie zu beantworten, müssten wir aber die konkrete Ausgestaltung der öffentlichen Verwaltung kennen. - Der Frage nach Kernkompetenzen in der öffentlichen Verwaltung wird unten (ab Seite 150) nachgegangen.
- Ein empirischer Vergleich in Zeit und Raum zeigt, dass es kaum eine gesellschaftliche Aufgabe gibt, die nicht schon staatlich und privat organisiert worden wäre[265].
- Was Aufgabe des Staates ist und was nicht, kann legitim nur im demokratischen Prozess bestimmt werden[266].

Allein aufgrund dieser Überlegungen könnte die Idee der „Kernkompetenzen des Staates" fallen gelassen werden. Die Wissenschaft kann nicht unabhängig von einem demokratischen Prozess entscheiden, was staatlich organisiert werden soll oder besser auszulagern ist. Sie kann lediglich unterstützende und orientierende Konzepte bieten. Dies wird im vorliegenden Kapitel versucht.

3.2 Einfache Konzepte

Welche Aufgaben soll der Staat übernehmen, welche soll er der Privatwirtschaft überlassen? Diese Frage beschäftigt Praktiker

---

[265] Vgl. Naschold 1993, S. 44).
[266] Vgl. Habermas (1981) und Naschold (1993, S. 41-44).

wie Wissenschaftler seit langem. Hier werden zwei gängige Konzepte vorgestellt, welche zur Beantwortung dieser Frage herangezogen werden, jedoch die an sie gestellten Erwartungen nicht erfüllen können.

a) Öffentliche und meritorische Güter

Die Unterscheidung zwischen privaten versus öffentlichen oder meritorischen Gütern kann nicht zur inhaltlichen Abgrenzung zwischen staatlich und privat zu erfüllenden Aufgaben herangezogen werden (zur Begriffsdefinition vgl. oben Seite 15). Als klassisches Beispiel für ein öffentliches Gut gilt der Leuchtturm, weil er die Kriterien der Nichtausschliessbarkeit und Nichtrivalität offensichtlich gut erfüllt. Leuchttürme können aber ohne weiteres von Privaten erbaut und betrieben werden. Der Staat kann die Leuchtturmleistung einkaufen und braucht sie nicht selbst zu erstellen.

Diese Überlegung ist generalisierbar und durchaus praxisrelevant. Das Zurverfügungstellen von Parkanlagen (öffentliches Gut) oder das Angebot von Schulbildung (meritorisches Gut) kann sehr erfolgreich auch privat erbracht werden.

b) Hoheitliche Aufgaben

Hoheitsaufgaben sind die „Aufgaben, die ein öffentliches Gemeinwesen (Staat, Gemeinde oder sonstige Körperschaft, Anstalt) kraft öffentlichen Rechts zu erfüllen hat; sie stehen im Gegensatz zu der privatrechtlichen (fiskalischen) Betätigung"[267]. Der Begriff der „Hoheitlichkeit" wird daher oft als Inbegriff für nicht auslagerbare staatliche Tätigkeiten verwendet. Leider ist der Begriff sehr schwammig und für unsere Fragestellung wenig hilfreich. Bereits für Juristen ist die - für die Abgrenzung des Begriffs nötige - Grenzziehung zwischen privatem und öffentlichem Recht „zweifelhaft und strittig"[268].

Aus betriebswirtschaftlicher Sicht taugt die Hoheitlichkeit nicht als Richtschnur für die Auslagerung von staatlichen Tätigkeiten. Die unklare Begriffsabgrenzung ist sicher ein Problem, schwerwiegender ist jedoch Folgendes: Der Begriff ist rein deskriptiv. Das heisst, es wird nur beschrieben, welche Aufgaben der Staat

---

[267] Vgl. Crefields (1970, S. 546), vgl. auch Osterloh (1995).
[268] Vgl. Maurer (1994, S. 35).

zur Zeit aufgrund des öffentlichen Rechts wahrzunehmen hat. Dem Begriff sind aber keine präskriptiven Aspekte abzugewinnen, welche darauf hinweisen würden, welche Aufgaben der Staat (nicht) übernehmen *sollte*. Aufgaben sind also nicht hoheitlich *an sich*, sondern sie *werden* hoheitlich, indem durch den Gesetzgeber eine entsprechende öffentlich-rechtliche Grundlage geschaffen wird.

In der Schweiz bestehen die Rechtsgrundlagen dafür, dass öffentliche Aufgaben von Privaten wahrgenommen werden[269]. Branchenorientierte Wirtschaftsverbände, insbesondere im Landwirtschafts- und Ausbildungsbereich, machen davon Gebrauch[270]. In den USA, aber auch in vielen anderen Staaten, werden zahlreiche, üblicherweise als „hoheitlich" eingestufte Aufgaben faktisch privat erfüllt, von der Verteilung von Strafzetteln bis hin zur Führung von Gefängnissen[271].

3.3 Regulierungsfunktion

Ist die Machtausübung[272], welche mit der Wahrnehmung der Regulierungsfunktion einher geht, eine Kernkompetenz des Staates? Diese Frage wird spontan meist mit Ja beantwortet. In zahlreichen Fällen ist jedoch Überzeugungsarbeit die effizientere Methode als das Ausüben von Zwang. Schliesslich ist immer mit Aufwand verursachender Gegenwehr zu rechnen. Trotzdem lässt sich Überzeugungsarbeit manchmal besser leisten, wenn als ultima ratio die Möglichkeit der Zwangausübung besteht.

Aber auch hier lässt sich keine klare Grenze ziehen.
- Wirtschafts- und Berufsverbände (wie beispielsweise die „Ärztegesellschaft") können ihre Mitglieder mit nahezu gleicher Bedingungslosigkeit wie der Staat zu bestimmten Verhaltensweisen zwingen.

---

[269] Vgl. Häfelin/Müller (1990, S. 220).
[270] Vgl. Frey (1981, S. 187).
[271] Vgl. Hakim/ Blackstone (1994).
[272] Die Machtausübung basiert auf Hoheitsrechten, ist aber nicht damit gleichzusetzen. Hoheitsrechte sind gemäss Brockhaus die dem Staat zur Erledigung seiner Aufgaben vorbehaltene Befugnis zur einseitigen verbindlich Regelung und Anordnung gegenüber Einzelnen oder der Allgemeinheit. Trotz ihrer Ähnlichkeit ist die Ausübung von Hoheitsrechten und der Begriff der Hoheitsaufgaben nicht gleichzusetzen. Zu den Hoheitsaufgaben gehören beispielsweise das Betreiben von Friedhöfen oder von öffentlichen Lehranstalten. Dazu ist die Ausübung von Hoheitsrechten nicht nötig.

- Die Regulierungsfunktion, im Sinne der Anwendung und Durchsetzung von Regeln, kann von Staat an Private delegiert werden.
- Die Regulierungsfunktion ist nur *eine* von vielen Arten, ein öffentliches Gut zu erstellen. Eine Kernkompetenz muss aber definitionsgemäss nicht substituierbar sein. Die folgende Darstellung illustriert, dass beispielsweise bei der Erstellung des öffentlichen Gutes „sauberes Wasser" die Dienstleistungs-, Regulierungs- und Umverteilungsfunktion grundsätzlich Substitute sind[273]. Damit ist allerdings nichts darüber ausgesagt, welche der drei Arten die effizienteste ist. In vielen Fällen dürften geschickte Kombinationen die besten Resultate bringen.

---

[273] Vgl. Frey (1991).

Darstellung 18: Dienstleistungs-, Regulierungs- und Umverteilungsfunktion bei Gütern mit freiem Zugang

Produktions-alternativen	Öffentliches Gut entsteht durch ...	praktische Beispiele	z.T. hypothetische Beispiele anhand des Themas „Wasserreinhaltung"
Dienstleistung	Produktion in der öffentlichen Verwaltung	Staatsfernsehen, Militärische Sicherheit	Kläranlage
Regulierung: Verhaltenszwang	Verhalten von Individuen	Polizei, Abgasvorschriften	Vorschriften über den Umgang mit Gift
Regulierung: Lenkungsabgaben	Verhalten von Individuen	Kehrichtsackgebühren	Individuelle Verschmutzungsabgabe
Regulierung: Zwang mit Entschädigung	Verhalten von Individuen	Enteignung für Eisenbahnbau	Staatliche Kostenbeteiligung bei der Sanierung von Altlasten
Umverteilung: Anreize zur Freiwilligkeit	Verhalten von Individuen	Steuererleichterungen für private Altersvorsorge	Steuererleichterungen für umweltfreundliche Produkte
ohne staatlichen Eingriff	Verhalten von Individuen/ Positive Nebeneffekte des Wettbewerbs	Versorgungssicherheit bezüglich Nahrungsmitteln	Umweltfreundlichere Produkte haben tiefere Herstellungskosten
			Konsumenten bezahlen mehr für Bio-Produkte

Quelle: eigene Darstellung

Trotz dieser Unschärfe ergibt sich ein präskriptiver Ansatz: Dort wo die Regulierungsfunktion effizient ist, soll eine Aufgabe staatlich organisiert werden, wo die Dienstleistungsfunktion effizient ist privat. Bei effizienter Umverteilungsfunktion ist vor allem das Beschaffen der Finanzmittel staatlich zu organisieren (weil damit eine Machtausübung erfolgt). Das Verteilen hingegen, kann wiederum privatwirtschaftlich erfolgen.

Zusammenfassend lässt sich festhalten, dass die Regulierungsfunktion in einigen Fällen eine Kernkompetenz des Staates sein kann. Allerdings trifft dies nicht zwangsläufig in jedem Fall zu, weil die Regulierungsfunktion fallweise delegierbar und durch Umverteilungs- und Dienstleistungsfunktion substituierbar sein kann.

Weil weder die Regulierungsfunktion noch die anderen bisher betrachteten Begriffe eine klare Abgrenzung bieten, stellt sich die Frage, wie überhaupt Aussagen zur Auslagerbarkeit von Staatstätigkeiten gemacht werden können. Ein vergleichsweise tauglicher Ansatz stellt die Messbarkeit-Wettbewerb-Matrix dar.

3.4 Messbarkeit-Wettbewerb-Matrix

Die Messbarkeit-Wettbewerb-Matrix[274] geht die Frage der Auslagerung von Staatsaufgaben pragmatisch an. Sie befasst sich damit, unter welchen Bedingungen eine Auslagerung aus dem Staatssektor mehr oder weniger leicht fällt.
Dazu stellt sie folgende zwei Fragen:
- Gibt es viele potentielle Wettbewerber?
- Kann man die Leistung leicht messen?

a) Grundmodell

Werden beide Fragen mit Ja beantwortet, ist eine Auslagerung sinnvoll. Werden beide mit Nein beantwortet, so ist eine staatliche Organisation der Aufgabe angebracht. Dies kann wie folgt dargestellt werden:

Darstellung 19: Typologie von Gütern mit freiem Zugang		
viele	I ?	II privat organisieren
keine	III staatlich organisieren	IV ?
Wettbewerber / **Messbarkeit**	schlecht	gut

Quelle: in Anlehnung an Anslinger/Burt (1994).

Diese Matrix ist als erste Orientierung sicher hilfreich. Leider ist sie (ähnlich wie die Make-Or-Buy-Matrix[275]) nur in der Lage, zu

---

[274] Vgl. Anslinger/Burt (1993).
[275] Vgl. Osterloh/Frost (1996, S. 186).

den „eindeutigen" Fällen Stellung zu nehmen. Zu den „interessanten" Fällen in den Quadranten I und IV äussert sie sich zunächst nicht (siehe die Fragezeichen in der Darstellung 19).

b) Erweiterung

Die Matrix kann daher ergänzt werden, indem versucht wird, mit der mangelnden Messbarkeit oder mit den mangelnden Wettbewerbern umzugehen.

Darstellung 20: Privatisierung der Herstellung von Gütern mit freiem Zugang (Messbarkeit-Wettbewerb-Matrix)

Wettbewerber / Messbarkeit	schlecht	gut
viele	Messbarkeit schaffen (möglich) / unmöglich	privat organisieren
keine	staatlich organisieren	Beurteilungsmassstäbe und Leistungsanreize schaffen (möglich) / unmöglich

Quelle: eigene Darstellung

Im ersten Fall (Quadrant I), wo die Leistung zwar messbar aber nicht beurteilbar ist, weil ein Vergleich mit Wettbewerbern fehlt, sind folgende Ansätze denkbar:
- Man setzt Standards, z.B. aufgrund des Status quo, und bietet eine Beteiligung an den Einsparungen gegenüber dem Standard. Somit entstehen Anreize zur ständigen Verbesserung der Leistung.
- Standards können aber auch durch den Vergleich mit anderen, auch ausländischen Verwaltungseinheiten entstehen, selbst wenn ein Wettbewerb mit diesen nicht möglich ist.
- Teil- oder Vorleistungen können verglichen werden.

Zusammenfassend geht es darum, auch ohne Wettbewerb Leistungen beurteilbar zu machen und Verbesserungsanreize zu setzen. Gelingt dies, so wird eine Privatisierung empfohlen, wenn nicht eine staatliche Organisation der Aufgabenerfüllung.

Im zweiten Fall (Quadrant IV), wo die Leistung zwar von verschiedenen Wettbewerbern erbracht werden kann, aber nicht messbar ist, sind folgende Ansätze denkbar:
- Inputs werden kontrolliert. Dies ist nicht gleich der „Input-Steuerung", wo in Rubriken gegliederte Budgetmittel als einziges Steuerungselement dienen. Es bedeutet, dass die Qualität der Inputfaktoren kontrolliert wird. Beispielsweise werden für gewisse Aufgaben nur diplomierte Elektriker oder nur Personen mit Lehrerpatent zugelassen.
- Regeleinhaltung wird kontrolliert. Dies ist dann sinnvoll, wenn Grund zur Annahme besteht, dass das schwer messbare Ziel dann erreicht wird, wenn bestimmte Verfahren angewendet worden sind.
- Die Ersteller der ausgelagerten, schwer messbaren Teilleistung werden aufgrund des Gesamterfolges entlohnt. So werden Berater manchmal nach der erfolgten Umsatzsteigerung des beratenen Unternehmens bezahlt.
- Auch bei schwachen Signalen einer Nichterfüllung des Vertrages kann der Anbieter gewechselt werden.
- Das Unternehmen, an welches die Tätigkeit ausgelagert wird, hat das Vertrauen derjenigen Personen, die den Auslagerungsentscheid fällen. Das Vertrauen kann beispielsweise in der Anreizstruktur liegen (z.B. hohe Kosten eines Imageverlustes) oder in vergangenen Erfahrungen mit diesem Unternehmen liegen.

Zusammenfassend geht es darum, die fehlende Messbarkeit der Leistung zu kompensieren. Gelingt dies, so wird eine Privatisierung empfohlen, wenn nicht, ist die Aufgabenerfüllung staatlich zu organisieren.

c) Kritik

Die Argumentationen für diese Empfehlungen liegen in der Wettbewerbstheorie bzw. im Transaktionskostenansatz. Folgende Thesen bilden die Grundlage:

- Eine höhere Anzahl an Wettbewerbern führt zu mehr Wettbewerb.
- Gut messbare Leistungen verursachen bei einer Auslagerung relativ geringe Transaktionskosten.

Gegen beide Thesen kann, trotz einiger stützender empirischer Evidenz, erhebliche Kritik vorgebracht werden.

- Selbst eine geringe Zahl von Wettbewerbern kann zu hartem Konkurrenzkampf führen. Dies ist in der Schweiz im Detailhandel zu beobachten, wo sich wenige Konkurrenten einen erbitterten Preiskampf liefern. Umgekehrt kann eine Wettbewerbssituation mit vielen Wettbewerbern zu mangelnden Innovationsanreizen führen, da Gewinne aus Innovationen sofort wegkonkurrenziert werden und sich entsprechende Investitionen nicht lohnen[276].
- Es kann auch gute Gründe geben, messbare Leistungen in einem Unternehmen zu belassen. Dies ist immer dann der Fall, wenn bei der Erstellung dieser Leistung Kernkompetenzen im Spiel sind. Eine Kernkompetenz kann sich einfach auf die Erstellung dieser Leistung beziehen. Eine Auslagerung wäre dann zwar technisch möglich, aber nicht effizient, da die Leistung intern günstiger erstellt werden kann. Eine Kernkompetenz kann aber auch Bezüge zu andern Prozessen haben, indem sie beispielsweise eine Orientierungsfunktion ausübt. Dies kann sich nachhaltig positiv auf andere Leistungen auswirken. So könnte das Bundesamt für Veterinärwesen zwar weiterhin Diagnosen durchführen, wenn es die Forschung an Hochschulen auslagert, es wäre aber kaum in der Lage, neue Diagnoseverfahren zu entwickeln. Ebenso könnte das Bundesamt für Landestopographie sich auf die Erarbeitung von Grundlagen für Landkarten konzentrieren und Herstellung und Verkauf auslagern. Dabei gingen aber wichtige Rückmeldungen über Marktbedürfnisse verloren, welche wiederum in die Grundlagenarbeiten einfliessen sollten.

d) Praktische Anwendung

Trotz dieser Kritik kann die Messbarkeit-Wettbewerb-Matrix für praktische Zwecke eine erste Orientierung bieten. Bei der

---

[276] Vgl. Carlton/Perloff (1990, S. 679-682).

Anwendung dieses Instruments werden leider oft zwei schwerwiegende Fehler begangen.
Erstens wird als Alternative zur Produktion in der öffentlichen Verwaltung nur die Produktion im Privatsektor gesehen. Wie wir aber oben (Darstellung 18, Seite 143) gesehen haben, wird damit nur ein kleiner Teil des gesamten Spektrums abgedeckt. Ein wichtiger Handlungsspielraum wird daher ausgeblendet.
Zweitens werden ganze Ämter in der Grafik verortet und nicht einzelne Güter, Leistungen oder deren Herstellungsprozesse. Dies kann jedoch zu erheblichen Unschärfen führen. Verortet man nämlich die Produktegruppen oder alle Produkte eines Amtes in dieser Grafik, so wird in den meisten Fällen sichtbar, dass zwei, drei oder gar alle der vier angesprochenen Gütertypen produziert werden. Üblicherweise bestehen enge betriebliche Verflechtungen zwischen der Herstellung aller Produkte, so dass eine selektive Auslagerung nicht zweckmässig erscheint. Daher kann ein Amt als Ganzes nur dann sinnvoll eingeordnet werden, wenn die grosse Mehrzahl ihrer Produkte zur gleichen Kategorie gehören.
Um diesem Problem im praktischen Einzelfall nachspüren zu können, ist eine Produkteliste nötig. Eine solche liegt im Regelfall aber nicht vor. Erst mit der Vorbereitung auf FLAG entwickeln Ämter ihr Produkteportfolio, in welchem sie ihre Produkte aufführen und nach bestimmten Kriterien gliedern. Allerdings bestehen für die Gliederungskriterien keine einheitlichen Richtlinien[277].

Die Darstellung leistet bei richtiger Handhabung einerseits, dass sie die Schwierigkeit einer Privatisierung eines gesamten Amtes differenziert darstellt. Andererseits zeigt sie auf, dass die meisten empirischen Untersuchungen, welche die Vorteile der Privatisierung zu demonstrieren versuchen[278], sich nicht ohne Weiteres generalisieren lassen, weil sie sich systematisch auf Beispiele mit hoher Messbarkeit und vielen Wettbewerbern abstützen.

3.5 Folgerung

Kernkompetenzen des Staates können nicht „objektiv" aus Sicht der Wissenschaft oder gar von Seiten der Verwaltungsmanager

---

[277] Vgl. Hirsbrunner (1995).
[278] Vgl. z.B. Pommerehne (1976 und 1983), eine Übersicht bietet Mueller (1989, S. 262-265).

vorab definiert werden. „Staatliche Kernaufgaben können legitim nur über einen demokratischen Prozess gesucht und vereinbart (...) werden"[279]. Allerdings kann die Wissenschaft einen wichtigen Beitrag leisten, indem sie analysierend, aufklärend und beratend Unterstützung bietet. So können die Messbarkeit-Wettbewerb-Matrix und die Unterscheidung von Dienstleistungs-, Regulierungs- und Umverteilungsfunktion eine erste Hilfestellung bieten.

Aus Perspektive der Ämter ist die Frage jedoch sehr viel wichtiger, ob und wieweit Ämter selbst wiederum in der Lage sind, Teile ihrer Aufgaben auszulagern. Hier können aussagekräftige betriebswirtschaftliche Überlegungen zum strategischen Outsourcing zum Zuge kommen[280]. Damit sind wir aber nicht mehr bei der Frage nach Kernkompetenzen des *Staates*, sondern nach Kernkompetenzen einzelner *Ämter*.

---

[279] Vgl. Naschold (1993, S. 41-44).
[280] Vgl. Quinn/Hilmer (1994), Earl (1996) und Lacity et al. (1996).

4 Kernkompetenzen von Ämtern in der öffentlichen Verwaltung

Halten wir uns für das Folgende die Definition von Kernkompetenzen, wie sie für die Privatwirtschaft üblich ist, vor Augen:
- Sie sind schwer handelbar und schwer transferierbar.
- Sie benötigen einen langen Zeitraum der Erstellung.
- Sie sind schwer substituierbar und schwer imitierbar.
- Sie erzeugen einen geldwerten Zusatznutzen für die Kunden.

Die ersten drei Bedingungen sind in der öffentlichen Verwaltung ohne Änderung verwendbar. Schliesslich ist ohne diese Bedingungen nicht gewährleistet, dass nicht andere Organisationen, staatliche oder private, die gleiche Aufgabe innert kurzer Zeit besser erfüllen.
Die vierte Bedingung muss in der öffentlichen Verwaltung aber anders lauten, weil sie sich anders finanziert, nämlich:

- Sie erzeugen einen politikrelevanten, öffentlichen Zusatznutzen. Das heisst, sie schaffen eine gesellschaftliche Wertschöpfung, für welche die Politik bereit ist, Staatsgelder zur Verfügung zu stellen.

Im Folgenden geht es darum, diese Definition und deren Konsequenzen näher zu erläutern.

4.1 Handelbarkeit und Transferierbarkeit

Kernkompetenzen der öffentlichen Verwaltung dürfen nicht von potentiellen Konkurrenten eingekauft werden können. So sind selbst erstellte Produktionsanlagen oder intern programmierte Software nicht auf dem Markt käuflich zu erwerben. Oft kann man Ressourcen aber gerade deshalb nicht kaufen, weil sie gar nicht transferierbar sind. Eine hohe Arbeitsmotivation der Mitarbeitenden, gute Kundenbeziehungen oder der Ruf als verlässlicher Geschäftspartner lassen sich nur schwer oder gar nicht von einer Organisation auf die andere übertragen.
Ist eine Kompetenz handelbar bzw. transferierbar, so können daraus keine langfristigen Vorteile erwachsen, weil Konkurrenten sich diese Kompetenz ebenfalls schnell aneignen.

4.2 Langer Erstellungszeitraum

Kernkompetenzen der öffentlichen Verwaltung dürfen nicht von potentiellen Konkurrenten in kurzer Zeit selbst hergestellt werden können. So müssen Kundenbeziehungen von einer besonderen Qualität sein, wie sie die Konkurrenten nicht in kurzer Zeit ebenfalls aufbauen können, damit daraus langfristige Vorteile fliessen können.

4.3 Substitution und Imitation

In der öffentlichen Verwaltung stellen Dienstleistungs-, Regulierungs- und Umverteilungsfunktion grundsätzlich Substitute dar (siehe Seite 141). Die Erfüllung dieser Funktionen bedarf aber sehr unterschiedlicher Fähigkeiten. Daher ist es für eine öffentliche Verwaltung wichtig, gesellschaftliche, politische und technologische Veränderungen wahrzunehmen, welche die relative Attraktivität der drei Funktionen beeinflussen. Die Konzentration auf die bisher übliche Form kann mit dem Festhalten an der „dominanten Geschäftslogik" in der Privatwirtschaft verglichen werden. Dabei wäre ein frühzeitiges Aufbauen der nötigen Kompetenzen nötig, um weiterhin erfolgreich im Geschäft zu bleiben.

In der öffentlichen Verwaltung ist auch die Imitation von wichtigen Fähigkeiten möglich. So hat die öffentliche Verwaltung bisher implizit für sich beansprucht, durch ihre relative finanzielle Unabhängigkeit (Abwesenheit eines Gewinnmotivs) besonders gut in der Lage zu sein, Subventionen neutral zu verteilen. Private Firmen können diese finanzielle Unabhängigkeit nicht erreichen, sie können sie aber imitieren. Durch erhöhte Transparenz, mittels internen Kontrollen und externer Audits sowie durch einen guten Ruf, kann eine private Firma durchaus zu einer Alternative werden. So hat eine bekannte Beratungs- und Revisionsfirma einen Auftrag für die Verteilung von Sozialversicherungbeiträgen erhalten[281].

---

[281] Vgl. von Donop (1997).

4.4 Politikrelevanter, öffentlicher Zusatznutzen

Öffentliche Verwaltungen sollen generell gesellschaftlichen Nutzen erzeugen. Zum einen stellt die objektive Messung gesellschaftlichen Nutzens ein erhebliches Problem dar[282]. Zum anderen wird in der Politik bestimmt, welche Mittel wofür eingesetzt werden, wobei sich gesellschaftlich günstige Lösungen nicht zwangsläufig durchsetzen.

a) Öffentlicher Zusatznutzen

Eine Abgrenzung zwischen öffentlichem und privatem Nutzen ist nicht einfach. Unternehmungen generieren nämlich mit ihren Produkten zunächst nur privaten, in ihrer Gesamtheit aber ebenfalls gesellschaftlichen Nutzen[283]. Letzteres gilt in besonders hohem Ausmass, wenn sie eine Kernkompetenz-Strategie verfolgen (siehe oben Seite 97). Die Abgrenzung muss sich daher daran orientieren, dass bei Verwaltungen die Wertschöpfung *nicht* über den Markt realisiert wird.

Damit wird die Dienstleistungsfunktion beschränkt auf Leistungen mit freiem Zugang, während sich für die Regulierungs- und Umverteilungsfunktion keine Änderungen ergeben. Die Dienstleistungsfunktion bezüglich *privater* Güter kann zwar eine wichtige Ergänzung darstellen (siehe Seite 155), sie kann aber nur in Verbindung mit einer Dienstleistungsfunktion für Leistungen mit freiem Zugang, einer Regulierungs- oder Umverteilungsfunktion eine Kernkompetenz der öffentlichen Verwaltung begründen.

Leistungen, die nicht über den Markt abgegolten werden, sind besonders schwer zu bewerten. Während auf dem funktionierenden Markt davon ausgegangen wird, dass sich das gesellschaftliche Optimum einstellt, selbst wenn man es nicht genau messen kann, so sind für den Vergleich verschiedener Regulierungsmassnahmen aufwendige Kostenwirksamkeits-Analysen[284] nötig. Trotz dieser Methoden sind der Messbarkeit enge Grenzen gesetzt, welche im Nutzenbegriff selbst begründet sind. So wurde beispielsweise festgestellt, dass besser informierte Personen deutlich mehr bereit sind, für eine Intensivierung der Luftrein-

---

[282] Vgl. z.B. Hirschleifer (1988, S. 233-240).
[283] Vgl. z.B. Hirschleifer (1988, S. 204-206).
[284] Ein praktische Beispiel einer Kostenwirksamkeits-Analyse findet sich in Bretschger et. al. (1993).

haltung individuelle Kosten auf sich zu nehmen[285]. Eine wirksame Aufklärungskampagne der öffentlichen Verwaltung könnte die Leute deshalb unzufriedener machen, woraus sich ein negativer gesellschaftlicher Nutzen berechnen liesse. Daraus ist ersichtlich, dass sich der gesellschaftliche Nutzen, den die öffentliche Verwaltung stiftet, oft nur sehr schwer errechnen lässt. Es bleibt aber darauf hinzuweisen, dass auch in der Privatwirtschaft der vermeintlich klare Begriff des privaten Nutzens erhebliche Messprobleme aufgibt[286].

b) Poltikrelevanz

Ein öffentlicher Zusatznutzen ist dann politikrelevant, wenn die Politik bereit ist, dafür entsprechende finanzielle Mittel zur Verfügung zu stellen. Dadurch werden die oben genannten Messprobleme relativiert, weil der „öffentliche Zusatznutzen" operationalisiert wird.

Der politische Prozess sorgt aber nicht (ebensowenig wie der Markt) *zwangsläufig* für gesellschaftlich optimale Entscheide. Es ist zu bedenken, dass die Aktoren im politischen System ihre eigenen Interessen verfolgen, dass sie nicht vollständig informiert sind und Informationen nur verzerrt wahrnehmen[287].

Letztlich kann daher nur im Nachhinein festgestellt werden, ob ein öffentlicher Zusatznutzen politikrelevant war. Dies ist ähnlich wie bei privaten Firmen, wo sich auch erst mit der Zeit sicher herausstellt, ob aus einer Kernkompetenz tatsächlich ein geldwerter Zusatznutzen für die Kunden geflossen ist. Umfragen und bisheriges Kundenverhalten können aber im Voraus Aufschlüsse geben. Analog dazu, lassen sich auch Entscheide der Politik nie mit Sicherheit voraussagen. Es gibt jedoch Faktoren, welche die Wahrscheinlichkeit, dass für bestimmte Aufgaben finanzielle Mittel zugesprochen werden, stark beeinflussen.

- **Politischer Wille**
  Verwaltungstätigkeiten haben sich auf Gesetze zu stützen. Gesetze sind das Resultat eines politischen Willensbildungsprozesses. Da Gesetze aber laufend geändert werden, genügt es

---

[285] Vgl. Bretschger et. al. (1993).
[286] Zunächst liegt der Nutzen für einen Kunden in der Differenz zwischen dem beobachtbaren Kaufpreis und der nicht beobachtbaren maximalen Zahlungsbereitschaft. Weitere Probleme ergeben sich aber aus unvollständigen Märkten wie negativen externen Effekten, Kartellen oder staatlichen Eingriffen, aber auch aus Produkten, die süchtig machen oder auf andere menschliche Schwächen abzielen.
[287] Vgl. Frey (1981, S. 8-10 und S. 172-174).

nicht, wenn sich Verwaltungskompetenzen auf gesetzlich vorgeschriebene Tätigkeiten beziehen. Verwaltungskernkompetenzen müssen sich auf die Erstellung von Leistungen beziehen, die auch künftig von der Politik nachgefragt werden.
- **Privatisierungspotential oder Kosten- und Qualitätsvorteile**
  Die Beschaffenheit der Leistungen, die aus Verwaltungskompetenzen fliessen, ist relevant. Mit der Messbarkeit-Wettbewerb-Matrix (siehe Seite 144) lässt sich feststellen, ob eine Leistung grundsätzlich einfach oder schwer privatisierbar ist. Damit lässt sich das Privatisierungspotential abschätzen. Falls sich aber vornehmlich leicht privatisierbare Leistungen aus der entsprechenden Kompetenz ergeben, so ist es für die Verwaltung wichtig, sich gegenüber Konkurrenten bezüglich Kosten oder Qualität zu profilieren.

c) Politische Einflussnahme im Eigeninteresse?

Öffentlichen Verwaltungen können versuchen, politische Entscheide im eigenen Interesse zu beeinflussen[288]:
- Kostenstrukturen werden nicht offen gelegt, um einen Informationsvorsprung zu erhalten.
- Durch Einsitz im Parlament können Staatsangestellte versuchen, negative Einflüsse auf das eigene Amt zu reduzieren.
- Öffentliche Verwaltungen können Ressourcen aufwenden, um für die Notwendigkeit ihres Weiterbestehens zu werben.
- Öffentliche Verwaltungen können organisierte Interessengruppen bevorzugt behandeln, um sich politische Unterstützung zu „erkaufen".
- Es kann sinnvoll sein, keine politische Aufmerksamkeit auf sich zu ziehen. Zwar ist eine Budgetausdehnung so nicht möglich, dafür sind aber drastische Kürzungen ebenso unwahrscheinlich.

All diese Verhaltensweisen können für die Zuteilung von Staatsgeldern eine wichtige Rolle spielen. Kann man bei Ämtern, welche die Fähigkeiten zu solchem Verhalten in ausgeprägterem Masse als andere besitzen, von einer Kernkompetenz sprechen? Diese Frage ist aufgrund unserer obigen Definition klar zu verneinen. Schliesslich generieren solche Fähigkeiten keinen gesellschaftlichen Nutzen.

---

[288] Vgl. Frey (1981, S.156-179).

4.5 Beispiel: Akzeptanzschaffung

Nachdem die Elemente der Definition von Kernkompetenzen in der öffentlichen Verwaltung einzeln erörtert worden sind, soll der Begriff an einem Beispiel erläutert werden.

Die *Erzeugung von Akzeptanz* ist vor allem bei der Ausübung der Regulierungsfunktion zentral. Es handelt sich damit um eine typische *Verwaltungs*kernkompetenz: Diese Fähigkeit erfüllt einerseits die Kriterien der schweren Handelbarkeit, zeitintensiven Herstellung und mangelnden Substituier- und Imitierbarkeit und andererseits generiert sie kaum einen geldwerten privaten Zusatznutzen (im Sinne eines privaten Gutes, siehe Seite 15), wohl aber einen gesellschaftlichen Nutzen.

Folgende Beobachtungen und Überlegungen sind jedoch einschränkend anzufügen und sollen die Begriffshandhabung am praktischen Einzelfall illustrieren:

- Empirische Untersuchungen haben ergeben, dass der öffentlichen Verwaltung *im Allgemeinen* eine hohe Akzeptanz in den genannten Situationen zukommt. Befragte geben an, dass sie bei der Verteilung von bestimmten knappen Gütern lieber eine Zuteilung durch die öffentliche Verwaltung haben als beispielsweise eine Versteigerung (Zuteilung durch Marktmechanismus).[289] Im Einzelfall sind aber grosse Unterschiede denkbar.
- Wieweit es sich dabei im *Einzelfall* um eine Kernkompetenz handelt, ist von der spezifischen öffentlichen Verwaltungseinheit abhängig. Eine als korrupt oder parteiisch bekannte Verwaltung hat hier schlechte Karten.
- Akzeptanz zu erzeugen ist nicht zwangsläufig der öffentlichen Verwaltung vorbehalten. Es gibt Firmen, die sich auf Mediation bei Konflikten spezialisiert haben[290] oder durch eine hohe Vertrauenswürdigkeit eine wichtige Ressource zur Akzeptanzerzeugung mitbringen. Wie erwähnt hat eine bekannte Beratungs- und Revisionsfirma einen Auftrag für die Verteilung von Sozialversicherungbeiträgen erhalten[291].

Damit wird aufs Deutlichste gezeigt, dass die Erzeugung von Akzeptanz zwar eine potentielle, aber *keineswegs eine zwangsläufige* Kernkompetenz der öffentlichen Verwaltung ist.

---

[289] Vgl. Frey/Pommerehne (1993).
[290] Vgl. Wiedenmann/Kessen (1997).
[291] Siehe Seite 151.

4.6 Kommerzielle Nutzung

a) Grundsätzliches

Als Eigenschaft von Kernkompetenzen wird in der Privatwirtschaft oft hervorgehoben:

- **Sie sind (meist) übertragbar auf neue Märkte.**
Dies ist zwar keine zwingende Bedingung, aber eine Eigenschaft, die sich in den meisten Fällen unwillkürlich ergibt und eine erhebliche Rolle für die Nützlichkeit der Kernkompetenz spielt[292].

Da öffentliche Verwaltungen durch gesetzliche Bestimmungen auf einen eng definierten Tätigkeitsbereich begrenzt sind, könnte man den Schluss ziehen, dass diese Eigenschaft von Kernkompetenzen nicht relevant sei. Dies wäre aber vorschnell, denn die obige Aussage lässt sich wie folgt adaptieren:

- **Verwaltungskernkompetenzen ergeben meist Synergien zur Herstellung kommerziell nutzbarer Leistungen.**
Bei der Produktion von öffentlichen oder meritorischen Gütern können private Güter als Kuppelprodukte anfallen. So ist die Herstellung der öffentlich zugänglichen allgemeinen Wetterprognose eng verknüpft mit einer individuell kostenpflichtigen Windvorhersage für den Wassersport. Das teure Sammeln von Wetterdaten und deren fachkundige Interpretation sind die aufwendigsten Teile des Arbeitsprozesses. Ist das öffentlich zugängliche Produkt erst einmal erstellt, so braucht es relativ wenig für die Erzeugung eines verbundenen, privaten Gutes. Dieses Beispiel ist kein Einzelfall. Viele der Beispiele innovativen Handelns in der öffentlichen Verwaltung basieren darauf, dass kommerziell verwertbare Kuppelprodukte vermarktet werden. Damit verschwimmt die Unterscheidung von privatem und öffentlichem Zusatznutzen.
Allerdings muss hier auch angefügt werden, dass die Kosten einzelner Produkte gar nicht bekannt sind, da ja ein betriebswirtschaftliches Rechnungswesen in der Regel fehlt. Erst das Einführen einer Kostenrechnung kann eine Kostenkalkulation

---

[292] Vgl. Prahalad/Hamel (1990).

ermöglichen. Daran anschliessend könnte ein Benchmarking ein wesentlicher Zugang zur Entdeckung von vorhandenen (bzw. fehlenden) Kernkompetenzen sein[293].

Die kommerzielle Nutzung von in Verwaltungen vorhandenen Ressourcen wirft Probleme auf. Zum *einen* können kommerzielle Aktivitäten auch Misserfolg ernten. Und zum *anderen* ist bei erfolgreicher Umsetzung der Vorwurf der Quersubventionierung kaum aus der Welt zu schaffen. Darauf wird nun näher eingegangen.

b) Möglichkeit des Misserfolgs

Die Umsetzung vermuteter privatwirtschaftlicher oder Verwaltungskernkompetenzen in klingende Münze ist immer dann risikoreich, wenn dazu grössere Investitionen nötig sind. Diese brauchen nicht in Form von Anschaffungen anzufallen, sondern können sich auch als Projektdurchführungskosten manifestieren. Wenn die vermuteten Kernkompetenzen dann aber tatsächlich fehlen, kann dies zu bösen Überraschungen führen. So bestand die Hoffnung bei der Bedag Informatik - einer aus der Berner Kantonsverwaltung herausgelösten Informatikabteilung - , dass sie sich durch Beratung und Softwareentwicklung für Gemeinden selbst finanzieren und sogar Gewinne erwirtschaften würde. Die Aktion endete mit hohen Kosten für die Steuerzahlenden. Ein juristisches Gutachten durch eine renommierte Fachperson stellte fest, dass niemand verantwortlich gemacht werden kann. Eine betriebswirtschaftliche Analyse für das Scheitern wurde nicht vorgenommen[294].

Dies zeigt, dass beim Identifizieren von Kernkompetenzen nicht leichtfertig vorgegangen werden darf. Insbesondere ist zu beachten, dass für die entsprechenden Entscheide Parlamentarierinnen und Parlamentarier zuständig sind, von denen die wenigsten über eine betriebswirtschaftliche Grundausbildung verfügen. Sie dürften daher überfordert sein. Vertragliche Regelungen könnten hier einen gewissen Schutz vor Verlusten bieten. So könnte man eine Beratungsfirma an Gewinn und Verlust der in die Selbständigkeit entlassenen „Firma" beteiligen, um die Misserfolgswahrscheinlichkeit zu senken. Eine hohe öffentliche Beachtung des

---

[293] Vgl. Boos/Jarmai (1994).
[294] Vgl. Lauber (1998).

Projektes würde ebenfalls die Anreize der involvierten Beratungsfirma erhöhen, alles Mögliche gegen ein Scheitern zu unternehmen.

c) Quersubventionierung

New Public Management will durch die Einführung von Globalbudgets Anreize schaffen, in den Ämtern brachliegende Ressourcen kommerziell zu nutzen. Leider ist damit das Problem möglicher Quersubventionierung verbunden.

Aus wettbewerbspolitischer Sicht wäre es nachteilig, wenn ein Amt Dienstleistungen nur deshalb billiger als die private Konkurrenz anbieten kann, weil es steuersubventioniert ist. Solches ist immer dann schwer zu kontrollieren, wenn zwischen der Produktion privater Güter und der Produktion öffentlicher Güter Synergien bestehen. So benötigt die Eidgenössische Forschungsanstalt für Milchwirtschaft spezielle Labors für die allgemeine Qualitätssicherung des Schweizer Käses, nutzt diese aber auch für die Erstellung von in Auftrag gegebenen Analysen.

Für die Lösung des Problems bestehen grundsätzlich zwei Ansätze, ein organisatorischer und ein kostenrechnerischer.

Der *organisatorische* Ansatz würde ein Profit-Center mit eigener Führung sowie Kosten- und Einnahmenverantwortung vorsehen. Das übrige Amt „verkauft" dem Profit-Center seine Ressourcen und das Profit-Center sollte unter Einrechnung des eigenen Aufwandes einen Gewinn abwerfen. Als flankierende Massnahme kann vorgesehen werden, dass das Amt jedem privaten Anbieter die gleichen Ressourcen zum gleichen Preis liefern muss. Damit kann sichergestellt werden, dass keine Wettbewerbsverzerrung entsteht. Dieser Ansatz funktioniert dann besonders gut, wenn die an das Profit-Center zu übertragenden Leistungen gut messbar sind, wie beispielsweise Wetterdaten. Dann könnte die Verwaltungskernkompetenz von der privatwirtschaftlichen Kernkompetenz gelöst werden. Der Ansatz funktioniert aber umso schlechter, je mehr der Erfolg der kommerziellen Leistungen auf Verbundvorteilen mit den Verwaltungskompetenzen beruht und je mehr schlecht messbare Leistungen übertragen werden. Es erscheint beispielsweise plausibel, dass beim kundenorientierten Massschneidern von Wetterprognosen implizites Wissen entsteht, das bei der Grundlagenerarbeitung für diese

Prognosen eine Orientierungsfunktion wahrnehmen kann. So würde eine organisatorische Loslösung des Verkaufs von der Erstellung der Wetterdaten wichtige Lernchancen im Amt verhindern.

Der *kostenrechnerische* Ansatz sieht vor, dass einerseits die direkt zurechenbaren Kosten für die Erstellung kommerzieller Dienstleistungen in die Kalkulation einfliessen (z.B. eine Meteorologin hat X Minuten zu Y Franken an der Erstellung eines Segelwetterberichtes gearbeitet) und andererseits ein Gemeinkostenzuschlag erhoben wird. Schliesslich wurden die Daten erhoben und die Meteorologin hat die Wetterkarten ausführlich studiert - was alles auch für die Erstellung des allgemeinen Wetterberichtes nötig war. Wie hier, so werden auch in vielen anderen Fällen die Gemeinkosten einen hohen Anteil an den Gesamtkosten ausmachen. Der Zuteilungsschlüssel der Gemeinkosten kann aber nicht sachlogisch objektiv festgelegt werden. Da helfen auch moderne Accounting-Methoden wie die Prozesskostenrechnung nichts. Es ist allerdings denkbar, dass ein Schlüssel gefunden wird, der zwar arbiträr ist, aber von den potentiellen Mitbewerbern oder der Wettbewerbskommission als fair erachtet wird. Wieder wird klar, dass eine betriebliche Kostenrechnung eine Voraussetzung für ein Amt darstellt, das sich in dieses Tätigkeitsfeld wagen will.

d) Lernpotential

Mit FLAG werden grosse Anreize zur kommerziellen Nutzung von Kernkompetenzen in der Verwaltung erzeugt. Wenn wir uns aber die obigen Probleme des Misserfolgsrisikos und der Quersubventionierung vor Augen halten, so kann man sich fragen, ob eine weitere Entwicklung in diese Richtung überhaupt wünschenswert sei. Nachdem oben die Probleme eingehend erläutert wurden, soll hier ein zentraler Vorteil zur Sprache kommen: Die Lernchancen.

Die Tätigkeit von Ämtern im kommerziellen Bereich eröffnet für diese wichtige Lernchancen. Diese sind einerseits *inhaltlicher* Natur: Durch direkte Rückmeldung mittels Absatz- und Umsatzzahlen erhält das Amt wichtige Informationen über die Bedürfnisse der Kunden in ihrem Tätigkeitsbereich. Damit ist ein kommerziell tätiges Amt „näher am Markt", kennt also seine

Kundinnen und Kunden besser und kann daher auch gesetzlich verordnete Tätigkeiten besser auf die gesellschaftlichen Bedürfnisse ausrichten. Andererseits sind Lernchancen auch *prozessualer* Natur: Die Berücksichtigung von Kundenwünschen kann sich in Arbeitsroutinen niederschlagen, welche auch für nichtkommerzielle Tätigkeiten verwendet werden können. Die vom Markt geforderte Flexibilität, kann sich so - losgelöst von konkreten Inhalten - auch auf die Wahrnehmung von marktfernen Tätigkeiten ausdehnen.

Ämtern die kommerziellen Tätigkeiten *grundsätzlich* zu verbieten, hat daher weitreichende und schwer messbare negative Konsequenzen. Selektive Verbote und Auflagen (beispielsweise bezüglich der Rechnungslegung) sind hingegen als flankierende Massnahmen sehr sinnvoll.

4.7 Folgerung für das strategische Outsourcing

Die bisherigen Überlegungen führen letztlich zu einer zirkulären Argumentation: Wird ein Insourcing in Betracht gezogen, so stellen sich Probleme bezüglich des Misserfolgsrisikos und der Quersubventionierung. Diese Probleme liessen sich einfach mit einem Outsourcing lösen. Bei einem Outsourcing stellt sich das Problem der Lernbehinderung, welches sich wiederum mit einem Insourcing beheben liesse.

Um diesen Kreis zu unterbrechen ist einerseits abzuschätzen, wie schwerwiegend die einzelnen Probleme sind. Andererseits sind Massnahmen zur Eindämmung der Probleme zu ergreifen. Diese beiden Schritte werden im Folgenden erläutert.

a) Gewichtigkeit der Probleme abschätzen

Beim Abschätzen der Probleme können folgende Überlegungen angestellt werden.

Das „Misserfolgsrisiko" ist umso grösser, je wahrscheinlicher das tatsächliche Eintreten eines Misserfolgs ist und je teurer[295] ein Misserfolg zu stehen kommen würde.

---

[295] Dies hängt davon ab, wie gross die „versunkenen Kosten" sind, also jene Kosten, die sich nicht mehr - wie beim Verkauf einer zusätzlich angeschafften Maschine - rückgängig machen lassen.

Das „Quersubventionierungsproblem" ist umso grösser, je höher die Gemeinkosten sind, je schwieriger es ist, diese Gemeinkosten verbrauchsgerecht zuzurechnen und je mehr politischer Widerstand der konkurrenzierten Privatfirmen gegen ein Insourcing zu erwarten ist.

Das Problem der „Lernbehinderung" ist umso gravierender, je mehr die Erbringung der kommerziellen Leistung Lernchancen für die Erbringung der öffentlichen Leistung ergibt.

In einigen Fällen lässt sich somit eine Empfehlung abgeben. Sind Misserfolgsrisiko und Quersubventionierungsproblem gross und die Lernbehinderung gering, so empfiehlt sich ein Outsourcing. Sind umgekehrt Misserfolgsrisiko und Quersubventionierungsproblem klein aber die Lernbehinderung gross, so empfiehlt sich ein Insourcing. Dies ist in der folgenden Matrix dargestellt:

Darstellung 21: Strategische Outsourcing-Matrix

klein		Outsourcing
gross	Insourcing	
Lernbehinderung bei Outsourcing / **Misserfolgsrisiko und Quersubventionierungsproblem**	klein	gross

Quelle: eigene Darstellung.

Leider kann diese Matrix nur auf zwei von vier möglichen Fällen eine Antwort geben, und sie beinhaltet eine zusätzliche Unschärfe bezüglich Situationen, in denen das Misserfolgsrisiko und das Quersubventionierungsproblem sehr unterschiedlich ausgeprägt sind.

Die Einordnung eines Falls ist aber nicht nur von äusseren Gegebenheiten abhängig, sondern kann auch durch Massnahmen beeinflusst werden.

b) Flankierende Massnahmen prüfen

Führt die obige Matrix nicht auf Anhieb zu einem klaren Resultat, so lassen sich Massnahmen finden, welche - massgeschneidert auf den Einzelfall - zu einer Verschiebung innerhalb der Matrix und damit zu einer Antwort führen können: Ein unklarer Fall im Quadranten I oder IV lässt sich in den Quadranten II (Outsourcing) oder III (Insourcing) bewegen.

Das Problem eines grossen Misserfolgsrisikos kann durch einige Massnahmen teilweise eingedämmt werden. Sie beruhen auf der Idee der *Erfolgsbeteiligung*, wobei eine Beteiligung am Misserfolg durchaus eingeschlossen wird. Es können verschiedene Personen oder Institutionen beteiligt werden:

- Beratungsfirma: Eine externe Beratungsfirma, welche das Insourcing unterstützt, kann finanziell am Erfolg/Misserfolg beteiligt werden. Aber auch durch einen intensiven Einbezug der Medien wird die externe Beratungsfirma über ihren guten Ruf am Erfolg/Misserfolg beteiligt.
- Mitarbeitende: Es ist eine Erfolgsbeteiligung für die Mitarbeitenden möglich. Aber bereits durch die Einführung eines Globalbudgets wirken sich Verluste auf das ganze Amt aus, was das Interesse vieler Mitarbeitender an einem Erfolg/Misserfolg des Insourcing erhöht. Auch ohne Erfolgsbeteiligung könnten sie einen Misserfolg zu spüren bekommen, beispielsweise durch eine Einschränkung bei der Anstellung von Aushilfen, deren Arbeit nun auf die Schultern der Festangestellten verteilt wird. Solche Zusammenhänge müssen aber im Voraus geklärt werden, damit sie wirksam sein können.
- Führungskräfte: Der Erfolg/Misserfolg des Projektes könnte mit den Löhnen von führenden Mitarbeitenden verknüpft werden[296].

Auch dem „Quersubventionierungsproblem" ist man nicht völlig wehrlos ausgeliefert. Mögliche Massnahmen beruhen auf der Suche nach einer *akzeptablen Regelung*, wobei das Attribut

---

[296] Eine solche Regelung wurde beispielsweise in der Schweizerischen Meteorologischen Anstalt für den Leiter Marketing getroffen. Allerdings wurde davon später wieder Abstand genommen, weil der Erfolg zu wenig von der entsprechenden Person beeinflussbar war.

„akzeptabel" objektive wie subjektive Aspekte der Beteiligten beinhaltet.
- Buchhaltung: Die Einführung eines betrieblichen Rechnungswesens kann bereits genügen.
- Gleiche Konditionen: Intern weitergegebene Zwischenprodukte werden auch an die Privatwirtschaft abgegeben und zwar zu den internen Verrechnungspreisen.
- Akzeptierter Verteilschlüssel: Es ist mit der Wettbewerbskommission bzw. mit den konkurrenzierten Privatbetrieben auszuhandeln, mit welchem Schlüssel die Gemeinkosten auf die Kostenträger verteilt werden sollen[297].

Das Problem der Lernbehinderung im Falle eines Outsourcing kann nur sehr schwer und nur teilweise vermindert werden. Die Massnahmen, welche systematisch *Lernchancen schaffen,* sind nämlich vor allem *innerhalb* einer Organisationseinheit, aber nur schwer *zwischen* Organisationseinheiten realisierbar. Es folgen nun einige, zumindest *denkbare* Ansätze[298]. Wenn sie nicht realisierbar erscheinen, so unterstreicht dies nur die Schwierigkeit des Lernens *zwischen* Organisationseinheiten:
- Personalunion: Verschiedene Personen arbeiten teilzeitlich sowohl in der öffentlichen Verwaltung als auch in der privaten Firma, an welche die Produktion ausgelagert wurde.
- Job Rotation: Die öffentliche Verwaltung und die private Firma vereinbaren eine gemeinsame Personalpolitik, bei welcher der Wechsel zwischen den beiden Organisationen gefördert bzw. gefordert wird.
- Joint Ventures: Im Rahmen von gemeinsamen Projekten, bei denen Mitarbeitende beider Organisationen beteiligt sind, kann implizites Wissen ausgetauscht werden[299].
- Gemeinsame Räumlichkeiten: Die räumliche Nähe der Büros kann informelle Kontakte fördern oder erhalten.
- Wissensübertragungsfreundliche Anreizsysteme: Durch stark leistungsbetonte Anreizsysteme kann der Austausch von Wissen behindert werden. Förderlich sind der Verzicht auf individuelle Erfolgsbeteiligung und das selektive Schaffen von Freiräumen mit einer verminderten Rechenschaftspflicht. Diese

---

[297] Dabei können Methoden zur politischen Konfliktbewältigung zur Anwendung kommen. Vgl. z.B. Renn/Webler (1994).
[298] Vgl. Frey/Osterloh (1998).
[299] Vgl. Müller-Stewens/Osterloh (1996).

Massnahme für sich allein genommen führt nicht zum gewünschten Wissensaustausch zwischen den zwei Organisationseinheiten, sie kann aber die Wirkung der obigen Massnahmen verstärken.

Die obigen drei Massnahmenlisten liessen sich noch weiter ergänzen. Es ist jedoch klar, dass sich mit diesen Massnahmen nicht alle Probleme lösen lassen. Als Arbeitsresultat ergeben sich aber mehr oder minder durchführbare und wirksame Massnahmen, welche wiederum zu einer neuen Einstufung der Gewichtigkeit der Probleme führen (siehe folgende Darstellung).

Darstellung 22: Neubewertung der Problemgewichtigkeit

Problemfelder	Flankierende Massnahmen	Neue Einschätzung der Problemgewichtigkeit
Misserfolgsrisiko	...	gross / klein
Quersubventionierungsproblem	...	
Lernbehinderung	...	gross / klein

Quelle: eigene Darstellung.

Je nach dem, welche Massnahmen als durchführbar und wirksam eingestuft werden, können die Problemfelder neu bewertet werden. Mit diesen zusätzlichen Informationen kann nun erneut die obige Matrix zur Anwendung kommen.

c) *Zusammenspiel Staats- und Verwaltungsebene*

In diesem Abschnitt soll der Zusammenhang zwischen der strategischen Outsourcing-Matrix und der Messbarkeit-Wettbewerb-Matrix erläutert werden. Es gilt dabei zu beachten, dass Outsourcing-Fragen in der öffentlichen Verwaltung in einem zweistufigen Verfahren geklärt werden müssen.

In der ersten Stufe muss gefragt werden, ob ein *Gut mit freiem Zugang* prinzipiell von der öffentlichen Verwaltung oder einer privaten Unternehmung herzustellen sei. Dies ist ein politischer Entscheid, bei dem die Verwaltung kaum etwas mitzubestimmen hat.

Erst wenn dieser Entscheid zugunsten der öffentlichen Verwaltung gefallen ist, kann man sich in der zweiten Stufe fragen, ob die öffentliche Verwaltung selbst die Synergien kommerziell nutzen soll, die sich zwischen der Erstellung des oben genannten Gutes mit freiem Zugang und der Produktion privater Güter ergeben. Andernfalls würde diese Produktion ausgelagert.
Diese Entscheidungssequenz lässt sich auch grafisch darstellen, wobei der Einsatz der beiden Instrumente ersichtlich wird: Die Messbarkeit-Wettbewerb-Matrix unterstützt die erste Stufe, die strategische Outsourcing-Matrix die zweite Stufe des Entscheides.

Darstellung 23: Outsourcing-Entscheidungsprozess in der öffentlichen Verwaltung

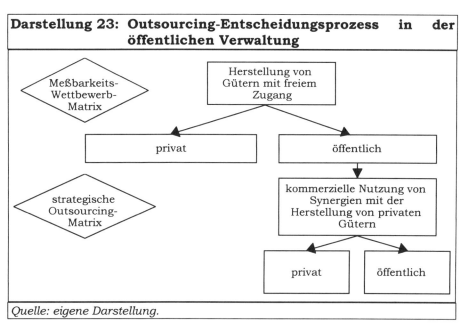

Quelle: eigene Darstellung.

4.8 Zusammenfassung

Der Begriff der Kernkompetenzen kann nur auf die öffentliche Verwaltung übertragen werden, wenn er - in Abweichung von der üblichen Definition - wie folgt verstanden wird.

Eine Verwaltungskernkompetenz ist eine Ressource oder Fähigkeit, welche folgende Bedingungen erfüllt:

165

- Sie ist schwer handelbar und transferierbar.
- Sie benötigt einen langen Zeitraum der Erstellung.
- Sie ist schwer substituierbar und schwer imitierbar.
- Sie erzeugt einen politikrelevanten, öffentlichen Zusatznutzen. Das heisst, sie schafft ausserhalb des Marktmechanismus eine gesellschaftliche Wertschöpfung, für welche die Politik bereit ist, Staatsgelder zur Verfügung zu stellen.

Meist, aber nicht zwingendermassen, erfüllen Verwaltungskernkompetenzen ebenfalls folgende Bedingung:
- Sie lassen sich kommerziell nutzen.

New Public Management schafft Anreize, besonders diese letztere Eigenschaft von Kernkompetenzen zu nutzen. Dies ist zwar mit einigen Problemen, aber auch wesentlichen Vorteilen verbunden, die über die finanziellen Einnahmen weit hinausgehen.

Der Outsourcingprozess beinhaltet zwei Stufen. In der ersten wird über die Erstellung gesellschaftlich nutzbringender Leistungen innerhalb oder ausserhalb des öffentlichen Sektors entschieden, wobei die Messbarkeit-Wettbewerb-Matrix Hilfe leisten kann. In der zweiten wird über die kommerzielle Nutzung von Synergien zu privaten Leistungen entschieden, wobei die strategische Outsourcing-Matrix Unterstützung bietet.

5 Prozessorganisation in der öffentlichen Verwaltung

In diesem Kapitel geht es um die Frage, was die Prozessorganisation, welche oben skizziert worden ist (siehe ab Seite 150), zur Erzeugung von Kernkompetenzen in der öffentlichen Verwaltung beitragen kann. Dieser Frage wird anhand der oben entwickelten Kategorien nachgegangen.

5.1 Privatwirtschaftliche Kernkompetenz

Wie sind privatwirtschaftliche Kernkompetenzen organisatorisch umzusetzen?

Aus Sicht der Privatwirtschaft kann empfohlen werden, die Kernkompetenzen als Kernprozesse oder Kompetenzzentren zu organisieren[300].

Der Vorschlag der Organisation als *Kernprozesse* beruht auf der Erkenntnis, dass der Austausch und die Weiterentwicklung von kunden- und produktrelevantem Wissen für die Erzeugung von (dynamischen) Kernkompetenzen eine zentrale Rolle spielt. In Kernprozessen sind alle wertschöpfenden und nicht auslagerbaren Tätigkeiten zusammengefasst, welche für die Bedürfnisbefriedigung der Kunden nötig sind. Damit entsteht eine intensive Verknüpfung verschiedener Fachkompetenzen zu einem einzigartigen Kompetenzenbündel.

Kompetenzzentren werden immer dann aus Kernprozessen ausgelagert, wenn die Auslastung von Spezialisten in einem Rundumbearbeitungsteam nicht gewährleistet werden kann. Der intensive Austausch zwischen Kompetenzzentrum und den Teams stellt sicher, dass auch in dieser Organisationsform kein Abtrennen von funktionalem Wissen stattfindet. Dies kann durch geeignete Anreizsysteme unterstützt werden[301].

Soweit tatsächlich rein privatwirtschaftliche Kernkompetenzen in der öffentlichen Verwaltung generiert werden sollen, so kann die entsprechende Literatur aus der Privatwirtschaft konsultiert werden. Dies ist insbesondere für jene öffentlichen Verwaltungs-

---

[300] Vgl. Osterloh/Frost (1996). Boos/Jarmai (1994) schlagen jedoch auch die Organisation als Projekte oder Netzwerke vor.
[301] Vgl. Boos/Jarmai (1994, S. 26).

einheiten relevant, welche sich einer schwindenden Unterstützung in der Politik ausgesetzt sehen. Für sie zeichnet sich eine Privatisierung ab. Daher ist die frühzeitige Entwicklung privatwirtschaftlicher Kernkompetenzen zentral.

5.2 Verwaltungskernkompetenz

Welche organisatorischen Massnahmen unterstützen die Erzeugung von gesellschaftlichem Nutzen? Und welchen Beitrag kann die Prozessorganisation leisten?

Hier ist zu unterscheiden zwischen der Dienstleistungs-, Regulierungs- und Umverteilungsfunktion.
Was die *Dienstleistungsfunktion* anbelangt, so können prinzipiell die gleichen Ansätze wie in der Privatwirtschaft verwendet werden. Es ist lediglich in Betracht zu ziehen, dass im entsprechenden Geschäftsfeld wenig oder gar kein Wettbewerb herrscht, was die Identifikation von Kernkompetenzen und die Umsetzung einer entsprechenden Strategie erheblich erschwert[302].
Was *die Regulierungs- und Umverteilungsfunktion* anbelangt, so ist festzuhalten, dass Akzeptanz eine wichtige Grösse für die erfolgreiche und effiziente Aufgabenerfüllung ist (siehe Seite 20) und eine Verwaltungskernkompetenz darstellen kann (siehe Seite 155). Die Prozessorganisation kann einen zentralen Beitrag zur Erzeugung von Akzeptanz leisten. In praktischen Beispielen zeichnet sich ab, dass die Regulierungsfunktion von Betroffenen besser akzeptiert wird, wenn *eine* Ansprechperson vorhanden ist, die umfassend über Details und Gründe der (meist unangenehmen) Pflichten der Betroffenen Auskunft geben kann (siehe auch das Fallbeispiel DISPO ab Seite 188). Zudem wirkt ein schlanker, leistungsfähiger Verwaltungsapparat vertrauenswürdiger, als ein aufgeblähter, schwerfälliger.
Es kann argumentiert werden, dass die Ablauforganisation und der konkrete Einsatz von Instrumenten ebenfalls wichtig sind für die Erzeugung von Akzeptanz. Wer wann über welche Regulierungstätigkeiten informiert wird, ist eine ablauforganisatorische Frage, welche die Akzeptanz sicher wesentlich beeinflusst; ebenso beispielsweise die Verständlichkeit von abgegebenen Merkblättern. Dem soll nicht widersprochen werden. Die Argu-

---

[302] Vgl. Boos/Jarmai (1994).

mentation für die Prozessorganisation beinhaltet diese Punkte bereits und geht darüber hinaus: Durch die Schaffung einer verantwortlichen Person wird *institutionalisiert* - und nicht nur für einen Einzelfall geregelt - , dass für eine kundenorientierte Ablauforganisation und den adressatengerechten Einsatz gesorgt wird. Es werden also Flexibilität und Innovation bezüglich der Regulierungsfunktion gefördert.

5.3 Kommerzielle Nutzung

Unterstützt die Prozessorganisation die kommerzielle Nutzung von Verwaltungskernkompetenzen?

Durch die Bildung von fallverantwortlichen Personen oder Teams entsteht funktionenübergreifender Wissensaustausch. Weil Teams so den gesamten Wertschöpfungsprozess überblicken können, sind sie eher in der Lage, kommerziell nutzbare Nebenprodukte zu entdecken und zu realisieren. Für die Entdeckung sind sämtliche Fachkompetenzen vorhanden, für die Realisierung die nötigen Entscheidungskompetenzen. Wird den Teams zusätzlich eigene Budgetverantwortung gegeben, so entstehen zusätzliche Anreize zur kommerziellen Nutzung ihrer gesetzesbasierten, nichtkommerziellen Tätigkeiten.

Dabei ist von zentraler Bedeutung, dass die kommerziellen Aktivitäten *nicht* von den übrigen Tätigkeiten organisatorisch abgetrennt werden. Dies würde nämlich wichtige Lernchancen für die nichtkommerziellen Tätigkeiten behindern, welche mangels Wettbewerb besonders dringend innovationsfördernde Impulse gebrauchen können. Damit stellt sich das Amt allerdings dem Vorwurf der Quersubventionierung aus, dem es sich auch mit einer betrieblichen Kostenrechnung nicht in jedem Fall ganz entziehen kann.

5.4 Zusammenfassung

Die Prozessorganisation ist ein äusserst nützliches organisatorisches Konzept für die öffentliche Verwaltung. Sie unterstützt die Generierung sowohl von privatwirtschaftlichen Kernkompetenzen als auch von Verwaltungskernkompetenzen einschliesslich deren kommerzielle Nutzung.

6 Zusammenfassung

Im Kapitel IV wurde der durch privatwirtschaftliche Rahmenbedingungen geprägte Begriff der „Kernkompetenz" auf die öffentliche Verwaltung übertragen und die Folgerungen für das strategische Outsourcing gezogen.

Verwaltungskernkompetenzen unterscheiden sich von privatwirtschaftlichen Kernkompetenzen dadurch, dass der generierte Nutzen kein individueller ist und daher auch nicht am Markt durch individuelle Zahlungsbereitschaft der Kunden belohnt wird, sondern dass der generierte Nutzen gesellschaftlicher Natur ist und daher über die Politik finanziert werden muss.

Unter den Bedingungen von *New Public Management* steht es der Verwaltung grundsätzlich frei, Verwaltungskernkompetenzen auch kommerziell zu nutzen oder auch privatwirtschaftliche Kernkompetenzen aufzubauen.

Die *Prozessorganisation* hat sich aufgrund der obigen Überlegungen als besonders geeignet herausgestellt für die Erzeugung von Kernkompetenzen in der öffentlichen Verwaltung. Dies gilt insbesondere auch für die Verwaltungskernkompetenzen, bei denen im Rahmen einer Regulierungsfunktion beispielsweise die Akzeptanz der Betroffenen einen Erfolgsfaktor darstellt.

Das *strategische Outsourcing* hat auf zwei Ebenen zu geschehen: Zunächst auf der politischen, wo die Messbarkeit-Wettbewerb-Matrix Hilfestellung bietet, anschliessend auf der verwaltungsorganisatorischen Ebene, wo die strategische Outsourcingmatrix zur Orientierung dient.

Im Weiteren geht es nun darum, den praktischen Einsatz der Prozessorganisation anhand von Beispielen zu untersuchen.

Teil V: Fallstudien

In diesem Teil werden praktische Fälle aufgezeigt. Sie dienen dazu, die vorangehenden Überlegungen mit der Praxis zu konfrontieren. Während die theoretischen Überlegungen relativ breit angelegt waren, fokussieren nun die Fallstudien auf die *Prozessorganisation* in der öffentlichen Verwaltung. Es soll illustriert werden, ob und wie weit die Prozessorganisation im öffentlichen Sektor realisierbar und zweckmässig ist.
Damit wird die Frage nach der Zweckmässigkeit von FLAG in den Hintergrund gestellt. Statt dessen rückt die Organisation der jeweiligen Verwaltungseinheiten in den Vordergrund.

Im ersten Kapitel werden Fallbeispiele aus der Literatur zusammengetragen. Sie beziehen sich ausschliesslich auf das Ausland. Damit wird gezeigt, dass die Prozessorganisation in der öffentlichen Verwaltung nicht etwa ein Sonderfall ist, sondern in vielen Fällen Anwendung findet.

Im zweiten Kapitel wird die Vorgehensweise bei den Fallstudien erläutert.

In den weiteren Kapiteln drei bis neun werden sechs Fälle aus der Schweiz beschrieben und analysiert. Damit sind reichhaltige Beschreibungen aus dem schweizerischen Kontext entstanden, wie sie bisher zu diesem Thema in der Literatur nicht vorlagen[303].

---

[303] Einzige Ausnahme bildet das Fallbeispiel IGE, das bei Frei et al. (1993) - allerdings mit einem anderen Fokus - dokumentiert ist. Es wurde durch eigene Interviews aktualisiert.

1 Beispiele aus dem Ausland

Aus dem Ausland sind eine ganze Reihe von öffentlichen Verwaltungseinheiten bekannt, die ihre Organisation neu überdacht und entlang den Ideen des Prozessmanagements neu strukturiert haben. Bei fast allen Fällen ist die Beschreibung aber sehr kurz, so dass wenig Praxisrelevantes daraus herauszulesen ist. Teilweise kann nicht schlüssig nachvollzogen werden, dass wirklich die Einführung einer Prozessorganisation die festgestellten Verbesserungen bewirkt hat. Zudem bieten die Beispiele, da sie nicht aus der Schweiz stammen, wenig Möglichkeit zur Identifikation und wenig Anhaltspunkte über den Umgang mit spezifischen Problemen.

Die Übersicht soll einen Eindruck davon geben, wie viele dokumentierte Fälle bereits vorhanden sind. Sie dient zur Untermauerung der These, dass Prozessmanagement ein praktisch relevantes Instrument aus dem „NPM-Werkzeugkasten" darstellt.

Darstellung 24: Prozessorganisation in ausländischen öffentlichen Verwaltungen

Verwaltungseinheit oder Name des Projektes	neu gestalteter Prozess	Resultate (Ziele)	Ort / Quelle
Department of Administration / Personnel Services	Personaleinstellung (115'000 Anstellungen pro Jahr)	Lohnklassen von 1500 auf 500 reduziert	Arizona, USA (Caudle 1994)
Department of Public Safety	Kriminalpolizeiliche Untersuchungen, Unfalluntersuchungen u.a.	Verwaltungskostenanteil von 43% auf 27% reduziert jährliche Einsparungen $ 8,1 Mio.	Arizona, USA (Caudle 1994)
Department of Transportation	Autobahnbau, Autobahnunterhalt u.a.	jährliche Einsparungen von 20% oder $ 4,6 Mio.	Arizona, USA (Caudle 1994)
Department of Economic Security	Durchsetzung geschuldeter Kinderunterstützungszahlungen von Eltern u.a.	Ziel: Eintreibequote von 15% auf 30% steigern	Arizona, USA (Caudle 1994)
Army Corps of Engineers	Technischer Support für die U.S. Armee	Ziel: jährliche erwartete Einsparung $ 25 Mio. p.a.	USA (Caudle 1994)

Department of Defense	Militärische Mobilisierung	Jährliche Einsparungen von $ 4,2 Mio. und Qualitätssteigerung	USA (Caudle 1994)
	Kleinteile-Einkauf	Einkaufzeit von 100 auf 4 Tage reduziert. Einsparung $ 100 Mio.	
Federal Prison Industries (Unternehmen zur Beschäftigung von ca. 16'000 Häftlingen)	k.A.	Schnellere Anpassungen an Marktbedürfnisse	USA (Caudle 1994)
Department of Housing and Urban Development	Schuldenmanagement	Qualitätssteigerung, Konzentration der Fachkompetenzen von 260 auf 130 Personen	USA (Caudle 1994)
Internal Revenue Service	Besteuerung	Ziel: $ 50 Mrd. mehr Steuereinnahmen durch *freiwillige* Reduktion der Steuerhinterziehung	USA (Caudle 1994)
Board of Education	Unterstützung der Schulbezirke	k.A.	Kansas, USA (Caudle 1994)
Department of Revenue	Steuern eintreiben	2. und 3. Mahnung durch Anruf ersetzt. Durchlaufzeit von 9 Monaten auf 3 reduziert	Minnesota, USA (Caudle 1994)
Department of Public Instruction (Finanz- und Qualitätskontrolle öffentlicher Schulen)	Lizenzerteilung an Lehrerinnen und Lehrer	Ziel: Bearbeitungsdauer von über 50 auf 10 Tage reduzieren	North Carolina USA (Caudle 1994)
Employment Department	Arbeitslosenunterstützung	elektronische „Kiosks" unterstützen Selbsthilfe und sind Schnittstelle zu Beratung	Oregon USA (Caudle 1994)

Los Angeles County (alle 39 Departments)	Einführung von Telearbeit	Kosten-Nutzen-Verhältnis von 20:1. Produktivitätszuwachs von 20%.	Los Angeles (Caudle 1994)
Informations Policy Office	Statt Daten selbst zur Verfügung zu stellen werden private „data communities" unterstützt.	k.A.	Minnesota (Caudle 1994)
Department of Revenue	Sales Tax	Steueraufkommen um ca. 25% erhöht. Aufwand um $ 0,9 Mio. vermindert.	Minnesota (Caudle 1994)
Criminal Justice	Information über kriminelle Handlungen	Weniger juristische Fehlentscheide wegen unzureichender Kenntnis früherer Straftaten Verringerte Suchzeiten	Minnesota (Caudle 1994)
Statewide Systems Project	Lohnauszahlung, Einkauf und Buchhaltung	k.A.	Minnesota (Caudle 1994)
Public Instruction	Lizenzerteilung an Lehrerinnen und Lehrer	Bearbeitungskapazität verdoppeln *)	North Carolina (Caudle 1994)
Employment Department	Arbeitslosenberatung	k.A.	Oregon (Caudle 1994)
Department of Transportation	Technische Sicherheit auf Strassen gewährleisten	233 Stellen reduziert, alle Daten für alle zugänglich	Oregon (Caudle 1994)
Steuerbehörde	Steuereintreibung	Steueraufkommen stieg um 33 %, Personalbestand fiel um 50%	USA (Davenport/Nohira 1995)

Post Office	Einkauf	k.A.	Grossbritannien (Jackson 1996 und 1997)
Defence Logistics Agency	Zentraler Materialeinkauf für die U.S. Armee	Durchlaufzeit für Bestellungen „nicht ab Lager" um 87% reduziert; Einkaufs-Budget um 40% reduziert	USA (Linden 1994)
Verschiedene Stellen der Bundesverwaltung	Dokumenten-Registratur	Beschleunigung der Durchlaufzeiten	Österreich (Dearing 1994)

Quelle: gemäss Angaben in der letzten Spalte, eigene Zusammenfassungen

2 Grundlagen zu den Fallstudien

2.1 Ziel der Fallstudien

Das Ziel der Fallstudien ist primär die Konfrontation der dargelegten Theorie mit der Praxis in der Schweiz. Durch die Dokumentation vorhandener Projekte sollen die Möglichkeiten und Grenzen der Prozessorganisation in der öffentlichen Verwaltung im Allgemeinen und unter FLAG im Speziellen illustriert und ausgelotet werden. Das heisst, dass einerseits Erfolge, andererseits auch Probleme zur Sprache kommen sollen. Es ist nicht Ziel der Fallstudien, nur „Vorzeigeprojekte" zu dokumentieren, um die Prozessorganisation quasi zu propagieren.
Ein weiteres Ziel ist, Rückschlüsse auf die verwendeten Theorien zu ziehen, falls dies angebracht erscheint.

2.2 Auswahl der Fallstudien

Bei der Auswahl der Fallstudien wurden folgende Kriterien verwendet:
1. Es handelt sich um eine Anstalt des Bundes
   Diese Einschränkung wurde aus praktischen Gründen vorgenommen[304].
2. a) Der Fall beinhaltet (im Urteil des Autors) wesentliche Elemente der Prozessorganisation *oder*
2. b) es wird öffentlich behauptet, dies sei der Fall[305].

Eine vollständige Erhebung beim Bund war aus praktischen Gründen nicht möglich und wurde auch nicht angestrebt. Die Suche konzentrierte sich auf Ämter und Bundesstellen, bei denen im Eidgenössischen Personalamt entsprechende Hinweise vorlagen. Dies ist deshalb ein vernünftiges Vorgehen, weil grössere organisatorische Änderungen vom Personalamt begut-

---

[304] Projekte auf Bundesebene sind dem Autor dank einer Anstellung im Eidgenössischen Personalamt besonders leicht zugänglich. Ein Einbezug von Projekten aus Kantonen, Städten und Gemeinden würde einerseits den Rahmen dieser Arbeit stark sprengen und andererseits die Komplexität des Vergleichs der verschiedenen Fälle stark erhöhen.
[305] Dies gilt insbesondere für das Beispiel Schweizerische Asylrekurskommission (vgl. ab Seite 188).

achtet werden müssen und weil im Rahmen der Beratungs- und Ausbildungstätigkeiten des Personalamtes laufend Informationen über Veränderungen zufliessen. Es kann aber nicht ausgeschlossen werden, dass in der Bundesverwaltung weitere Fälle existieren, in welchen Ansätze der Prozessorganisation angewendet worden sind[306]. Dies führte zu folgender Auswahl:

Darstellung 25: Übersicht Fallstudien

Verwaltungseinheit oder Name des Projektes	neu gestalteter Prozess	Resultate (Ziele)	Ort / Quelle
FAM Forschungsanstalt für Milchwirtschaft	Beratungsprozess	Akkreditierung	Bundesverwaltung (Dokumentenanalyse und Interviews)
ARK Aslyrekurskommission	gesamte Disposition	Leistungssteigerung, Qualitätssicherung, Erhöhung der Legitimität	Bundesverwaltung (Dokumentenanalyse und Interviews)
DISPO Sektion Disposition (Requisition) von zivilen Fahrzeugen	gesamte Disposition	weniger Reklamationen bzw. Rechtsfälle. Position eines Juristen eingespart.	Bundesverwaltung (Dokumentenanalyse und Interviews)
BPV Bundesamt für Privatversicherungswesen	Gesamter Aufsichtsprozess	ganzheitliche Prüfung	Bundesverwaltung (Dokumentenanalyse und Interviews)
IGE Institut für geistiges Eigentum	Eintrag ins Markenregister	Leistungssteigerung um über 100%	Bundesverwaltung (Frei et al. 1993, Dokumentenanalyse und Interviews)
SMA Schweizerische meteorologische Anstalt	gesamtes Amt	Anpassung des Amtes an FLAG; Verbesserte Führbarkeit. Integration von Marketing, Forschung und Entwicklung	Bundesverwaltung (Mitarbeit des Autors als Aktionsforscher)

Quelle: eigene Darstellung

---

[306] Aufgrund der kurz vor Abschluss dieser Arbeit vorliegenden Informationen hätten das Bundesamt für Veterinärwesen (BVET) und das neu gegründete Bundesamt für Kommunikation (BAKOM) ebenfalls hier ihren Platz finden können.

Bei einem ersten Vergleich mit den ausländischen Beispielen fällt auf, dass viel weniger quantitative Ziele gesteckt wurden. Darauf wird unten eingegangen.

2.3 Interviews

a) Befragte Personen

Befragt wurden die als zuständig erachteten Personen. Dies waren je nach Fall Amtsdirektoren, Projektleiter, Projektmitarbeitende oder Berater. Eine Befragung der Mitarbeitenden und der Kunden wäre für eine gezielte Evaluation nötig gewesen. Dies hätte jedoch den Rahmen dieser Arbeit gesprengt. Pro Fall wurden ein bis drei Interviews mit zwei bis drei Personen geführt. Die Interviewpartner hatten anschliessend die Gelegenheit, die erste schriftliche Fassung einzusehen und sie präzisierend zu kommentieren[307].

b) Gestellte Fragen

Die Interviews wurden anhand eines halbstrukturierten Fragebogens geführt. Er beinhaltet die folgenden Fragen:

1. Wie waren Sie früher organisiert?
2. Wie sind Sie heute organisiert?
3. Welches waren die Ursachen für Veränderung?
4. Welches waren die wichtigsten Schritte zur Veränderung?
5. Wie beurteilen Sie die Veränderung heute?

Zunächst wurde die Person aufgefordert über den Fall zu berichten. Damit sollte erreicht werden, dass keine Verzerrungen durch gezieltes Fragen seitens des Interviewers entstehen. Soweit die Interviewpartner von den Fragen abwichen oder oberflächlich antworteten, wurde dies zunächst ignoriert, aber anschliessend mit erneutem Nachfragen quittiert.

---

[307] Dieses Vorgehen dient der Ausschaltung von Verzerrungen durch den Interviewer und wird auch „Triangulation" genannt, vgl. Stake (1994, S.241).

2.4 Darstellung der Antworten

a) Fallpräsentation

Zunächst erfolgt eine Beschreibung der generellen Amtsaufgaben und der groben äusseren Rahmenbedingungen der Verwaltungseinheit.
Anschliessend wird der Fall deskriptiv präsentiert, wobei die Struktur des Textes auf die Fälle massgeschneidert variiert wird.

b) Erfolg

Unter dem Stichwort „Resultate" wird der Erfolg aus Sicht der Interviewten dargestellt und soweit nötig vom Autor kommentiert. Eine fundierte, neutrale Evaluation der Fälle würde den Rahmen dieser Arbeit sprengen. Deshalb musste darauf verzichtet werden.

c) Analyse

Jeder Fall wird nach den interessierenden Fragen gegliedert eingeordnet und zusammengefasst. Die Kriterien der Einordnung und der Zusammenfassung orientieren sich dabei an den bisherigen Ausführungen. Diese seien hier kurz erläutert.

Die Einordnung der Fallbeispiele dient dazu, Gemeinsamkeiten und Unterschiede bezüglich der Rahmenbedingungen möglichst transparent zu machen.
Unter Zusammenfassung der Ausführungen im Teil I sind folgende Fragen für die Einordnung relevant einzustufen:

- Wie ist die Verwaltungseinheit in die staatliche Verwaltung eingebunden? (Siehe Seite 12.)
- Hat das Amt regulierende Aufgaben?˙(Siehe Seite 19.)
- Müssen Produkte kostenlos abgegeben werden?
- Liegt ein Monopol vor?
- Sind die wesentlichen Leistungen des Amtes grundsätzlich messbar?

Mit den letzten beiden Fragen liegen ebenfalls die nötigen Angaben für die Einordnung in die Messbarkeit-Wettbewerb-Matrix vor (siehe Seite 144).

Im folgenden Raster wird für jedes Fallbeispiel die jeweils zutreffende Ausprägung optisch hervorgehoben.

Darstellung 26: Einordnungsraster

Kriterien	Ausprägungen		
Einbindung	Institut	FLAG	normal
Regulierende Aufgaben	hauptsächlich	teilweise	keine
Gratis abzugebende Produkte	hauptsächlich	teilweise	keine
Monopol	ja	teilweise	nein
Messbarkeit	ja	teilweise	nein

Quelle: eigene Darstellung

Die anschliessende Kommentierung der Fallbeispiele orientiert sich ebenfalls an den vorangehenden Teilen.
Aufgrund der Ausführungen zum Prozessmanagement interessieren vor allem die Ausgestaltung der neuen Elemente, welche den Kern des Konzeptes „Prozessorganisation" ausmachen. Es sind dies, *Prozess-Idee, Triage*-Idee, Idee der *informationellen Vernetzung*.
Basierend auf den Ausführungen zur *Strategie* und zu den Aufgaben der *Organisation*, sind bei der Gestaltung der Organisation von Verwaltungseinheiten Effizienz und Orientierung zu berücksichtigen (siehe Seite 138). *Effizienz* bezeichnet die Fähigkeit, gesetzte Ziele und vorgeschriebene Verfahren mit minimalem Aufwand zu erreichen oder abzuwickeln. Unter dem Stichwort *Orientierung* wird die Fähigkeit der Organisation untersucht, eine veränderte Aussenwelt wahrzunehmen und darauf zu reagieren. Zudem interessiert, welches im Einzelfall nun die möglichen *Kernkompetenzen* sind, ob die Organisationsstrukturen diesbezüglich ausgerichtet wurden und ob Entscheide bezüglich *Outsourcing* mit unseren theoretischen Überlegungen im Einklang stehen.
Schliesslich ging es auch um die Hervorhebung der spezifischen *Besonderheiten*, welche den Einzelfall charakterisieren.

Daraus ergibt sich das folgende Raster:

Darstellung 27: Analyseraster

Stichwort	Fragestellungen
Prozessidee	Wurden Prozessteams gebildet? Gibt es umfassende Prozessverantwortung? Werden Prozesse tatsächlich funktionenübergreifend organisiert?
Triage	Gibt es eine horizontale Prozesssegmentierung? Nach welchen Kriterien wird sie gemacht? Warum nach genau diesen Kriterien?
informationelle Vernetzung	War eine Informatikunterstützung nötig? Welche? Spielt sie eine herausragende Rolle?
Effizienz	Trägt die Organisationsstruktur dazu bei, dass gleiche Aufgaben effizienter abgewickelt werden?
Orientierung	Trägt die Organisationsstruktur etwas zur Fähigkeit des Amtes bei, sich in einem turbulenten Umfeld zu orientieren?
Kernkompetenz	Welches sind die Kernkompetenzen? Werden sie durch die Organisationsstruktur unterstützt?
Outsourcing	Was wurde ausgegliedert? Was nicht?
Besonderes	Was ist sonst noch auffällig oder bemerkenswert an diesem Beispiel?
Quelle: eigene Darstellung	

Dieses Raster wird mit Stichworten versehen und als Überblick den analog strukturierten Kommentaren vorangestellt.

3 FAM - Beratung

3.1 Aufgabe

Die Eidgenössische Forschungsanstalt für Milchwirtschaft (FAM) betreibt - wie der Name sagt - in erster Linie Forschung (zu 60%). Sie führt aber in ihrem Fachgebiet Beratungen (30%) und Kontrollen (10%) durch. Die Forschung ist anwendungsorientiert und stützt sich auf die Forschungsverordnung. Die Beratung teilt sich in Angebotsberatung (gratis) und Auftragsberatung (seit 1.1.1997 gegen Entgelt).

3.2 Organisation

Das Organigramm zeigt neben den drei Stabstellen Koordination, Direktionssektretariat und Verwaltungsdienste sieben Sektionen. Vier davon beziehen sich auf Anwendungsgebiete (Milchproduktion, Käse, Molkerei, Bienen), die anderen drei auf wissenschaftliche Disziplinen (Mikrobiologie, Chemie, Biochemie).

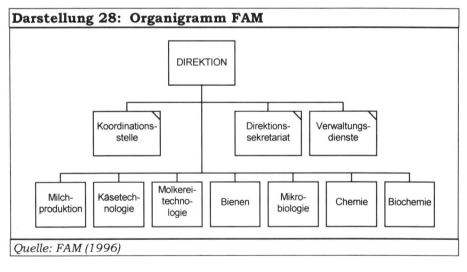

Darstellung 28: Organigramm FAM

Quelle: FAM (1996)

Praktisch alle *Forschungsaufgaben* erfüllt die FAM im Rahmen einer Projektorganisation. Die einzelnen Projekte sind im Arbeitsprogramm festgehalten. Für die einzelnen Projekte werden Teams bedarfsgerecht (nach Personenstunden) zusammengestellt. Die Projektarbeit ist gut eingeführt: Man ist gewöhnt, über die Grenzen von wissenschaftlichen Disziplinen und Sektionen hinaus zusammenzuarbeiten. Zwanzig Personen wurden in Moderation geschult, damit interdisziplinäre Projekte professionell geführt werden können.

Die Organisation der *Beratung* steht in dieser Fallstudie im Vordergrund. Der Zustand *vor* den organisatorischen Veränderungen konnte leider nicht detailliert erfasst werden. Es liegen nur folgende Informationen vor:

- Die (prozessorientierte) Aufteilung der Berater nach Gebiet findet schon seit Ende der 60er-Jahre statt. Sie wird jetzt allerdings durch ein neues EDV-System unterstützt.
- Der Informationsaustausch wickelte sich bisher in einem Konglomerat aus EDV-Insellösungen, Papierkommunikation und mündlichen Absprachen ab. Dadurch entstanden zahlreiche Schnittstellen.

3.3 Einführung

Anstoss zu einer neuen Organisation der Informationsflüsse in der Beratung gab die angestrebte und 1994 erreichte Akkreditierung durch die Schweizerische Akkreditierungsstelle (SAS, im eidgenössischen Amt für Messwesen). Die Akkreditierung ist für die FAM von *zentraler Bedeutung.* Erstens ist sie eine zwingende Voraussetzung für den Export schweizerischer Milchprodukte in die EU. Und zweitens hätte auch ein anderes Labor durch die Akkreditierung zum "nationalen Referenzlabor" werden können. Durch die Akkreditierung sicherte sich die FAM sowohl künftige Aufträge als auch den Ruf als fachlich kompetente Stelle.

Widerstände ergaben sich hauptsächlich beim mittleren Kader. Dieses war gewöhnt, den eigenen Bereich als kleines Königreich zur regieren. Die Akkreditierung wurde teilweise als Eindringen in einen "privaten Bereich" empfunden. Die Akkreditierung wurde in der Folge als unnötig oder unmöglich dargestellt. Die Veränderung der Pflichtenhefte stiess bei einigen Mitarbeitenden auf Skepsis. Das Management gab in einigen Diskussionen Gelegenheit für Meinungsäusserungen und zum Ideenaustausch. Alle Betroffenen wurden aufgefordert, Gestaltungsvorschläge einzubringen.

Als wichtig erachteten die Beteiligten, dass trotz aller Begeisterung für neue organisatorische Ideen, bewährte Abläufe beibehalten und mit neuen Konzepten verschmolzen wurden.

Ebenfalls hervorgehoben wurde die Vorgehensweise des "Prototyping" bei der EDV-Entwicklung. Sie ermöglichte ein flexibles Aufnehmen der veränderten Systemanforderungen, die durch den Akkreditierungsprozess verursacht wurden.

3.4 Organisation der Beratung

Die Beratungsarbeit ist anhand zweier Dimensionen zu unterteilen: Einerseits die Dimension Arbeiten gemäss gesetzlichem Auftrag bzw. privatem Auftrag, andererseits die Dimension Grosskunden vs. Kleinkunden.

Grosskunden wenden sich direkt an das Prüflabor, weil sie Fachkräfte beschäftigen, welche die relativ rohen Daten sachgerecht interpretieren können. Kleinkunden, denen dieses Know-How fehlt, wird ein Berater zur Verfügung gestellt.

Darstellung 29: Übersicht Beratungen der FAM

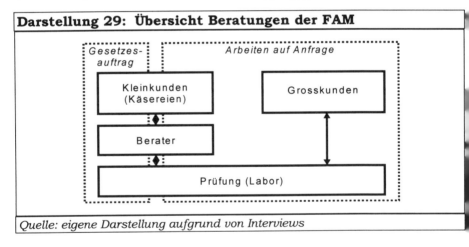

Quelle: eigene Darstellung aufgrund von Interviews

a) Kleinkunden

Die sog. *Angebotsberatung* ist für die Kunden gratis. Sie basiert auf dem Gesetzesauftrag, die Käsereien mit allgemeinen technischen Informationen zu versorgen. Diese Informationen werden einerseits in Form von Broschüren an die Käsereien abgegeben (z.B. "Wie reinige ich richtig?" oder "Buttersäuregärung"). Andererseits wird der Inhalt dieser Broschüren an den sog. Gruppenleitersitzungen besprochen, an denen der Gebietsberater und 10-20 Käser teilnehmen. Diese Käser sind Leiter von Diskussionsgruppen, in denen sie als Multiplikatoren den Broschüreninhalt präsentieren. Dort wird auch der Anklang von früheren Broschüren besprochen und wiederum an der Gruppenleitersitzung zur Sprache gebracht. Damit sichert sich die FAM kontinuierliches Feedback über ihre Leistung.

Die *individuelle Beratung auf Anfrage* ist ab 1997 kostenpflichtig. Der Berater (Case Worker) bildet dabei den einzigen Kundenkontakt. Er entscheidet über durchzuführende Untersuchungen. Die Geschäftsfälle (Cases) beinhalten Abklärungen zu Fragen, wie "Ist dieser Käse noch weitere zwei Jahre lagerfähig?" oder "Warum schmeckt unser Käse leicht ranzig?". Proben mit den nötigen Angaben schickt er an die internen Labors. Diese geben ihre Resultate in das EDV-System (LIMS, Labor Information Management System) ein, womit sie dem Berater unmittelbar zur Verfügung stehen. Dieser interpretiert die vom EDV-System zusammengestellten Daten und erstattet dem Kunden Bericht.

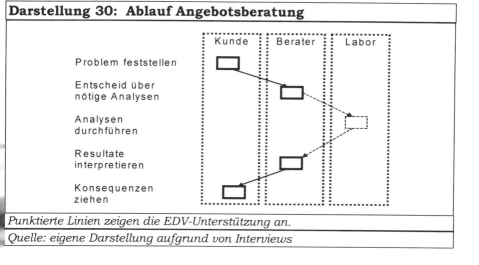

Darstellung 30: Ablauf Angebotsberatung

Punktierte Linien zeigen die EDV-Unterstützung an.
Quelle: eigene Darstellung aufgrund von Interviews

Triagiert werden die Aufträge nicht nach Komplexität, sondern nach Gebiet. Damit haben die Kunden für verschiedene Aufträge immer den gleichen Ansprechpartner.

b) Grosskunden

Darstellung 31: Ablauf Prüfbericht erstellen
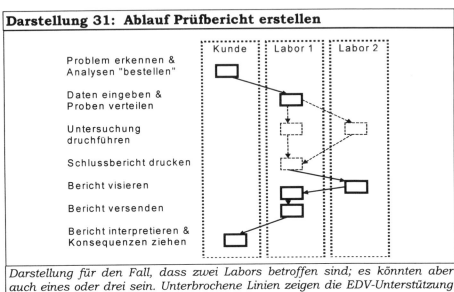
Darstellung für den Fall, dass zwei Labors betroffen sind; es könnten aber auch eines oder drei sein. Unterbrochene Linien zeigen die EDV-Unterstützung an.
Quelle: eigene Darstellung aufgrund von Interviews

Um sicherzustellen, dass die Aufträge vom Labor richtig verstanden werden und möglichst keine Rückfragen nötig werden, wurde ein Formular entwickelt. Es hilft den Kunden daran zu denken, welche Informationen das Labor benötigt und erleichtert die Eingabe ins EDV-System. Die Eingabe wird nicht von Bürohilfen, sondern von Fachkräften gemacht, weil dadurch gleichzeitig die Plausibilität der Angaben geprüft und mögliche Unklarheiten sofort behoben werden können. Verantwortlich für einen Auftrag ist jeweils dasjenige Labor, das die meisten Untersuchungen durchzuführen hat. Weil dies nicht nur die Mitarbeitenden im Labor, sondern auch alle Kunden wissen, funktioniert die Auftragszuweisung im Sinne der Selbstorganisation: Die seltenen Fehler können von allen Beteiligten erkannt und behoben werden.

Wenn mehrere Laboratorien betroffen sind, erscheinen die entsprechenden Auftragsteile ohne weiteres Zutun auf den dortigen Bildschirmen. Die meisten Untersuchungen können problemlos parallel laufen. Wenn gestaffelte Untersuchungen nötig sind, wird die Koordination vom EDV-System unterstützt. Der Aufwand dafür ist allerdings gering, denn sämtliche Daten sind für sämtliche Labors einsehbar (vertrauliche Aufträge ausgenommen), während nur Daten aus dem eigenen Bereich verändert werden können.

Das System gibt dem Verantwortlichen eine Meldung, wenn alle benötigten Untersuchungsresultate eingegeben worden sind, damit der Schlussbericht ausgedruckt werden kann. Wenn mehrere Labors betroffen sind, muss dieses Papier zur Visierung zirkulieren, weil die elektronische Visierung (noch) nicht realisiert ist.

3.5 Resultate

Für eine definitive Beurteilung ist es jetzt noch zu früh. Folgendes scheint jedoch absehbar:
Das neue EDV-System hat den Verwaltungsaufwand gesenkt und die Datenverfügbarkeit drastisch erhöht. Es hat die Kommunikation unter den Mitarbeitenden durch einheitliche Definitionen (Datenmodell) vereinfacht. Die Hürden zur Kooperation wurden dadurch gesenkt. Das Hauptziel, die Akkreditierung, wurde erreicht.

3.6 Analyse

Darstellung 32: Einordnung FAM

Kriterien	Ausprägungen		
Einbindung	Institut	FLAG	normal
Regulierende Aufgaben	hauptsächlich	teilweise	keine
Gratis abzugebende Produkte	hauptsächlich	teilweise	keine
Monopol	ja	teilweise	nein
Messbarkeit	ja	teilweise	nein

Quelle: eigene Darstellung

Darstellung 33: Prozessorganisation im Fall FAM	
Prozessidee	Case-Teams aufgrund Skaleneffekten und Konzentration von Fachwissen in den Labors nicht zweckmässig. Prozessverantwortung und klare Anlaufstelle für die (Klein-)Kunden realisiert.
Triage	Nach Gebiet (schon lange eingeführt).
informationelle Vernetzung	Gemeinsame Datenbank realisiert. Elektronische Unterschriften als Problem (geringe Fälschungssicherheit).
Effizienz	Die fachliche Spezialisierung der Labors wird mit den horizontalen Synergien der Gebietsberater verknüpft.
Orientierung	Durch die Forschungstätigkeit einerseits und durch die ablauforganisatorischen Verknüpfungen zu Gross- und Kleinkunden andererseits wird die laufende Entwicklung der Beratungsleistung sichergestellt.
Kernkompetenz	Akkreditierung / Hohe Qualität bei der Anwendung von Fachwissen. Integration von Wissen verschiedener Fachrichtungen zu integrierten Problemlösungen. Kommerzielle Nutzung der aus gesetzlichen Gründen nötigen Infrastruktur.
Outsourcing	Wurde nicht diskutiert.
Besonderes	Kombination von gesetzlichen und kommerziellen Leistungen bringt erhebliche Synergien. Kombination von Prozess- und Projektorganisation.

Quelle: eigene Darstellung

Die Prozess-Idee konnte mit der Nutzung von Skaleneffekten in den Labors kombiniert werden. Dies gelang durch eine klare Definition der Schnittstelle zwischen den Beratern und den Labors, an welcher fast ausschliesslich explizites Wissen (Labormessdaten) übertragen werden wird. Case-Teams waren unter dieser Bedingung nicht nötig, da die nötige Qualifikationsbreite von einzelnen Personen erbracht werden konnte. Das Prinzip „One-face-to-customer" wurde damit umgesetzt.

Die Triage nach Gebiet ergab sich in diesem Beispiel natürlich und zwanglos. Die Unterscheidung der Prozesse nach Gross- und Kleinkunden entstand ebenfalls nicht aus vertieften Analysen, sondern entwickelte sich aus der Praxis.

Die Informatikunterstützung der Abläufe stellt hier die wesentliche Neuerung dar. Das Beispiel zeigt, dass nicht die Prozesse an sich programmiert werden müssen, sondern dass eine erhöhte Datenverfügbarkeit zu einer Vereinfachung von Absprachen und zu einer Qualitätssicherung bei der Selbstorganisation führt.

Die Effizienz der vorliegenden Strukturen wurde durch die gleichzeitige Nutzung horizontaler Synergien (Berater) und Spezialisierungseffekten (Labors) angestrebt.

Die Orientierungsfunktion wird einerseits *fachübergreifend* durch den intensiven Kundenkontakt der Gebietsberater im Rahmen der kommerziellen, aber vor allem auch der gesetzlichen Tätigkeiten sichergestellt. Andererseits haben die Labors für die *fachspezifische* Orientierung direkten Kontakt zu den Grosskunden und betreiben selbst Forschung. Der Wissensaustausch zwischen den Beratern und den Labors ist allerdings nicht organisiert. Dies fällt nicht sehr ins Gewicht, weil die Labors über den Kontakt mit den Grosskunden verfügen. Trotzdem könnten innovationsfördernde Massnahmen hier ansetzen.

Als Kernkompetenz kann erstens die *Akkreditierung* als nationales Referenzlabor gewertet werden. Diese war nur möglich durch die explizite Festlegung der Prozesse, welche die qualitativ hochwertige Anwendung des vorhandenen Fachwissens sicherstellen.
Durch die Berater gelingt aber auch die Verschmelzung von Wissen verschiedener Fachrichtungen zu integrierten Problemlösungen. Dies ist eine Leistung, die kaum von anderen Labors in dieser Qualität erbracht werden kann. Diese Kernkompetenz ist eng verknüpft mit dem Gesetzesauftrag der Gebietsberater. Aus dieser Tätigkeit ergeben sich die Grundlagen dafür, diese Integrationsleistung kostengünstig erbringen zu können.
Die kommerzielle Nutzung der aufgrund gesetzlicher Bestimmungen zu betreibenden Labors kann als Verwaltungskernkompetenz gewertet werden. Dabei geht es aber nicht darum, Quersubventionierungspotential auszuschöpfen. Vielmehr bleiben die Labors durch den Marktkontakt „fit" und können ihre Berechtigung der Politik gegenüber besser glaubhaft machen.

Auffallend ist die Kombination von gesetzlichen und kommerziellen Leistungen. Die FAM ist besser in der Lage, den gesetzlichen Auftrag auszuführen, wenn sie auch die kommerziellen Beratungen erbringt. Aufgrund der Kenntnisse der einzelnen Probleme von Käsereien, welche der FAM durch die kommerziellen Tätigkeiten zufliessen, kann sie auch ihren gesetzlichen Auftrag besser erfüllen. Umgekehrt können die Kenntnisse, welche durch die gesetzlichen Aufgaben entstehen in der Beratung teilweise kommerziell genutzt werden. Die Gefahr, dass die FAM ihre gesetzlichen Leitungen verschlechtert, um mehr Kunden für die kommerziellen Leistungen zu gewinnen, ist als gering einzustufen. Ein solches Vorgehen würde nicht nur auf politischen, sondern auch auf marktwirtschaftlichen Widerstand stossen: Unzufriedene Kunden können ihre benötigten Beratungsleistungen relativ einfach von privaten Labors beziehen, wenn sie mit den gesetzlichen Leistungen der FAM nicht zufrieden sind.

Interessant an diesem Beispiel ist auch die Kombination von Projekt- und Prozessorganisation. Beide haben viel gemeinsam. Projekte wie Prozesse umfassen *funktionsübergreifend* eine *ganzheitliche* Aufgabe, welche im *Team* bearbeitet wird und für die es eine *verantwortliche* Person gibt.

Ein Unterschied besteht darin, dass die Projektorganisation eine Sekundärorganisation ist: Die Mitarbeitenden sind grundsätzlich in der Primärorganisation, den fachorientierten Abteilungen, eingegliedert. Nur für beschränkte Zeitdauer (und manchmal nur zu beschränkten Beschäftigungsgraden) sind sie einem Projekt zugeteilt. Nach Ablauf des Projektes (bzw. im Rahmen der übrigen Arbeitszeit) stehen sie wieder der Fachabteilung zur Verfügung. Die Prozessorganisation hingegen ist eine Primärorganisation.

Damit verknüpft ist ein weiterer Unterschied. Er besteht darin, dass bei der Projektorganisation immer wieder *neuartige* Aufgaben zu erledigen sind, für die jeweils ein *neues Team* zusammenstellt wird, während in der Prozessorganisation mehr oder weniger gleichartige Aufgaben in konstant zusammengesetzten Teams - in diesem Fall sind die Gebietsberater Einzelpersonen - erledigt werden. Die Gebietsberater sind ihrem Gebiet längerfristig zugeteilt.

3.7 Fazit

Die Beratung der FAM bietet ein interessantes Beispiel für eine Prozessorganisation, wenn auch die Forschung nach wie vor in einer (zweckmässigen) Projektorganisation abgewickelt wird. Bemerkenswert scheint die offenbar geglückte Verbindung zwischen dem Gesetzesauftrag und den privaten Aufträgen.
Das Jahrzehnte alte Beratungskonzept zeigt, dass die Triage-Idee in der öffentlichen Verwaltung bereits erstaunlich früh Eingang gefunden hat. Es zeigt ebenso, dass bei einem erhöhten Leistungsdruck die Prozessorientierung an Bedeutung zunimmt.

4 ARK

4.1 Aufgabe

Die Schweizerische Asylrekurskommission (ARK[308]) beurteilt diejenigen Asylgesuche, die vom Bundesamt für Flüchtlingswesen (BFF) abgewiesen worden sind und gegen die ein Rekurs erhoben wurde. Rund 40% der vom BFF abgewiesenen Asylbewerber erheben einen solchen Rekurs. Die ARK ist die letzte Instanz, d.h. eine erneute Beurteilung durch ein höheres Gericht ist nicht möglich.

4.2 Ausgangslage

Asylentscheide werden im Bundesamt für Flüchtlingswesen (BFF) gefällt, welches dem Eidgenössischen Justiz und Polizeidepartement (EJPD) unterstellt ist. Rekurse gegen die Asylentscheide behandelte bis 1992 der Beschwerdedienst des EJPD, welcher ebenfalls für alle übrigen Rekurse gegen Entscheide der Bundesverwaltung zuständig ist. Somit waren beide Instanzen dem EJPD zugehörig, was als Gefahr für die neutrale Beurteilung der Rekurse betrachtet wurde.

Diese Zuständigkeit, Rekurse gegen Asylentscheide des BFF letztinstanzlich zu beurteilen wurde 1992 der *neu ins Leben gerufenen ARK* übertragen. Ziel war, durch das Schaffen einer verwaltungs*un*abhängigen Instanz die Legitimität der Asylentscheide der Schweiz zu erhöhen. Dieses Ziel kann als grundsätzlich erreicht betrachtet werden.

Es lag damals aber ein *Pendenzenberg* von ca. 10'000 Gesuchen vor, was ungefähr einer Jahreskapazität des Beschwerdedienstes entsprach. Es wurde das Ziel gesetzt, den Pendenzenberg abzubauen und die durchschnittliche Bearbeitungszeit zu verkürzen. Aufgrund einer Schätzung wurde vermutet, dass eine Kapazität von 20'000 Gesuchen pro Jahr mit 210 Mitarbeitenden realistisch sei.

Eine Änderung des Asylgesetzes und der entsprechenden Verordnung erlaubt seit 1990 bzw. 1992 ein *vereinfachtes Verfahren* (s. unten) bei "offensichtlich begründeten" und "offen-

---

[308] Interview-Partner: B. Roth (Projektleiter), W. Stöckli (Kammerpräsident und Richter).

sichtlich unbegründeten" Rekursen. Man nahm an, dass dieses Verfahren in rund 20% der Fälle Anwendung finden würde. Die konkrete Handhabung dieses Gesetzes bedurfte aber noch der Klärung.

Die früheren Organisationsstrukturen im Rahmen des Beschwerdedienstes des EJPD konnten aufgrund der Interviews nicht rekonstruiert werden. Die Behandlung von Asylrekursen war jedoch stark mit der Behandlung anderer Rekurse verflochten. Die bisherigen Abläufe waren im Wesentlichen nur in den Köpfen der Mitarbeitenden des Beschwerdedienstes gespeichert. Es gab viele allgemein akzeptierte Praktiken und Routinen, aber wenig schriftlich Festgelegtes.

Die Grundidee des Projektteams war, die bisher nicht expliziten Abläufe im bisherigen Beschwerdedienst festzuhalten. Man wollte Bewährtes beibehalten und wo nötig - insbesondere auch bezüglich des vereinfachten Verfahrens - Neuerungen einführen.

4.3 Einführung

Bei der Einführung gab es zwei wesentliche Problembereiche: Die Beteiligung der Betroffenen und die Leistungsmessung.

Die ARK wurde neu geschaffen. Es war zwar klar, dass mehrheitlich Mitarbeitende des bisherigen Beschwerdedienstes die neuen Stellen belegen würden, aber eine Auswahl war noch nicht getroffen, als die Prozesse zu definieren waren. Der Einbezug der Betroffenen wurde daher praktisch unmöglich.

Die Qualitätskontrolle von Entscheiden letztinstanzlicher Gerichte kann sich grundsätzlich nicht auf den Inhalt der Entscheide beziehen. Die Leistungsmessung orientiert sich daher an der Anzahl der entschiedenen Fälle pro Zeiteinheit. Es wären allerdings zusätzliche Indikatoren denkbar. So könnte man die Fallbearbeitung pro Zeiteinheit nach dem angewendeten Verfahren differenzieren. Ebenfalls denkbar wäre es, die Durchlaufgeschwindigkeit zu messen (Zeit vom Erhalt des Rekurses bis zum Versenden des Entscheides), weil diese aus "Kunden"-Sicht ein wesentlicher Faktor sein dürfte. Zudem könnte berücksichtigt werden, wieweit sich Richter die Zeit nehmen, Prinzipien der Rechtsprechungspraxis aufzuschreiben, weil sie damit einen wichtigen Beitrag zur Qualität der Rechtsprechung leisten. Eine Leistungsmessung, die weder diesen letzteren Output berücksichtigt, noch das verwendete Verfahren, setzt verzerrte Signale: Nur die Menge zählt, nicht aber die Qualität.

Diese beiden Faktoren führten zu Unzufriedenheit und Widerstand bei einigen Beschäftigten. Diese Konflikte sind heute noch teilweise nicht beigelegt.

4.4 Organisation

a) Organigramm

Das Organigramm zeigt neben der Registratur und dem Sekretariat vier Kammern. Diese bestehen aus je einem Präsidenten, mehreren Richtern und juristischen Sekretären.

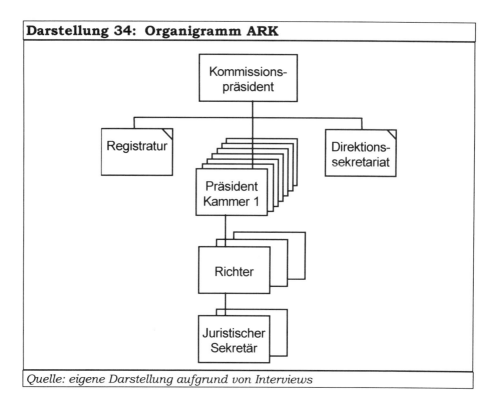

Quelle: eigene Darstellung aufgrund von Interviews

b) Der Standardfall: Vereinfachtes Verfahren

Die Anwendung des vereinfachten Verfahrens bedeutet erstens, dass nicht drei Richter den Fall untersuchen müssen und zweitens, dass keine ausführliche Urteilsbegründung nötig ist. Das Aufwendigste ist in diesem Fall das Feststellen der Offensichtlichkeit. Dies wurde in der ARK folgendermassen konkretisiert: Drei Personen auf unterschiedlichen Hierarchiestufen (juristischer Sekretär, Richter und Kammerpräsident) müssen ein Gesuch nach dem Aktenstudium als offensichtlich begründet bzw. offensichtlich unbegründet einstufen. Dieser Fall ist in der Grafik dargestellt.

Diese Triageregel war nicht von Anfang an so klar. Aus den Gesetzestexten geht nicht hervor, wann eine Beschwerde "offensichtlich" ist. Der Begriff der Offensichtlichkeit musste daher operationalisiert werden.

Bei rund zwei Dritteln der Asylrekurse wird heute dieses Verfahren angewendet.

Der Eingang einer Beschwerde wird registriert und einem Kammerpräsidenten zugeordnet. Dieser teilt den Fall einem seiner Richter zu. Die Administration verteilt die Fälle auf die diesem Richter zugeteilten juristischen Sekretäre. Der juristische Sekretär bestellt beim Bundesamt für Flüchtlingswesen das dort erstellte Dossier. Nach dem Aktenstudium schlägt er dem Richter das vereinfachte Verfahren und die Gutheissung (bzw. Ablehnung) des Rekurses vor. Nach dem Aktenstudium wählt der Richter das entsprechende Verfahren und entscheidet anschliessend über die Gutheissung (bzw. Ablehnung) des Rekurses. Der Kammerpräsident sichtet die Unterlagen und bestätigt den Entscheid des Richters. Der Entscheid wird in der Administration zu Papier gebracht und via Registratur versandt.

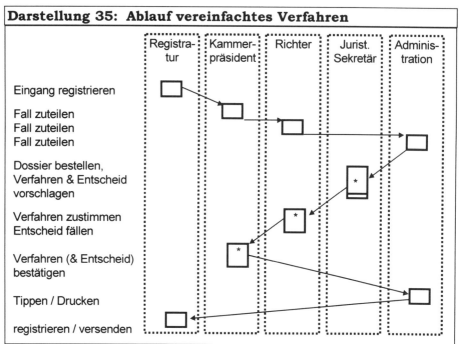

Das vereinfachte Verfahren (nach Art. 46d des Asylgesetzes) kommt nur zur Anwendung, wenn die mit (*) bezeichneten Stellen das Gesuch übereinstimmend als offensichtlich begründet bzw. unbegründet einstufen.

Quelle: eigene Darstellung aufgrund von Interviews und Fluhbacher et. al. (1995)

c) Mittlere und komplexe Fälle

Das nicht vereinfachte Verfahren sieht für die Richter zwei Rollen vor: die des (fallverantwortlichen) Instruktionsrichters und die des mitwirkenden Richters, wobei die Rollen für jeden Fall neu verteilt werden. Der Instruktionsrichter verfasst mit Unterstützung des juristischen Sekretärs einen ausführlich begründeten Entscheid. Dieser Entscheid wird zwei mitwirkenden Richtern zur Begutachtung zugestellt (sog. Zirkulation).

Im besten Fall kann eine Einigung erzielt werden, in dem keine oder nur redaktionelle Änderungen von den anderen Richtern vorgenommen werden. Sobald sich alle drei auf eine bestimmte Fassung geeinigt haben, ist der Fall inhaltlich abgeschlossen.

Bei Uneinigkeit können sie aber auch eine Beratung bzw. eine Verhandlung einberufen. Das ist zwar recht aufwendig, kann aber nötig werden, um die unterschiedlichen Auffassungen auszudiskutieren.

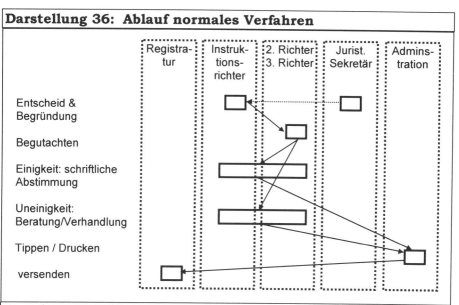

Darstellung 36: Ablauf normales Verfahren

Anmerkung: Instruktionsrichter ist für den Fall verantwortliche Richter, 2. und 3. Richter sind die beiden mitwirkenden Richter.
Quelle: eigene Darstellung aufgrund von Interviews und Fluhbacher et. al. (1995)

d) Informatikunterstützung

Die beschriebenen Prozesse werden durch eine Software unterstützt. Sie steuert, wer in welcher Reihenfolge welchen Bearbeitungsschritt an welchem Dossier vorzunehmen hat, lässt aber auch situative Anpassungen zu. Trotz dieser weitgehenden „Elektronisierung" der Aufgaben, müssen die Dossiers weiterhin in Papierform herumgereicht werden. Auch diese Dossiers in elektronischer Form verfügbar zu machen, ist aus mehreren Gründen nicht sinnvoll: Die Dossiers sind z.T. recht umfangreich und würden enorme Speicherkapazität absorbieren; das Einlesen der meist unnormierten Dokumente braucht ebenfalls Zeit und

Arbeitskapazität; das Sichten von Papierdokumenten geht oft schneller; und einige Dokumente müssen auf ihre Echtheit überprüft werden, wobei Papierqualität, Stempelfarbe, Reliefdrucke usw. eine Rolle spielen.
Parallel dazu wurde eine Datenbank mit dezentralem Zugriff errichtet. Ein juristischer Sekretär kann beispielsweise einen Vorschlag zur Urteilsbegründung in die Datenbank ablegen und gleichzeitig veranlassen, dass ein Hinweis auf dem elektronischen Schreibtisch des Instruktionsrichters erscheint. Dieser holt das Dossier aus der internen Post und kann das Dokument weiter bearbeiten. Insbesondere redaktionelle Änderungen in der Urteilsbegründung werden damit vereinfacht. (Diese Möglichkeit wird nicht von allen Mitarbeitenden genutzt). Ein wichtiger Vorteil ist, dass die Auftragsbestände so besser überblickt werden können.

4.5 Resultate

Die Steigerung der Arbeitsproduktivität bzw. Senkung von Kosten lässt sich leider nicht ohne weiteres messen. Es liegen daher nur qualitative Überlegungen und individuelle Schätzungen vor. Es ist zu berücksichtigen, dass aufgrund der neuen Einstufungen (Richter statt Sektionschef) die Löhne tendenziell gestiegen sind. Ebenso gestiegen sind die Kosten für die Infrastruktur. Nach allgemeiner Auffassung ist zwar eine deutliche Steigerung der Produktivität vorhanden, die Resultate blieben aber unter den sehr hohen Erwartungen. Es wird aber selbst von kritisch eingestellter Seite zugestanden, dass die Produktivität sich deutlich verbessert hat. Genaueres konnte nicht in Erfahrung gebracht werden.
Die Organisation bietet keine Lösung dafür, dass die Zahl der eintreffenden Asylrekurse enormen Schwankungen ausgesetzt ist. Wie kann die Aslyrekurskommission in Flautezeiten redimensioniert oder sonstwie sinnvoll eingesetzt werden? Oder wie kann sie bei steigender Auftragslage entsprechend schnell ihre Kapazität ohne Qualitätsverlust ausweiten? Diese Fragen bleiben unbeantwortet[309].

---

[309] Ein Ansatz ist, die Mitarbeitenden ihre Erfahrungen mit dem Prozessmanagement in andere Bundesstellen transferieren zu lassen, vgl. Fluhbacher et. al. (1995).

4.6 Analyse

Darstellung 37: Einordnung ARK

Kriterien	Ausprägungen		
Einbindung	Institut	FLAG	normal
Regulierende Aufgaben	hauptsächlich	teilweise	keine
Gratis abzugebende Produkte	hauptsächlich	teilweise	keine
Monopol	ja	teilweise	nein
Messbarkeit	ja	teilweise	nein

Quelle: eigene Darstellung

Darstellung 38: Prozessorganisation im Fall ARK	
Prozessidee	Prozesse definiert, standardisiert.
	Case-Teams sind nicht zweckmässig.
	Keine Prozessverantwortung.
Triage	Erste Triage im Gesetz vorgesehen, zweite Triage vorhanden.
informationelle Vernetzung	System realisiert, welches die Handhabung der nach wie vor nötigen Papierdossiers unterstützt.
Effizienz	Horizontale Synergien können nur teilweise genutzt werden, weil die Begutachtung durch verschiedene Personen für sich allein einen Wert darstellt.
Orientierung	Die Beratungen und Verhandlungen sowie die Arbeitsteilung zwischen Instruktionsrichter und juristischem Sekretär bieten Lernchancen durch den Austausch verschiedener Interpretationsmuster.
	Die Orientierungsfunktion beschränkt sich in diesem Fall stark auf die Anwendung der Gesetze, grundsätzliche Innovationen zur Lösung des Asylproblems sind nicht gefragt.
Kernkompetenz	Glaubwürdigkeit der Organisation als verwaltungsunabhängig, fachlich kompetent und objektiv.
Outsourcing	Stand nicht zur Diskussion.
Besonderes	Die ARK hat sich als unabhängige Behörde neu konstituiert.
	Eine Mengenorientierung kann in diesem Fall die Qualität ernsthaft gefährden.
	Das strategische Innovationspotential ist aufgrund der Aufgabe vermutlich sehr beschränkt.
	Akzeptanz bei Zwangsempfängern nicht relevant.

Quelle: eigene Darstellung

Das Prozessmanagement wird in diesem Projekt insoweit ernst genommen, als dass Prozesse detailliert schriftlich festgehalten werden. Leider wurde auf eine visuelle Darstellung, wie sie oben gezeigt wurde, bisher verzichtet. Trotzdem wurden Prozesse für die Betroffenen einfacher erkenn- und diskutierbar. Dies war für die Operationalisierung der Triageregelung wichtig. Case-Teams, ein zentrales Element des Prozessmanagements, wurden nicht realisiert. Schliesslich müssen auch im einfachsten Fall drei Personen *unabhängig* voneinander einen Entscheid gleich fällen. Ein Zusammenfassen dieser drei Personen zu einem Case-Team würde keinen Sinn machen, weil trotzdem jedes Teammitglied jedes Dossier einzeln sichten muss. Unterschiedliche Interpretationen der gleichen Unterlagen sind hier kein Schnittstellenproblem, sondern gewolltes Resultat eines juristischen Entscheidungsprozesses. Schliesslich kann ein Fehlentscheid einer unschuldigen Person das Leben kosten[310].

Die Idee der Triage ist bereits im *Gesetz* vorgesehen, indem offensichtliche Fälle vereinfacht behandelt werden dürfen. Interessant ist, dass die gesetzlich vorgesehene Triage von der Verwaltung operationalisiert werden musste. Dies wurde anders als in der Privatwirtschaft umgesetzt, indem die Richtigkeit der Triage von mehreren Stellen bestätigt werden musste. Das ist relativ aufwendig, kann aber als der Sache angemessen betrachtet werden (letztinstanzliches Urteil, hohe Wichtigkeit des Entscheides für die Betroffenen). Diese Regelung gewährleistet, dass im Zweifelsfall immer die komplexere Variante zum Zug kommt. Eine *zweite Triage* zwischen mittleren und komplexen Fällen findet im Rahmen der sog. Zirkulation statt: Jeder Instruktionsrichter kann eine Besprechung oder Verhandlung verlangen. Auch mit dieser Regelung wird sichergestellt, dass im Zweifelsfall die komplexere Behandlung angewendet wird.

Die Idee der EDV-Vernetzung wurde mit der vorhanden Software weitgehend umgesetzt, obgleich auf die *Papierform der Dossiers* nicht verzichtet werden konnte. Die gemeinsame Datenbank vereinfacht die Teamarbeit. Ein wichtiger Vorteil ist, dass die Pendenzen und Durchlaufzeiten so besser überblickt werden können.

Die verbesserte Effizienz der vorhandenen Strukturen wurde vor allem mit *Standardisierungen* gewonnen. Sie könnte wohl noch weiter gesteigert werden, fraglich ist nur, ob dies auch ohne *Qualitätseinbussen* möglich ist. Allenfalls wäre solches auf Ebene der Motivation zu erreichen.

---

[310] Ein analoges Vorgehen kennen wir im Gesundheitswesen, wo unter der Fachbezeichnung „second opinion" vor einer grösseren Operation die Notwendigkeit des Eingriffs von einer zweiten, unabhängigen Fachperson beurteilt wird. Dies ist keine kostentreibende Doppelspurigkeit sondern im Gegenteil eine Massnahme zur Kostensenkung.

Die Orientierungsfunktion ist im Prozess für komplexe Fälle verankert. Dort ist vorgesehen, dass sich die Richter - sofern schriftlich keine Einigkeit erzielt wird - treffen und über den Fall beraten. Der damit entstehende persönliche Kontakt ist gerade darauf angelegt, den Austausch und die Weiterentwicklung der Interpretationsmuster der Richter zu fördern. Damit ergibt sich zwar eine Analogie zur Strategieprozessforschung, diese bezieht sich aber auf die Erfüllung einer operativen Aufgabe, nämlich der Rekursbearbeitung.

Als Verwaltungskernkompetenz dürfte die Qualität und Unabhängigkeit der ARK gelten. Als letztinstanzlich entscheidendes Gericht steht sie nicht in Konkurrenz mit anderen Institutionen. Sie geniesst aber keine absolute Monopolstellung. Würde einerseits ihre Qualität oder Neutralität aber angezweifelt, so würde ihr die politische Unterstützung entzogen. Anderseits bei zu langer Durchlaufzeit wäre nicht auszuschliessen, dass sich die ARK einem internationalen Kostenvergleich (pro bearbeiteten Rekurs) stellen müsste. Ziel der Ausgliederung der ARK aus dem BFF war die Erhöhung der Akzeptanz in der Schweiz und im Ausland. Die Kooperationsbereitschaft der „Zwangsempfänger" dürfte sich dadurch aber kaum beeinflussen lassen.

Es wurde nie diskutiert, ob gewisse Teilprozesse ausgelagert werden können. Die ARK stellt aber als Ganzes eine spezielle Art *Outsourcing* aus dem BFF dar, welche der oben dargelegten generellen Überlegung nicht zugänglich ist.

Speziell an diesem Beispiel ist, dass sich die ARK nicht einfach reorganisiert hat, sondern dass sie sich *neu konstituiert* hat. Dadurch ergaben sich zusätzliche Freiheiten in der Gestaltung, aber auch das Problem des mangelnden Einbezugs der (zukünftigen) Mitarbeitenden.

Das Beispiel illustriert deutlich, wie eine Mengenorientierung im Rahmen der Führung die *Qualität* gefährden kann. Diese Gefahr ist hier insbesondere akut, weil die Qualität des Output wirklich kaum messbar ist. Die Richter sind inhaltlich nur ihrem eigenen Gewissen gegenüber verantwortlich. Die Qualität ist nur indirekt über verwendete Prozesse und Inputfaktoren (wie Ausbildung und Erfahrung der Richter) beurteilbar. Hier kommt also ein spezifischer Kritikpunkt am NPM zum Tragen (siehe Seite 52). Dass er nur in diesem sehr speziellen Beispiel relevant ist zeigt, wie eng umrissen der Gültigkeitsbereich dieser Kritik sein dürfte.

4.7 Fazit

Das Beispiel der ARK zeigt, dass sich das Triageprinzip bereits auf Gesetzesstufe realisieren lässt. Eine gesetzlich verankerte Triage muss aber durch die Verwaltung operationalisiert werden. Wie dies geschieht, beeinflusst die Qualität und Effizienz der Arbeitsleistung ganz wesentlich.

Das Beispiel zeigt auch, dass in diesem gerichtsähnlichen Kontext der Teamarbeit enge Grenzen gesetzt sind. Dass verschiedene Personen unabhängig voneinander das gleiche Dossier studieren, ist hier keine unnötige Doppelspurigkeit, sondern ein kaum substituierbares Mittel zur Qualitätssicherung.

Das Beispiel illustriert ebenfalls die Gefahr einer zu weit gehenden Mengenorientierung auf Kosten der Qualität (siehe Seite 58).

5 DISPO

5.1 Aufgabe

Die Sektion Disposition ziviler Fahrzeuge (DISPO[311]) gehört zum Generalstab Logistik des Eidgenössischen Militärdepartementes (heute: Eidgenössisches Departement für Verteidigung, Bevölkerungsschutz und Sport, VBS). Sie beschäftigt rund zwanzig Mitarbeitende. Die Aufgabe der Sektion DISPO ist, der Armee, dem Zivilschutz und der wirtschaftlichen Landesversorgung zivile Fahrzeuge in Notsituationen zur Verfügung zu stellen. Ziel ist, dass in einer solchen Situation die richtigen zivilen Fahrzeuge genügend schnell am richtigen Ort sind und von den entsprechenden Personen tatsächlich bedient werden können. Daraus leitet sich in Friedenszeiten die Aufgabe ab, zivile Fahrzeuge zu Trainingszwecken den genannten Organisationen zur Verfügung zu stellen.
Für die weiteren Ausführungen wird der Einfachheit halber z.T. nur noch von der Armee als Kunde gesprochen. Für Zivilschutz und wirtschaftliche Landesversorgung gilt Analoges.

5.2 Alte Organisation

Die alte Organisation (bis 1991) war charakterisiert durch klare, aber lange Dienstwege und die Betonung der Pflichtenhefte. Damit entsprach sie dem, was man in der Bundesverwaltung als „üblich" bezeichnen könnte.

---

[311] Interviewpartner: Herr F. Pfirter (Sektionschef und Projektleiter), Herr P. Schweingruber (externer Berater) und Herr H. Gasser, BATT. Vgl. auch Siegrist (1993).

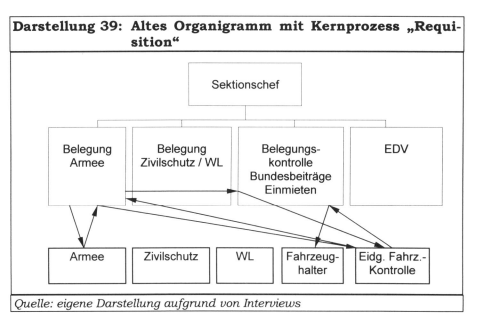

Diese Organisation hatte folgende Wirkungen:
- Jeder Kunde hatte mehrere Anlaufstellen. Mit Kunden konnten nur Einzelprobleme besprochen, nicht aber ganzheitliche Lösungen gefunden werden.
- Veränderte Umweltbedingungen wurden von den Mitarbeitenden kaum wahrgenommen.
- Die Kooperation zwischen den Gruppen war gering.
- Die Kundenorientierung war gering.
- Quantität und Qualität wurden im Rahmen des Pflichtenheftes als wichtig erachtet, nicht aber Innovation und Arbeitsklima.
- Es wurde kaum Eigeninitiative übernommen, da sich die Mitarbeitenden als Befehlsempfänger verstanden.
- Es bestand keine personelle Flexibilität bei zeitlichen Spitzenbelastungen in einzelnen Gruppen.

5.3 Einführung

Folgende Schritte wurden unternommen, um die bisherige Situation zu verbessern:

1991 Allgemeine Orientierung
Neuer Chef beim BATT (Bundesamt für Transporttruppen) löst Projekt aus. Drei Arbeitsgruppen untersuchen folgenden Fragen und präsentieren ihre Resultate an Workshops:
- Wer sind wir?
- Was ist unser Handlungsspielraum?
- Wie machen es andere (vergleichbare) Organisationen?

1992 Vision und Organisatorische Konsequenzen
Es werden Arbeitsgruppen gebildet, die zu den folgenden Themen an Workshops Bericht erstatten:
- Leitbild
- Führung und Organisation
- Planung & Informatik
- Personalentwicklung

1993 Neuorganisation des BATT (Bundesamt für Transporttruppen) tritt in Kraft.

1994 Zwei der vier Abteilungen des BATT werden im Rahmen der Armeereform EMD 95 anderen Ämtern zugeordnet. Damit droht der Entwicklungsprozess die Dynamik zu verlieren.

1995 Prozessorientierung in der Sektion DISPO
- Kundendefinition und hypothetische "Kundenvereinbarungen"
- Ausbildung der Betroffenen
- Neue Organisationsstruktur
- Regelmässige Sitzungen mit Kunden/Lieferanten werden durchgeführt (genannt „Sounding Board")

Als Problem bei der Einführung der neuen Organisation stellten sich die Personalvorschriften heraus. Die neuen, flexiblen Arbeitszuteilungen liessen sich nur schwer in Pflichtenhefte fassen, welche aber für die besoldungsmässige Einordnung der Mitarbeitenden zwingend nötig sind. Die Einwilligung der Personalverantwortlichen war äusserst schwierig zu erreichen. Der jetzige Zustand wird diesbezüglich als unbefriedigend empfunden, weil die von den Personalverantwortlichen akzeptierten Pflichtenhefte nicht den tatsächlichen Gegebenheiten entsprechen. Daraus ergeben sich Probleme für die Beförderungspraxis, weil dabei auf die Pflichtenhefte zurückgegriffen werden muss.

5.4 Neue Organisation

Die neue Organisation ist auf die Kunden und Lieferanten ausgerichtet: Die einzelnen Truppenkommandanten, die den Fahrzeugeinsatz befehligen, sind als Kunden identifiziert. Lieferanten sind die Halter von privaten Fahrzeugen.
In der neuen Organisation sind neue Prozesse definiert. Sie werden anschliessend erläutert. Da diese Prozesse stark interdependent sind, wird mit überlappenden Teams gearbeitet: Alle Mitarbeiter/innen arbeiten in mindestens zwei Teams.
Für jeden Prozess gibt es einen Prozessbesitzer (mit Stellvertreter), der die volle Produkteverantwortung trägt. Er steuert, beurteilt und korrigiert den Prozess und macht Coaching für die beteiligten Mitarbeitenden.
Jedem Prozess ist ein Prozessförderer zugewiesen, der mit Coaching des Prozessbesitzers, fachlicher Beratung, Strategieentwicklung und Lobbying dem Prozess zum Erfolg verhelfen soll.
Die neue Organisation ist flexibel. Auf Veränderungen der Auftragslage in einzelnen Prozessen (Zunahme bei den Einmietungen, Abnahme bei Spezialausrüstungen) kann problemlos reagiert werden.

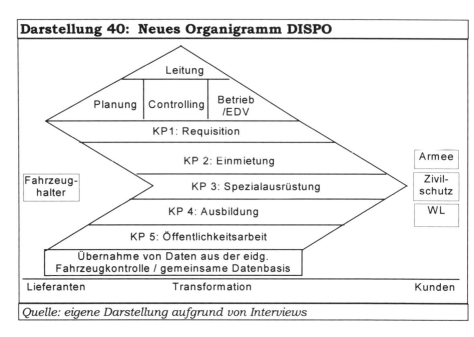

Darstellung 40: Neues Organigramm DISPO

Quelle: eigene Darstellung aufgrund von Interviews

Die einzelnen Prozesse werden im Folgenden durch eine Kurzbeschreibung und durch die wesentlichen In- und Outputs charakterisiert.

Darstellung 41: Beschreibung der Prozesse von DISPO

Bezeichnung	Beschrieb	Input / Output
Requisition	Ziel ist es, die Zuteilung von zivilen Fahrzeugen auf bestimmte Truppen laufend zu aktualisieren. Die Behandlung von Reklamationen wird direkt von diesen Teammitgliedern erledigt (in eigener Kompetenz).	Input: Daten aus der Eidg. Fahrzeugkontrolle und der gemeldete Bedarf der Truppen. Output: Information an die Fahrzeughalter, so dass alle requirierten Fahrzeuge innert 24 Stunden am richtigen Ort sind.
Einmietung	Zivile Fahrzeuge werden den Truppen für Übungszwecke zur Verfügung gestellt. Diese müssen zu diesem Zweck gemietet werden. In manchen Fällen wird ein ziviler Chauffeur gleich "mitgemietet".	Input: Daten aus der Eidg. Fahrzeugkontrolle, gemeldeter Bedarf der Truppen, Verträge mit Fahrzeughaltern. Output: An Truppen bedarfsgerecht ausgeliehene Fahr-

			zeuge.
Spezialausrüstung	Geeignete zivile Fahrzeuge werden so ausgerüstet, dass ein Einsatz als Sanitäts- oder Telefonwagen innert kürzester Zeit möglich ist. Die Fahrzeughalter haben Anspruch auf Bundesbeiträge.	Input:	Daten aus der Eidg. Fahrzeugkontrolle und der gemeldete Bedarf der Truppen, Lieferantengespräche.
		Output:	Bedarfsgerechte Bereitschaft von Fahrzeugen mit Spezialausrüstung.
Ausbildung	Die Truppen müssen über ihre Möglichkeiten im Kriegsfall und die unterstützenden Massnahmen in Friedenszeiten informiert werden. Die Besitzer von Fahrzeugflotten müssen besonders instruiert werden. Die Instruktoren müssen ausgebildet werden.	Input:	Gesetzesgrundlagen, Fachwissen der Mitarbeiter und interne Unterlagen.
		Output:	Gut informierte Truppen und Fahrzeugbesitzer.
Öffentlichkeitsarbeit	Für die Requisition von zivilen Fahrzeugen kann auf gesetzlicher Grundlage Zwang ausgeübt werden. Das Ausüben von Zwang ist aber sehr teuer (administrativer Aufwand, Gerichtskosten) und führt bei nicht zur Kooperation, die für eine schnelle Requisition nötig ist.	Input:	Kreativität der Mitarbeiter/innen, Kooperationen mit privaten Unternehmen
		Output:	Kooperationsbereitschaft der Fahrzeugbesitzer und Chauffeure.
strategische Planung	Angebot und Nachfrage der zivilen Fahrzeuge unterliegen Schwankungen. Trends müssen frühzeitig erkannt werden.	Input:	interne Auswertungen, Kunden-/Lieferantengespräche, Zeitungsnotizen
		Output:	Fähigkeit, Veränderungen im Umfeld vorausschauend zu bewältigen.
Controlling	k.A.	Input:	interne Auswertungen, Kunden-/Lieferantengespräche, Zeitungsnotizen
		Output:	relevante Informationen über die einzelnen Prozesse
Betrieb	Der interne Betrieb muss durch eine angemessene EDV-Struktur sichergestellt werden.	Input:	Bedürfnisse der anderen Prozesse.
		Output:	Ermöglichung eines reibungslosen Ablaufs der übrigen Prozesse.

Quelle: eigene Darstellung aufgrund von Interviews

5.5 Resultate

Folgende Punkte können als Resultate festgehalten werden:
- Gestiegene Kunden- und Lieferantenzufriedenheit
Dies dokumentiert sich in zahlreichen Dankesschreiben.
- Keine Rechtsfälle mehr dank kostenlosem "Kummer-Telefon"
Die Vollzeitstelle eines Verantwortlichen für Rechtsfälle konnte gestrichen werden, da es keine Rechtsfälle mehr gibt. Unzufriedene Kunden oder Lieferanten können über eine Gratisnummer direkt mit der zuständigen Person in Kontakt treten.
- Interessantere Arbeitsplätze
Die Arbeitsplätze sind anspruchsvoller und interessanter geworden. Fast alle Mitarbeiter/innen schätzen dies. Die wenigen Ausnahmen haben eine Stelle in einer anderen Abteilung gefunden.
- innovative Kooperationen mit privaten Unternehmen
Insbesondere im Prozess "Öffentlichkeitsarbeit", der mit sehr geringem Budget ausgestattet ist, werden Kooperationen mit privaten Unternehmen eingesetzt. Ein Beispiel ist der Ausstellungsstand am Autosalon Genf, der weitgehend von einem privaten Simulatorenhersteller finanziert worden ist. Ein anderes Beispiel ist eine gratis abgegebene Musikkassette, welche zwischen den Stücken kurze Informationsblöcke über die Aufgaben der Sektion DISPO enthielt. Andere, ebenfalls an der Zielgruppe der Lastwagenchauffeure interessierte Organisationen konnten ebenfalls einen Informationsblock plazieren, und halfen daher mit, das Projekt zu finanzieren.

5.6 Analyse

Darstellung 42: Einordnung Fall DISPO			
Kriterien	**Ausprägungen**		
Einbindung	Institut	FLAG	normal
Regulierende Aufgaben	hauptsächlich	teilweise	keine
Gratis abzugebende Produkte	hauptsächlich	teilweise	keine
Monopol	ja	teilweise	nein
Messbarkeit	ja	teilweise	nein

Quelle: eigene Darstellung

Darstellung 43: Prozessorganisation im Fall DISPO	
Prozessidee	Teams aufgrund Kleinheit der Organisation überlappend definiert. Prozesse standardisiert, Prozessverantwortung und Ziele definiert.
Triage	keine
informationelle Vernetzung	Gemeinsame Datenbank realisiert unter Berücksichtigung der Datenlieferungen externer Organisationseinheiten.
Effizienz	Horizontale Synergien werden stark genutzt, während Spezialisierungsvorteile in den Hintergrund treten. Die Ausweitung des Tätigkeitsfeldes der Mitarbeitenden trägt generell zur Motivation bei.
Orientierung	Dadurch dass alle Mitarbeitenden in mindestens zwei Prozessen mitarbeiten, wird der implizite Wissensaustausch gefördert. Innovationen beziehen sich insbesondere auch auf die Erzeugung von Akzeptanz.
Kernkompetenz	Akzeptanz bei den privaten „Zwangsempfängern". Kenntnisse und Flexibilität bezüglich Bedürfnissen der Armee.
Outsourcing	Stand nicht zur Diskussion.
Besonderes	Trotz Kleinheit Grundideen umgesetzt. Regulierungsaufgaben können dank Kundenorientierung besser und billiger wahrgenommen werden. Starker Einfluss des „Benchmarking". Hoher Innovationsgehalt einzelner Leistungen illustriert die strategische Bedeutung innovationsfreundlicher Strukturen.
Quelle: eigene Darstellung	

Die Idee der Prozess*verantwortung* wurde ganz deutlich umgesetzt. Allein die Prozess*definition* löste eine vermehrte Kundenorientierung aus, indem die Mitarbeitenden einerseits erkannten, wozu die einzelnen Tätigkeiten dienen und andererseits durch diese Übersicht polyvalenter einsetzbar wurden.

Auf die *Triage-Idee* wurde nicht explizit zurückgegriffen. Die Unterscheidung der Prozesse Requisition, Einmietung und Spezialausrüstung stellen aber eine Bemühung um Standardisierung der Abläufe dar. Durch die *Teamvermaschung* - fast alle Personen arbeiten je nach Auftragslage zeitweise an verschiedenen Prozessen - wurde den möglichen Nachteilen einer starken Spezialisierung einzelner Mitarbeitender entgegengewirkt und die Flexibilität der Organisation sichergestellt.

Die Idee der *EDV-Vernetzung* wurde weitgehend umgesetzt: Alle Mitarbeitenden können jederzeit auf die interne Datenbank zugreifen und Kunden wie Lieferanten sofort Auskünfte erteilen. Die Datenverarbeitung funktioniert im Wesentlichen online. E-Mail wird regelmässig als Kommunikationsinstrument verwendet.

Hervorzuheben ist die *regulierende Aufgabe* dieser Organisationseinheit. Statt Zwang auszuüben, wird Überzeugungsarbeit und ein guter Service geleistet. Dies ist nicht nur angenehmer für die Betroffenen, sondern auch billiger für die Steuerzahlenden. Dabei spielt die Prozessorganisation eine wesentliche Rolle. Zum einen wird nun Öffentlichkeitsarbeit als wichtige Aufgabe anerkannt und institutionalisiert, andererseits bewirkt die qualitativ verbesserte, persönliche Auskunftsbereitschaft eine erhöhte Akzeptanz der Entscheide[312]. Diese hätte in den alten Strukturen nicht erreicht werden können.

5.7 Fazit

Sinnvoll eingesetzte Elemente der Prozessorganisation führen zu verstärkter Kundenorientierung. Damit ist auch die Verbindung zu New Public Management aufgezeigt, dessen vordringliches Anliegen die Kundenorientierung ist. Die Sektion DISPO kann als Beispiel dafür dienen, wieviel mit einer kunden- und prozessorientierten Organisation möglich ist. Der Kontrast zur früheren funktionsorientierten Organisation fällt deutlich aus. Deutlich wird ebenfalls, welche grundlegende Wirkung es hat, wenn sich die Mitarbeitenden mit der Frage auseinandersetzen müssen, was sie wozu tun und Verantwortung für die Auswirkungen ihres Handelns übernehmen. Dies bestätigt die Innovationsförderlichkeit der neuen Strukturen.

---

[312] Dass Entscheide besser akzeptiert werden, wenn diesbezüglich persönliche statt schriftlich-anonyme Kommunikation stattfindet, wurde auch in experimentellen Untersuchungen festgestellt, vgl. Bohnet (1997).

6 BPV

6.1 Aufgabe

Das Bundesamt für Privatversicherungswesen (BPV[313]) beschäftigt rund 50 Personen und hat neben dem Personal ein Budget von rund 11 Millionen Franken. Hauptaufgaben sind, einerseits die Solvenzsicherung der Privatversicherer, andererseits der individuelle Schutz der Versicherten. Um diese Aufgaben bewältigen zu können ...
- prüft das BPV die detaillierten Jahresrechnungen von allen privaten Versicherungsgesellschaften
- führt Inspektionen durch
- beantwortet Anfragen und prüft Beschwerden und
- prüft Versicherungsprodukte.

6.2 Alte Organisation

Das Organigramm von 1988 zeigt die Gliederung des Amtes in zwei Abteilungen, nämlich eine für Nichtlebens- und Rückversicherung und eine für Lebensversicherung. Zudem besteht eine Sektion Rechtsdienst, und zwei Dienststellen für Administration, Informatik und eine Stabstelle. Die für die Aufgabenerfüllung nötigen Fachkenntnisse - Ökonomie, Mathematik, Recht - sind in konzentrierter Form vorhanden.

---

[313] Interviewpartner waren Herr Peter Pfund, Direktor und Herr Kurt Schneiter, Projektleiter. Vgl. auch Hug (1997).

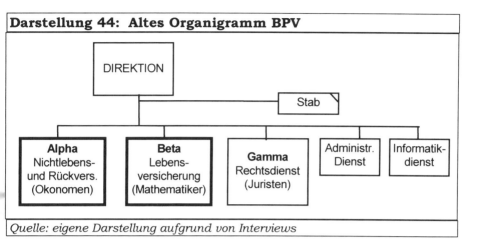

Quelle: eigene Darstellung aufgrund von Interviews

Die Abläufe waren völlig hierarchisch strukturiert. Anfragen oder Beschwerden wurden zunächst nach Aufgabenschwerpunkt auf eine der drei grösseren Einheiten zugeteilt. Die Verteilung wurde gemäss der Unterstellung bis auf Sachbearbeitungsebene weitergeleitet. Stellte sich bei der Bearbeitung heraus, dass auch eine andere Abteilung zu diesem Geschäftsfall etwas beizutragen hat, dann wurde die Hierarchie für diesen Übergang in Anspruch genommen: Direkte Kontakte zwischen den betreffenden Personen auf der Sachbearbeitungsebene waren nicht üblich. Dieses Vorgehen ist schematisch in der nächsten Abbildung dargestellt.

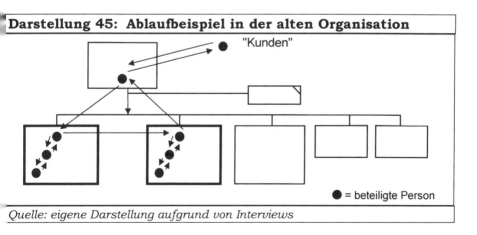

Quelle: eigene Darstellung aufgrund von Interviews

Die Kultur war geprägt von starkem "Gärtchendenken", von Fachspezialistentum und von der Ansicht, dass man von der Arbeit in anderen Abteilungen wenig Ahnung haben könne und müsse.

6.3 Strategische Herausforderung

In den letzten Jahren haben sich das Umfeld und damit auch die Anforderungen an das BPV stark und nachhaltig verändert.
- Eine *gesetzliche Änderung* in der Schweiz führte dazu, dass die präventive Produktekontrolle, die bisher für sämtliche Versicherungsprodukte durchzuführen waren, nur noch auf Kranken- und Lebensversicherungsprodukte anzuwenden ist. Die übrigen Versicherungsprodukte sind nur noch stichprobenartig zu überprüfen.
- Die *juristischen Normen in der EU* sehen die "Sitzlandaufsicht" vor. Wäre die Schweiz EU-Mitglied, so hätte das BPV seine Aufsicht auf die ausländischen Niederlassungen schweizerischer Versicherer auszudehnen. Bisher wird die Aufsicht nur im Inland wahrgenommen. Es ist zu erwarten, dass bald bilaterale Abkommen getroffen werden, welche entsprechende Aufgaben für das BPV beinhalten.
- Die *Entkartellisierung* in der Privatassekuranz (Entscheid der Kartellkommission 1988) führt dazu, dass sich der Wettbewerb verschärft. Das Risiko von Konkursen und missbräuchlichen Prämien steigt.
- Der Trend in Richtung *Allfinanz* (Kombination von Bank und Versicherung) und neue *derivative Finanzinstrumente* führen dazu, dass die bisher dominierenden Fragen der Versicherungstechnik durch finanztechnische Fragen verdrängt werden.
- Die Privatassekuranz entwickelt laufend *neue und kompliziertere Produkte*. Dies wird einerseits verursacht durch den verschärften Wettbewerb, andererseits auch durch den globalen Trend zur "Allfinanz".

Die strategische Antwort des BPV auf diese markanten Umweltveränderungen ist:
Es müssen *umfassende* statt nur fachlich getrennte Kontrollen durchgeführt werden. Fachlich getrennte Kontrollen betreffen weitgehend das technische Geschäft wie die Rückstellungen,

korrekte Prämienkalkulation. Umfassende Kontrollen beinhalten auch die Solvenz der gesamten Gesellschaft, Verflechtungen und Allianzen, die Seriosität des Managements usw.

6.4 Einführung

86-92 Eine bekannte Beratungsfirma wird im Rahmen des bundesinternen Programms "EFFI-QM-BV"[314] eingesetzt mit dem Ziel, 20% der Kosten einzusparen. Die Direktion muss deshalb eine von ihr in die Wege geleitete Beratung mit Schwerpunkt auf Organisationsentwicklung abbrechen. Die Beratungsfirma kommt zum Schluss, dass im BPV kein Abbau möglich ist.
Die Neubesetzung von zwei hohen Kaderpositionen steigert die Chancen, eine Reorganisation zu realisieren.

92/93 Auf Wunsch des Bundesrates muss in einer Arbeitsgruppe abgeklärt werden, ob sich Banken- und Versicherungsaufsicht zusammenlegen lassen. Der Befund ist negativ. Hauptgrund: Die Eidgenössische Bankenkommission EBK stützt sich in ihrer Arbeit wesentlich auf die gesetzlich besonders ausgestalteten Revisionsstellen der Banken, welche keine Analogie im Versicherungswesen finden.

93/94 Die Arbeitsgruppe diagnostiziert *ungenügende Aufgabenerfüllung*. In zwei Etappen werden deshalb insgesamt 15 Stellen bewilligt.

94 Eine Kaderklausur löst die eigentliche Reorganisation aufgrund der folgenden Resultate aus:
- Die Struktur behindert die Erreichung der Amtsziele.
- Die fachliche Spezialisierung erschwert die Kommunikation im ganzen BPV, sogar unter den Direktionsmitgliedern.

Diese Veranstaltung und der gesamte weitere Veränderungsprozess wird von zwei Beratern (einem aus dem Departement und einem Externen) begleitet und unterstützt.

---

[314] Vgl. Bichsel (1994).

Nach einem weiteren Seminar werden folgende Beschlüsse gefasst:
- Aufgaben müssen neu definiert werden
- Strukturen werden - wenn nötig - verändert
- Ein Leitungsteam mit regelmässigen Treffen wird gebildet (bestehend aus dem Direktor, beiden Abteilungsleitern und deren Stellvertretern sowie den Leitern Rechtsdienst, Informatik, Administration und Stab).

An einer Vollversammlung wird über die Beschlüsse informiert. Es werden vier Arbeitsgruppen zu den folgenden Themen gebildet, innerhalb derer verschiedene, detailliertere Fragestellungen bearbeitet werden:
- Thema 1: Definition Kunden/Partner - Wie gehen wir miteinander um?
- Thema 2: Aufgaben und Leistungen - Wie besser sein als andere?
- Thema 3: Leistungsteam - Wie verbessern wir die Zusammenarbeit?
- Thema 4: Organisation & Ziele - Sind organisatorische Veränderungen nötig?

Die Arbeitsgruppen durchlaufen mehrere (zirka sechs) Arbeitszyklen, in denen sie ihre Resultate an das Leitungsteam geben, dieses wiederum das Personal informiert und neue Aufträge an die Arbeitsgruppen vergibt. Die Teilnahme an diesen Arbeitsgruppen ist freiwillig und wechselt mit der Fragestellung. In den Gruppen sind verschiedene Hierarchiestufen vertreten.

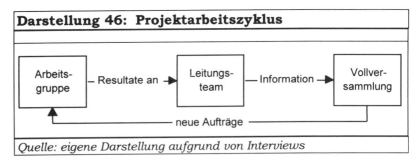

Darstellung 46: Projektarbeitszyklus

Quelle: eigene Darstellung aufgrund von Interviews

95 An einer Leitungsteam-Klausur ergibt sich die Idee einer neuen Struktur: Teams mit gemischten fachlichen Hintergründen sollen gebildet werden. Es soll nicht jede Per-

son nur für ein fachlich definiertes Ressort zuständig sein. Damit würde die eigene Organisation auch eher der Organisation der grossen Versicherungen entsprechen. Es ist klar, dass diese Idee wesentliche Ausbildungserfordernisse mit sich bringen würde.
Die neue Idee wird den Mitarbeitenden vorgestellt. Schwerpunkte sind:
- Trennung von Leben / Nichtleben aufheben
- "Gärtchendenken" abbauen
- Schnittstellen abbauen
- Fallbehandlung in nur einer Abteilung bzw. einem Team ermöglichen
- Amtskultur vereinheitlichen
- Teamarbeit einführen

Die Grundlagen für die Umsetzung werden von drei Teilprojektgruppen erarbeitet. In diesen Teilprojekten sind rund zwei Drittel aller Mitarbeitenden beteiligt.

96 Die neue Struktur wird vom Leitungsteam als definitiv erklärt. Für viele ist dies ein Schock, weil niemand so richtig daran geglaubt hat.
Folgende Implementationsarbeiten werden durchgeführt
- Definition von Kompetenzen und Aufgaben, bzw. Klärung des Verhältnisses Direktion / Teams
- Bildung der Teams (Mitarbeitende dürfen unter vertraulicher Begründung beantragen, mit wem sie nicht ins gleiche Team wollen)
- Wahl von Teamsprechern (durch das Team selbst, gewählt auf ein Jahr, grundsätzlich alternierend)
- Seminar Teamentwicklung. Ziel u.a.: Zuteilung der "Gesellschaftsverantwortung" auf bearbeitende Personen
- Neues Lohnsystem wird erarbeitet
- Umzug innerhalb der vorhandenen Büros - noch bevor die neuen Strukturen wirksam sind.
- Auflösung des Rechtsdienstes - Verteilung der Mitarbeitenden auf die Teams.
- Informationsveranstaltung, an der Fragen gestellt werden können.

97 Die neue Organisation ist per 1. Januar operationell.

a) Exkurs: FLAG im BPV?

Parallel zu den geschilderten Arbeiten prüfte das BPV, ob es geeignet sei für das Führen mit Leistungsauftrag (FLAG). Das Resultat ist negativ. Dafür gibt es mehrere Gründe:
- Probleme der Messbarkeit: Die langfristigen Ziele des BPV lassen sich schwer an kurzfristigen Indikatoren festmachen. Die "Produkte" des BPV wie Bewilligungen, Bewilligungsentzüge oder durchgeführte Sanierungsmassnahmen wären äusserst zweifelhafte Leistungsindikatoren.
- Wandel der Aufgabe: Eine Globalbudgetsteuerung ist nicht zweckmässig, weil sich die Aufgabe in starkem Wandel befindet.
- Gebührenfinanzierung: Das BPV finanziert sich nicht aus der allgemeinen Bundeskasse, sondern durch Gebühren, welche bei den beaufsichtigten Gesellschaften erhoben werden. Damit besteht bereits heute ein gewisser Effizienzdruck, weil insbesondere die grossen Gesellschaften gute Möglichkeiten haben, sich auf politischem Weg gegen überhöhte Gebühren zu wehren.

6.5 Neue Organisation

Die neue Organisation orientiert sich einerseits an Kunden und andererseits an fachlichen Problembereichen, genannt "Ressorts". Die Grafik erinnert zwar an eine Matrixorganisation, weist aber wesentliche Unterschiede dazu auf.

Gearbeitet wird in teilautonomen *Teams*, deren Mitglieder das gesamte nötige Fachwissen repräsentieren. Jede Person ist für mehrere (Versicherungs-) Gesellschaften verantwortlich, die Fallbearbeitung muss jedoch in der Regel durch mehrere Mitglieder des Teams erfolgen. Die Überwachung der Bearbeitungsabläufe jedes Falles obliegt der Person mit der Gesellschaftsverantwortung. Jedes Team wählt eine Person als *Teamsprecherin* oder Teamsprecher. Diese Position soll alternierend bekleidet werden: Jedes Jahr oder bei Bedarf finden Neuwahlen statt. Die Teilautonomie der Teams bezieht sich auf die Arbeitsorganisation, Ferienplanung und auf die Selektion von neuen Teammitgliedern (sofern von der Direktion bewilligt).

Die Personen mit *Ressortverantwortung* sind nach Fachkenntnissen fest bestimmt. Sie führen mit den Ressortmitgliedern regelmässig Sitzungen durch, an denen Fachspezifika besprochen werden. Ziel ist, die fachliche Qualifikation zu erhalten und zu vertiefen. Die Ressortverantwortlichen sind immer auch Mitarbeiter eines Teams. Für Fachfragen sind sie aber auch Ansprechpartner der ressorteigenen Mitglieder aus den anderen Teams. Basierend auf dem Lohnsystem der Bundesverwaltung wurden in Zusammenarbeit mit dem EPA Anpassungen gemacht. Die Übernahme von besonderen Rollen in der neuen Organisation wird belohnt. Bei Abgabe der Verantwortung sollen die Ansprüche sofort rückgängig gemacht werden (sonst zwei Jahre Verzögerung üblich).

Darstellung 47: Besoldungssystem BPV

Ressortverantwortung	= plus 2 Besoldungsklassen[315]
Teamsprecher/Teamsprecherin	= plus 2 Besoldungsklassen
Gesellschaftsverantwortung (25-50%)	= plus 1 Besoldungsklasse
Gesellschaftsverantwortung (>50%)	= plus 2 Besoldungsklassen
zusätzliche Ressorts	= plus 1 Besoldungsklasse (maximal 3)

Quelle: eigene Darstellung aufgrund von Interviews

Die Gesellschaftsverantwortlichen lösen Routineaufgaben selbständig aus. Die eingehende Post wird von der Direktion in einer täglichen kurzen Sitzung gesichtet und auf die Gesellschaftsverantwortlichen verteilt. Besondere Fälle weist die Direktion einzelnen Mitarbeitenden zu, sie bildet wenn nötig Projektgruppen oder trifft andere Massnahmen. Damit wird erreicht, dass die Direktion stets aktuell informiert ist, auch über politische oder sonstwie strategisch wichtige Belange.

---

[315] Eine zusätzliche Besoldungsklasse bedeutet einen Mehrverdienst von Fr. 500 bis Fr. 5'000 pro Jahr, je nach Besoldungsklasse von der ausgegangen wird.

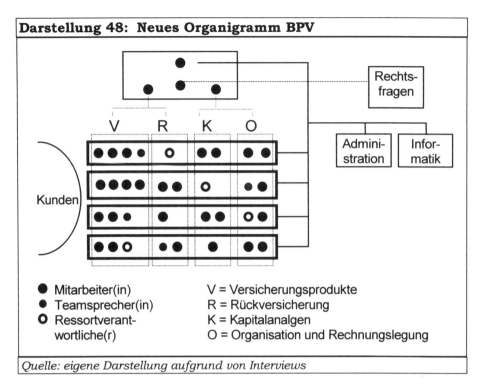

Diese Struktur wird durch folgende Sitzungen unterstützt:

Darstellung 49: Sitzungsplan	
Informationsrapport: Teamsprecher & Direktion & Dienstchefs	1 Std./Woche
Ressortkonferenz: Ressortverantwortliche & Direktion	2 Std./Monat
Postkonferenz: Direktion	20 Min./Tag
Team intern	nach Bedarf
Ressort intern	nach Bedarf
Direktion intern	nach Bedarf
Quelle: eigene Darstellung aufgrund von Interviews	

Weitere Unterstützung erfährt die Teamstruktur von der *Informatik*. Es gilt der Grundsatz, dass allen Mitarbeitenden alle Daten zur Verfügung stehen sollten. Dies ist eine logische Konsequenz

aus der geforderten Qualifikationsbreite und der Strategie der umfassenden Geschäftsprüfung.
- **Gemeinsame Datenbank**: Es werden sämtliche Zahlen sämtlicher Gesellschaften allen Mitarbeitenden elektronisch zur Verfügung gestellt. Vorher waren die Zahlen lückenhaft und nur auf Papier vorhanden.
- **Schriftgutverwaltung**: Sämtliche vom BPV verfassten Antworten auf Anfragen bzw. Beschwerden können von allen Mitarbeitenden elektronisch eingesehen werden, ebenso sämtliche Sitzungsprotokolle.
- **Bundesgerichtsentscheide**: Sie werden allen Mitarbeitenden online zur Verfügung gestellt. Früher waren sie nur für die Juristen verfügbar.

6.6 Resultate

Es lassen sich kaum Kennzahlen einer umfassenden Leistungssteigerung ermitteln. Beispielsweise „Konkurse von Versicherungsgesellschaften" sind so selten, dass ein Vergleich mit dem Vorjahr ausser Betracht fällt. Statistiken über Reklamationen fehlen weitgehend. Verbesserungen lassen sich daher nur qualitativ erfassen. Trotzdem steht ausser Frage, dass es dem BPV gelungen ist, sich strategisch auf die Herausforderungen auszurichten. Nur in der neuen Struktur ist das Amt in der Lage, seine Aufgabe auch künftig wirkungsvoll wahrzunehmen. Von üblichen Anfangsschwierigkeiten abgesehen scheint sich auch der Kontakt zu den Privatversicherungsgesellschaften deutlich verbessert zu haben.

6.7 Analyse

Darstellung 50: Einordnung Fall BPV			
Kriterien	**Ausprägungen**		
Einbindung	Institut (in Vorbereitung)	FLAG	normal
Regulierende Aufgaben	hauptsächlich	teilweise	keine
Gratis abzugebende Produkte	hauptsächlich	teilweise	keine
Monopol	ja	teilweise	nein
Messbarkeit	ja	teilweise	nein
Quelle: eigene Darstellung			

Darstellung 51:	Prozessorganisation im Fall BPV
Prozessidee	Fallverantwortung realisiert.
	Case-Teams realisiert. Wegen geringer Standardisierbarkeit des Aufsichtsprozesses Selbstorganisation der Teamarbeit.
Triage	Kunden werden Ansprechpersonen fix zugeteilt.
informationelle Vernetzung	Gemeinsame Datenbank realisiert.
Effizienz	Horizontale Synergien werden stark in den Vordergrund gestellt. Damit verlorene Spezialisierungsvorteile werden mit den Ressorts teilweise kompensiert. Entscheidungen werden vermehrt dezentral getroffen (Delegation). Die Ressorts stellen eine gewisse Entscheidungsstandardisierung her. Die Erweiterung des Tätigkeitsfeldes und der diesbezüglichen Wahlmöglichkeiten wirken im Allgemeinen motivierend.
Orientierung	Die Arbeit in interdisziplinären Teams ermöglicht erst die Wahrnehmung der komplexen Aufgabe und trägt zur Entwicklung einer modernen Aufsicht bei.
	Die Pflege und die Einbindung von Fachwissen in die tägliche Praxis werden durch die Ressorts gewährleistet.
Kernkompetenz	Verschmelzung von Wissen verschiedener Fachgebiete und Detailkenntnisse über einzelne Versicherungsgesellschaften zu einer integrierten Aufsichtsleistung.
	Akzeptanz unter den beaufsichtigten Gesellschaften.
Outsourcing	Stand nicht zur Diskussion.
Besonderes	Kundenorientierung ist auch für eine regulierende Behörde möglich.
	Teilzeitarbeit wird in der neuen Struktur tendenziell eher möglich.
	Intensiver Einbezug der Betroffenen.

Quelle: eigene Darstellung

Die zentrale Idee der kundenorientierten Rundumbearbeitung ist vollständig umgesetzt und zwar auf Teamebene. Es wurde eine kundenorientierte Triage gewählt. Damit wird die Idee des "one-face-to-customer" voll umgesetzt.

Als Supportprozess definiert wurde implizit die Informatik. Das war aber bereits vor der Reorganisation der Fall. Der Prozess der Bearbeitung von Anfragen und Begehren ist nach wie vor *nicht stark formell* geregelt im Sinne eines Schritt für Schritt definierten Ablaufes. Die vorhandenen Strukturen erleichtern aber einerseits ein von Fall zu Fall anzupassendes Vorgehen, andererseits erleichtern sie aber auch das spontane Entstehen von Standardabläufen. Obgleich die Informatik eine wichtige Rolle spielt, indem sie die Mitarbeitenden mit Daten versorgt, war die Informatik kein kritischer Faktor (wie in anderen Reengineering-Projekten).

Um die Qualität der funktionalen Wissensbereiche nicht der Prozessorientierung zu opfern wurden die „Ressorts" geschaffen, welche explizit die Aufgabe haben, den Austausch und die Weiterentwicklung fachbezogenen Wissens zu fördern. Dabei ist anzumerken, dass die Ressortstruktur nicht deckungsgleich mit der alten funktionalen Struktur ist. Die Ressorts wurden nach strategisch wichtig erscheinenden Fachbereichen gegliedert. Damit wird gezeigt, dass alte funktionale Strukturen nicht automatisch in „Ressorts" übersetzt werden müssen, sondern dass auch dieser organisationale Aspekt einer strategischen Gestaltung zugänglich ist.

Was die Gleichstellung der Geschlechter anbelangt so sind die Möglichkeiten Teilzeit zu arbeiten für (die durchwegs anspruchsvollen) Sachbearbeitungsposten eher gestiegen, für Personen, die zusätzliche Rollen übernehmen wollen, eher gesunken.

6.8 Fazit

Der Fall BPV illustriert besonders gut, inwiefern die Prozessorganisation auch in der öffentlichen Verwaltung eine Antwort auf die strategische Herausforderung eines stark veränderten Umfeldes sein kann. Damit wird klar gemacht, dass Strategien nicht einfach in die Sphäre der Politik zu verbannen sind (siehe Seite 89), sondern sich aus dem systematischen Einbezug der Mitarbeitenden auf Amtsebene ergeben können. Es illustriert weiter, wie komplexe Probleme des Wissensmanagements mittels geeigneter Strukturen unterstützt werden können. Es zeigt ebenfalls, dass die heutigen Personalvorschriften kein unüberwindbares Hindernis darstellen, neue Strukturen auch mit passenden Besoldungssystemen auszustatten.

7 IGE - Markenabteilung

Dieses Fallbeispiel ist ausführlich dokumentiert in Frei et al. (1993). Allerdings steht dort die Erstellung polyvalenter Arbeitsplätze im Vordergrund, nicht das Prozessmanagement. Zudem konnten damals noch keine Auswirkungen auf die Leistung der Organisation gemacht werden. Der Fall wird daher aus der hier relevanten Perspektive wiedergegeben und mit neueren Daten aus Dokumenten und Interviews ergänzt.

7.1 Aufgabe

Das Institut für geistiges Eigentum IGE (vor 1996 Bundesamt für geistiges Eigentum BAGE) hat neben dem Patentwesen als weitere Hauptaufgabe Prüfung, Erteilung und Schutz von Handelsmarken für Produkte und Dienstleistungen. Alle damit verbundenen Tätigkeiten finden in der Abteilung Marken statt. Das IGE beschäftigt rund 180 Personen, wovon 45 in der Markenabteilung. In dieser Abteilung fallen rund 25% der gesamten Kosten von knapp sFr. 50 Mrd. an.

7.2 Alte Organisation

Darstellung 52: Organigramm BAGE

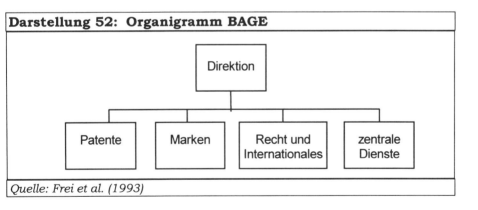

Quelle: Frei et al. (1993)

Für die weitere Betrachtung interessiert vor allem die Markenabteilung, in welcher die Reorganisation stattgefunden hat. Die Markenabteilung war wie folgt organisiert:

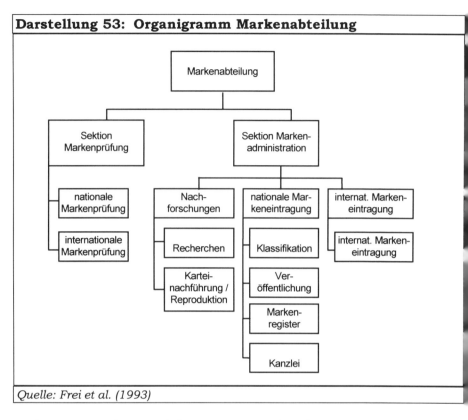

Quelle: Frei et al. (1993)

Bei Beginn des Projektes war noch nicht bekannt, welche Schnittstellen diese Organisation erzeugte. Erst im Laufe des Projektes stellte sich heraus, dass es im Normalfall 18 Schnittstellen waren, welche neben den Kunden auch die Buchhaltung und das Zwischenlager tangierten und dass acht dieser Schnittstellen bei einer einzigen Gruppe entstanden[316].

7.3 Ausgangslage

a) Tätigkeitsumfeld

In der EU gilt das Territorialitätsprinzip. Damit kann eine Marke in einem beliebigen EU-Land angemeldet werden und erhält für die ganze EU Gültigkeit. Allerdings kann ein Markenentscheid

---

[316] Vgl. unten, Seite 235.

von einem Konkurrenten immer noch angefochten werden. Dank einem Staatsvertrag (Madrider Abkommen), dem laufend neue Länder beitreten, können solche Gültigkeitsübertragungen in immer weiterem Umfang getätigt werden. Dies führt insgesamt zu einer Bündelung der Anmeldeverfahren.
Wer in der Schweiz eine Marke deponieren will, kommt um das IGE nicht herum. Es gibt aber zwei verschiedene Wege.
Ausländische Firmen können entweder über ihre Niederlassung in der Schweiz oder über einen sog. Korrespondezanwalt ihre Marke beim IGE hinterlegen, oder sie können via ein ausländisches Patentamt an die Internationale Organisation für geistiges Eigentum (OMPI) gelangen, von wo aus eine Gültigkeitsausdehnung in die Schweiz beim IGE beantragt wird.
Unter diesen Umständen kann eine relativ strenge Prüfung (wie in der Schweiz üblich) ein Vorteil sein: Sie verringert das Risiko, dass eine Gültigkeitsausdehnung auf einen anderen Staat abgelehnt wird und dass eine Marke später eingeklagt wird.
Die Eintragung einer Marke kostet nach einer markanten Preiserhöhung (im Zuge des Übergangs zum Institut) rund 400 Franken. Dies ist im internationalen Vergleich im oberen Bereich, aber im Vergleich zu den der Eintragung üblicherweise folgenden Werbeaufwendungen nahezu vernachlässigbar wenig.

b) Umfeld innerhalb der Bundesverwaltung

Das 1990 verabschiedete Leitbild des Bundesrates zur Personal- und Organisationsentwicklung in der allgemeinen Bundesverwaltung beinhaltet "Qualifizierung des Personals", "Flexibilisierung der Organisation" und „Verstärkung der Führung". Das Projekt stellt eines von mehreren Pilotprojekten im Rahmen dieses Leitbildes dar. Eine Erhöhung der Anzahl Sektionen und eine Erhöhung der Lohnsumme wurden von Seiten des EPA jedoch grundsätzlich abgelehnt.

c) Politisches Umfeld

Im August 1992 (Inkraftsetzung April 93) wurde beschlossen, den Markenschutz auf Dienstleistungen auszudehnen. Gleichzeitig wurde das Widerspruchsverfahren neu geregelt. Ersteres führte zu einem sofortigen Anstieg der Gesuchzahlen, letzteres zu einem vorübergehenden Anstieg kurz vor Ablauf der Übergangsregelung im April 1995. Zudem wurde das BAGE - unabhängig von der Reorganisation - per 1.1.1996 in ein Institut IGE umgewandelt.

d) *Innere Situation*

Der Druck zu einer Veränderung ergab sich aus der täglichen Arbeit, in der die Arbeitsabläufe als unzulänglich wahrgenommen wurden. Dies geschah weniger durch Reklamationen von Kunden als durch interne Auswirkungen. Bei der Bearbeitung von Gesuchen ist häufig ein Vergleich mit anderen sich in Bearbeitung befindenden Gesuchen nötig. Das Auffinden dieser Gesuche war mühsam und nicht immer erfolgreich. Dies führte zu Verzögerungen und manchmal zu Fehlern.

Der Veränderungswille dokumentiert sich im Leitbild. Es beinhaltet als Ziele "drastische Verbesserung der Flexibilität und Erweiterung des Handlungsspielraumes". Angestrebt werden „einfache, anpassungsfähige Strukturen, innerhalb deren in Teams gearbeitet wird ..." (Frei et al. 1993, S. 256).

Die Beharrungstendenzen ergaben sich aus folgender Situation:
- Kein unmittelbarer Veränderungsdruck von aussen oder von oben
- Schon genug Veränderungen im Bereich Informatik und Gesetzgebung
- Resignation, wegen einer früheren, wenig konsequenten Reorganisation
- Informationsdefizite über praktikable organisatorische Alternativen

Der Entscheid für eine Veränderung lässt sich nicht auf eine bestimmte Tatsache zurückführen.

e) *Projektziele*

Die Projektziele sind gegliedert in Polyvalenz, Mitarbeiterförderung, Selbständigkeit und Teamarbeit, sowie effizientere Abläufe. Auffallend ist, dass keine Kostensenkungsziele gesetzt wurden. Die Ziele bezüglich der Verkürzung vier verschiedener Fristen wurden genau quantifiziert. Beispielsweise war die Durchlaufzeit nationaler Gesuche von über 4 Monaten auf 2 Monate zu verkürzen bis 1994, auf 1 Monat bis 1995.

Die Vorgabe der Kostenneutralität wurde nicht explizit gemacht, war aber implizit vorhanden.

7.4 Einführung

a) Zeitlicher Ablauf

Folgende Tabelle gibt Auskunft über den zeitlichen Verlauf des Projektes.

Darstellung 54: Ablauf des Projektes

Ende 1991	Mitarbeiterinformation und Bildung eines sechsköpfigen Projektteams: Abteilungschef (Projektleitung), Sektionschef und Sektionschefin, ein Dienstgruppenchef und ein Markenprüfer, ein Berater des EPA, zwei externe Berater (ETH).
1992	Analyseresultat: Die Abläufe sind sehr kompliziert.
	Projektziele quantifiziert und terminiert durch erweitertes Projektteam.
	Schulung zum Thema Gruppenarbeit.
	Entwickeln von sechs organisatorischen Varianten, davon werden zwei ausgewählt.
1993	Nach Detailabklärungen Empfehlung einer Variante an die Geschäftsleitung, positiver Entscheid des Direktors.
	Neubesetzung der Abteilungsleitung und der Projektleitung[317].
	Ausbildungskonzept wird erstellt basierend auf intern erhobenen Notwendigkeiten und Wünschen.
	Personalfragen mit Eidg. Personalamt geklärt.
1994	Erarbeiten neuer Abläufe im Detail.
	Genehmigung Organisation durch das Generalsekretariat des Eidgenössischen Justiz und Polizeidepartementes (EJPD).
	September: Neuorganisation tritt in Kraft.
	Aufgrund des Übergangs vom Bundesamt zum Institut erhalten alle Mitarbeitenden neue Verträge mit neuem Lohnsystem. Grosszügige Übergangsregelung.

Quelle: in Anlehnung an Frei et al. (1993) und aufgrund von Interviews

---

[317] Es handelt sich um den Interviewpartner, Herrn Dr. J. Simon.

b) Lohnsystem:

Das neue Lohnsystem unterstützt die neue Organisation, ist aber für deren Erfolg nicht zwingend. Es wurde nur möglich dank dem Status als Institut. Folgende Übergangsregelung wurde getroffen:
- 4 Jahre Besitzstandsgarantie (bis 2001)
- Lohnerhöhungen beschränkt (maximal 5% für das Jahr 1997)

Das System beinhaltet im Wesentlichen:
- fixer Basislohn
- Qualifikationszulage (maximal 40% des Basislohns)
- Leistungskomponente (Maximum mit zunehmender Hierarchiestufe höher)

Rund die Hälfte der Mitarbeitenden musste im Anschluss an die ersten Qualifikationsgespräche zur Kenntnis nehmen, dass sie ohne Besitzstandsgarantie weniger verdienen würde. In der Abteilung Marken waren es nur rund ein Viertel. Dies hängt wesentlich mit der Altersstruktur zusammen: Das Durchschnittsalter im IGE betrug knapp 50 Jahre, während es in der Abteilung Marken bei rund 35 Jahren lag.

c) Lohnerhöhung des Direktoriums

Anschliessend an den Statuswechsel vom Bundesamt zum Institut wurde das Direktorium von drei auf fünf Personen ausgeweitet und die Lohnsumme schwergewichtig beim Direktorium erhöht. Mit dieser Massnahme, obgleich sie vom Personalamt gutgeheissen wurde, hat sich das IGE einigen Goodwill verspielt, auch innerhalb der Bundesverwaltung. Ob die Begründung "Anpassung an Marktlöhne" wirklich stichhaltig ist, ist schwer nachzuprüfen, ist aber für den Goodwillverlust von zweitrangiger Bedeutung.

d) Ausbildung

Das Kader besuchte einen Kurs zum Thema Führung. Die neuen Mitarbeitenden besuchten einen Teamentwicklungskurs.

7.5 Bisherige Abläufe

Die bisherigen Abläufe waren sehr kompliziert. Obgleich dies schon früher bekannt war, konnte erst im Rahmen des Projektes eine Analyse gemacht werden, welche die hohe Komplexität des

Ablaufes - selbst im einfachsten Fall - eindrücklich darlegte und die Notwendigkeit struktureller Veränderungen unterstrich.

Darstellung 55: Abläufe in der alten Organisation

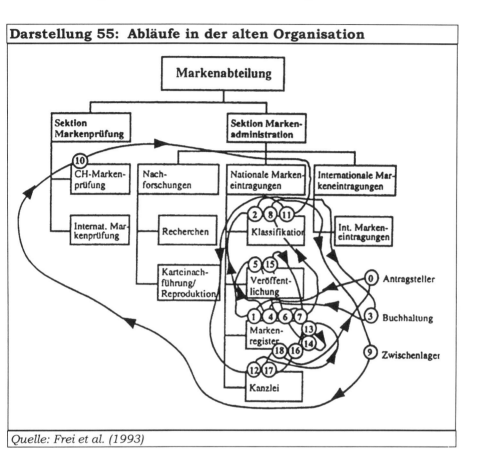

Quelle: Frei et al. (1993)

7.6 Neue Organisation

Die neue Organisation sieht wie folgt aus:

Darstellung 56: Organigramm Markenabteilung IGE

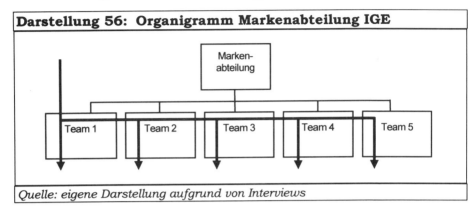

Quelle: eigene Darstellung aufgrund von Interviews

Die Teams sind alle zuständig für die ihnen zugewiesenen Gesuche. Die Aufgaben umfassen:

- Ersterfassung
- CH-Markenprüfung
- Klassifikation
- Eintragung
- IR-Markenprüfung
- IR-Eintrag
- Nachforschung
- Markenänderung
- Widersprüche
- Herkunftsbezeichnung

Neben diesen Aufgaben, die alle Teams gleichzeitig übernehmen, wurden jedem Team eine Spezialaufgabe zugeteilt: Eingang/Verteilung (Triage), Mahnungen, Statistiken usw.
Die Teams wurden als Sektionen ausgestaltet. Damit erhöhte sich die Anzahl Sektionschefs von zwei auf fünf. Dies war einer der wesentlichen Punkte, bei denen das EPA nicht ohne weiteres einverstanden war.

7.7 Resultate

a) Leistung

- Jede(r) weiss, wie viele Dossiers jede andere Person bearbeitet hat (seit Anfang 1996).
- Eine Leistungsorientierung nach oben hat stattgefunden. Heute gelten Spitzenleistungen als Massstab, nicht mehr Durchschnittsleistungen.
- Steigerung: mit dem 2,2-fachen Personalbestand wurde die Leistung verdreifacht.

b) Evaluationen

Eine Evaluation durch die Hochschule St. Gallen im August 1995 ergibt widersprüchliche Resultate. Obgleich eine Mitarbeiterbefragung Hinweise auf wesentliche Verbesserungen gibt, zeigen die harten Kennzahlen in die falsche Richtung: erhöhter Bearbeitungsrückstand und längere Durchlaufzeiten.
Eine Semesterarbeit von zwei Studentinnen des IDHEAP im Juni 1996 kommt zu einer kritischen Einschätzung. An der Erreichbarkeit der hohen gesetzten Ziele wird gezweifelt[318].

Aus heutiger Sicht[319] kann jedoch von einem Erfolg gesprochen werden: Die Eintragungen konnten 1996 mehr als verdoppelt werden, der Pendenzenberg wurde halbiert. Damit sind die gemachten Prognosen erstaunlich genau erreicht worden. Allerdings bleibt unklar, wie stark die einzelnen Gründe für diese positive Entwicklung verantwortlich sind: Das neue Informatiksystem, die neue Organisation oder die zehn zusätzlich (befristet) eingestellten Personen. Fest steht, dass die Leistungssteigerung die prozentuale Personalaufstockung deutlich übertrifft.

---

[318] Vgl. Othenin-Girard/Hitz (1996).
[319] Stand März 1997

Darstellung 57: Kennzahlen des BAGE/IGE						
	1991	1992	1993	1994	1995	1996	1997
Gesuche	8	9	13	11	15	10	(8)
Eintragungen	6	7	7	6	6	15	(15)
Pendenzen	7	7	8	11	17	10	(6)
Anmerkung: Zahlen in 1'000; Prognosen in Klammern						
Quelle: IGE (1997)						

c) Negative Schlagzeilen

Es sind mehr Kaderstellen entstanden (fünf statt zwei Sektionen). Dies wurde zusammen mit der Lohn- und Beförderungspolitik von aussen sehr kritisch betrachtet. Dies ist ein Grund, warum das IGE bezüglich der Reorganisation nicht gerne als Vorzeigebeispiel verwendet wird. Ob diese Massnahmen gerechtfertigt waren, ist sehr schwer objektiv zu beurteilen.
Zudem wurden die erhöhten Prämien für eine Eintragung heftig kritisiert (von Fr. 200.- auf Fr. 400.-). Stellt man sie in Relation zu den Prämien im Ausland und zu den Aufwendungen, die eine private Firma für Entwicklung und Vermarktung einer Handelsmarke auf sich nimmt, erscheint diese Kritik wenig stichhaltig.

d) Qualität der Entscheide

Es besteht die Gefahr, dass bei Konzentration auf (messbare) Mengenziele die (kaum messbare) Qualität der Entscheide sinkt. Das heisst, dass Marken fälschlicherweise beanstandet bzw. eingetragen werden. Zwar sind Qualitätsstandards in Weisungen definiert, aber das Problem liegt bei der Kontrolle, da viele Wertungsentscheide zu fällen sind. Die gestiegene Anzahl der Personen und der Anteil der neuen Mitarbeitenden erschwert die Fehlervermeidung. Es gibt eine grobe Nachkontrolle und Unsicherheitsfälle werden in Koordinationssitzungen besprochen. Eine Senkung der Qualität der Entscheidungen würde sich in vermehrten Rekursen bei der Rekurskommission für geistiges Eigentum niederschlagen. Solches wurde bisher aber nicht festgestellt.

7.8 Analyse

Darstellung 58: Einordnung Fall IGE-Markenabteilung

Kriterien	Ausprägungen		
Einbindung	Institut (seit 1996)	FLAG	normal (vor 1996)
Regulierende Aufgaben	hauptsächlich	teilweise	keine
Gratis abzugebende Produkte	hauptsächlich	teilweise	keine
Monopol	ja	teilweise	nein
Messbarkeit	ja	teilweise	nein

Quelle: eigene Darstellung

Darstellung 59: Prozessorganisation im Fall IGE - Markenabteilung

Prozessidee	Case-Teams realisiert.
	Prozessverantwortung realisiert.
Triage	Nach Zufall.
informationelle Vernetzung	Gemeinsame Datenbank realisiert. Nur die Resultate einzelner Arbeitsschritte werden abgebildet, die organisatorische und fachliche Bewältigung der Schritte bleibt offen.
Effizienz	Steigerung der Durchlaufzeiten war das vorrangige Ziel des Projektes.
	Die Ausweitung des Tätigkeitsfeldes und der diesbezüglichen Wahlmöglichkeiten wirken im allgemeinen motivierend.
Orientierung	Der intensiven Nutzung der horizontalen Synergien steht kein aktives Wissensmanagement gegenüber.
Kernkompetenz	Geschwindigkeit der Eintragung.
	Eventuell Recherchenqualität.
	Eventuell Akzeptanz.
Outsourcing	Betrifft das Amt bzw. Institut als Ganzes.
	Stand im Reorganisationsprojekt nicht zur Diskussion.
Besonderes	Reengineering in *einer* Abteilung möglich.
	Teilzeitarbeit wird in der neuen Struktur tendenziell eher möglich.

Quelle: eigene Darstellung

Die Prozesse wurden nicht überorganisiert: Es wurde nur festgelegt, was in welcher Reihenfolge zu tun sei. Wer dies wann zu tun hat - also die *Koordination innerhalb des Teams* - wurde bewusst den Teams überlassen. Um eine tatsächliche Flexibilität zu erreichen, wurden die Mitarbeitenden dazu angeregt, ihr Tätigkeitsfeld auszudehnen. Eine Erweiterung des Tätigkeitsspektrums fand bei fast allen Mitarbeitenden statt, hielt sich aber meist im Rahmen zusätzlicher Aufgaben im bereits bekannten Fachgebiet.

Die Anfragen werden laufend numeriert, die Verteilung erfolgt aufgrund der Nummern und daher *zufallsorientiert*. Diese Aufgabe wird von einem Team wahrgenommen, das somit nicht beeinflussen kann, welche Anfrage in welchem Team behandelt wird. Aus Kundenkreisen war zu vernehmen, dass eine feste Zuteilung von Bearbeitungsteams begrüsst würde. Dies wurde jedoch bewusst vermieden. Dem Vorteil von spezifischen Kundenkenntnissen stehen gewichtige Nachteile gegenüber. Es besteht beispielsweise die Gefahr, dass sich ein Prüfer zu stark mit der betreffenden Firma identifiziert und durch persönliche Kontakte die für ein objektives Bearbeiten nötige Distanz verliert.

Das neue Informatiksystem BAGIS ist nicht von zentraler Bedeutung für die Organisationsstruktur. Das Informatiksystem ist so ausgestaltet, dass es auch die alte Organisation unterstützt hätte. Dies widerspricht scheinbar der Idee der Informationstechnologie als "enabler". Deshalb wird das System näher betrachtet. Es zeichnet sich durch folgende Faktoren aus:
- An der Schnittstelle von Markenprüfung und Buchhaltung entstanden bisher Verzögerungen und Fehler. Das neue System übernimmt nicht nur das Ausstellen von Rechnungen, wenn eine kostenpflichtige Handlung vorgenommen wurde, es löst bei Zahlungseingang direkt z.B. die Publikation im Schweizerischen Handelsamtsblatt aus. Es verhindert aber auch Arbeitsschritte, die bei ausstehenden Rechnungen nicht vorgenommen werden dürfen.
- Sämtliche Vorgänge können von den Benutzern definiert werden. So sind zum Beispiel Preisänderungen oder Änderungen in den Textbausteinen der Rechnungen ohne Beizug eines Informatikers möglich. Wenn neue Gesetze neue Vorgänge erfordern, können diese definiert werden, ohne dass das Programm geändert werden muss. Eine wichtige Konsequenz von BAGIS ist die erhöhte Transparenz der Leistung der einzelnen Sektionen (Teams) sowie der gesamten Abteilung. Das Informatikprojekt wurde mit einiger Verzögerung zum Reorganisationsprojekt lanciert. Weil der Projektleiter auch im Reorganisationsprozess integriert war, wurde eine aufwendige Koordination nicht nötig.
- Es wurde bewusst auf ein Workflow Managementsystem verzichtet, weil dadurch betriebliche Abläufe fixiert worden wären. Statt dessen wurden eine objekt- bzw. ereignisorientierte Programmierung gewählt. Sie erlaubt eine flexible Arbeitsaufteilung im Team.

Die gesteigerte Effizienz ist in diesem Fall dokumentiert. Die enorme Leistungssteigerung ist zwar teilweise auf einen erhöhten Personalbestand zurückzuführen, ist aber deutlich überproportional.

Eine verbesserte Orientierung der Markenabteilung ist nicht angestrebt worden. Einerseits sind diesbezüglich Verbesserungen zu erwarten, weil nun die gesamten Prozesse überblickbar werden und ein fachübergreifender Wissensaustausch in den Teams stattfindet. Andererseits scheint ein wesentliches Versäumnis zu sein, dass die Bildung von Kompetenzzentren nicht wenigstens diskutiert worden ist. Es besteht die Gefahr, dass fachspezifisches Know-How nicht gezielt weiterentwickelt wird[320].

Die Frage von Kernkompetenzen wurden nicht diskutiert. Ziel war vor allem die Verkürzung der Durchlaufzeiten. Die der Reorganisation entstandenen Möglichkeiten werden nun kommerziell genutzt: Gegen eine Gebühr kann eine Eintragung im Expressverfahren angefordert werden. Damit besteht eine mögliche, schwer nachahmbare Differenzierung gegenüber der ausländischen Konkurrenz.

Outsourcing wurde im Rahmen des Reorganisationsprojektes nicht diskutiert. Allerdings wurde das Amt durch die Umwandlung zum Institut als Ganzes einem Outsourcing unterzogen. Weil die Leistungen nur teilweise messbar sind und nur teilweise Wettbewerbsbedingungen unterstehen, wurde auf eine reine Privatisierung verzichtet. Der elf Personen umfassende Institutsrat wurde mit vier höheren Beamten der Bundesverwaltung besetzt.

In der Regel ist davon auszugehen, dass ein Reengineering ein ganzes Amt zu umfassen hat und nicht nur einzelne Abteilungen davon[321]. Es ist eine Besonderheit dieses Beispiels, dass dies hier nicht zutrifft. Der Prozess der Markeneintragung funktioniert praktisch nämlich unabhängig von den anderen Abteilungen des Amtes. Ebenfalls beachtenswert ist, dass sich die Möglichkeiten zur Teilzeitarbeit verbessert haben. Dies ist insbesondere

---

[320] Der damalige Abteilungsleiter erklärte in einem Interview, dass er aus heutiger Sicht die Bildung eines Kompetenzzentrums für juristische Fragen als vorteilhaft einstuft.
[321] Vgl. Osterloh/Frost (1996, S. 121).

bezüglich Fragen der Geschlechterdiskriminierung im Zusammenhang mit NPM relevant (siehe Seite 63).

7.9 Fazit

Das Fallbeispiel IGE ist sehr facettenreich. Es illustriert, wie ein Amt mit Reengineering auf einen zunehmenden Leistungsdruck reagieren kann. Es zeigt auch klar die Problematik einer möglicherweise überbordenden „Kundenorientierung" bei einer Behörde, welche neutrale Entscheide zu fällen hat. Mit der Triage nach Zufall wurde ein elegantes Mittel gefunden, um die Neutralität der Bearbeitung zu gewährleisten. Herausragend ist, dass die Leistungen der Markenabteilung im Geschäftsbericht veröffentlicht werden. Es ist das einzige Beispiel, bei dem eine Leistungssteigerung so klar dokumentiert ist.

8 SMA

Das Fallbeispiel SMA wird etwas ausführlicher dargestellt. Erstens ist es als FLAG-Pilotprojekt besonders interessant und zweitens liegen dem Autor durch seine Beratungstätigkeit detailliertere Informationen vor.

8.1 Aufgaben

Die Schweizerische Meteorologische Anstalt hat gemäss Gesetz und in Übereinstimmung mit dem Leistungsauftrag folgende vier Aufgabenbereiche: Es sind erstens meteorologische Beobachtungen und Witterungsaufzeichnungen mit eigenen Stationen zu machen und zeitweilig zu veröffentlichen. Zweitens ist eine Beteiligung am internationalen Austausch von Witterungsdaten zu betreiben. Drittens sind die Beobachtungen auszuwerten und Dienstleistungen für die Bedürfnisse des praktischen Lebens zu erbringen. Und viertens ist die anwendungsorientierte Forschung in der Meteorologie zu fördern.

Praktisch kann die Tätigkeit der SMA durch die fünf Produktegruppen aus dem Leistungsauftrag beschrieben werden:

Darstellung 60: Kostenstruktur

Produktgruppe	Aufwand ca.
1. Meteorologische Grundinformationen	20 Mio.
2. Flugwetterdienst	17 Mio.
3. Warnungen (vor aussergewöhnlichen Wettererscheinungen)	22 Mio.
4. NAZ (Zusammenarbeit mit der Nationalen Alarmzentrale)	3 Mio.
5. erweiterte Dienstleistungen (z.B. individuelle Beratungen, Segelwetterprognose usw.)	4 Mio.
Quelle: SMA/EDI (1997) und SMA 1998	

Es ist anzumerken, dass die Leistungserstellungsprozesse für alle Produkte in höchstem Masse verflochten sind. Sie nehmen gegenseitig aufeinander Bezug. Insbesondere die Meteorologischen Grundinformationen sind einerseits Output, andererseits Input für die weiteren Produkte.

Der Ablauf der Erstellung einer Wetterprognose kann wie folgt charakterisiert werden:

Darstellung 61: Prognoseerstellung

Tätigkeit	Kommentar
Daten erheben, tauschen, kaufen	Aus sechs verschiedenen Systemen werden Daten verarbeitet (Radiosonden, Wetterstationen usw.), teilweise geht dies automatisch, teilweise von Hand.
Daten im Informatiksystem ablegen und bearbeiten	Die Übertragung erfolgt teilweise automatisch, teilweise von Hand.
Prognose erstellen	Daten und Wetterlage sichten, verschiedene automatisierte Prognosen vergleichen, entscheiden.
Produkte massschneidern	Spezifische Prognosen anfertigen wie Segelwetter, Flugwetter oder Strassenzustand.

Quelle: eigene Darstellung aufgrund von Interviews

Der Unterhalt und 24-Stunden-Betrieb der Netze und Wetterstationen ist aufwendig und bindet viele Ressourcen.

8.2 Wie ist die SMA organisiert?

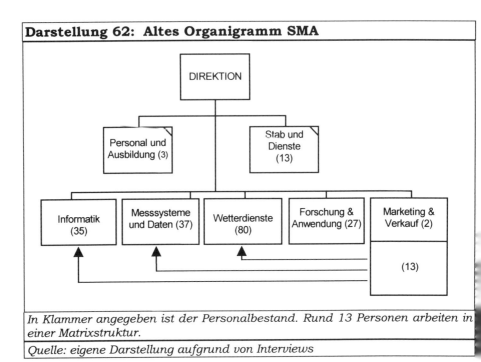

Darstellung 62: Altes Organigramm SMA

In Klammer angegeben ist der Personalbestand. Rund 13 Personen arbeiten in einer Matrixstruktur.

Quelle: eigene Darstellung aufgrund von Interviews

Die SMA beschäftigt rund 200 Personen. Die bisherige Organisation zeigt eine Gliederung nach Fachgebieten. Erst kürzlich neu geschaffen worden ist der Bereich Marketing & Verkauf, welcher für das Marketing verantwortlich ist und den Marktauftritt der SMA koordinieren soll. Es ging darum, die Idee der Kundenorientierung praktisch umzusetzen.

8.3 Welche Strategie verfolgt die SMA?

Gestützt auf den Leistungsauftrag verfolgt die SMA die folgenden Ziele und Strategien:

Darstellung 63: Ziele und Strategien aus dem Leistungsauftrag	
Ziel 1	Sicherstellung kontinuierlicher Datenerfassung in hoher Qualität
Ziel 2	Sicherstellung hoher kundenkonformer Verfügbarkeit der Dienstleistungen, basierend auf einem fundierten Marketing
Ziel 3	Sparvorgabe 2,5% für 1997, auf 10% steigend für 2000
Ziel 4	Verstärkung der internationalen Zusammenarbeit
Ziel 5	Gesetzliche Grundlagen für kommerzielle Aktivitäten schaffen
Ziel 6	Anpassung der Amtsorganisation und der Führungsstruktur an das Prinzip der wirkungsorientierten Verwaltungsführung
Quelle: SMA/EDI (1997), SMA/BR (1996)	

Das *Leitbild* besagt, dass neben dem "Grundangebot" auch "weitere, spezielle meteorologische Produkte und Dienstleistungen" erstellt werden sollen. Es hält fest, dass folgende Punkte als besondere Kompetenzen betrachtet werden:
- Datenerhebung
- Datenverarbeitung
- Marketing / Kundenorientierung
- Internationale Zusammenarbeit und
- Forschung und Entwicklung

Allerdings stehen der Umsetzung - insbesondere bei der Kundenorientierung - noch erhebliche Probleme im Weg.

Für die Jahre 1996-1999 hat sich die SMA folgende Hauptvorhaben vorgenommen:
- Qualitätssteigerung
- Kundenorientiertes Arbeiten
- Handlungsspielraum für ganze SMA ausdehnen
- Umsatzsteigerung bei den erweiterten Dienstleistungen
- Verstärkte internationale Zusammenarbeit

8.4 Ausgangslage und Umfeld

Das Umfeld der SMA ist geprägt durch eine Reihe von einschneidenden Faktoren:

a) Pilotamt allgemeine Bundesverwaltung

Die SMA wurde per Anfang 1997 - zusammen mit dem Bundesamt für Landestopographie - als Pilotamt für New Public Management bzw. "Führen mit Leistungsauftrag und Globalbudget" (FLAG) gewählt. Die Vorbereitungsaufgaben dazu waren sehr aufwendig und haben viele Personalressourcen gebunden. Sie umfassten die Produktedefinition, das Einführen eines internen Rechnungswesens (SAP/R3) und die Ausarbeitung von Vorschlägen für den Leistungsauftrag und das Globalbudget.

b) Private Konkurrenz und Einschränkung durch Kartellkommission

Eine private Firma versuchte, den Handlungsspielraum der SMA über die Kartellbehörde einzuengen. Damit entstand eine gewisse Verunsicherung. Die Vorabklärungen der Kartellkommission gaben vorläufig grünes Licht für die weitere kommerzielle Aktivität der SMA. Dabei blieben aber wesentliche Punkte ungeklärt: Als wünschenswert wird beispielsweise die Prüfung einer organisatorischen Trennung zwischen unentgeltlichen und kommerziellen Produkten angesehen.

c) Kompetitives Umfeld

Die SMA hat in weiten Bereichen kein Monopol auf ihre Produkte. Von Seiten der Kunden und der Konkurrenz besteht ein Druck zur Effizienz. Dies verträgt sich allerdings schlecht mit der Tatsache, dass früher gratis abgegebene Leistungen neu zu verrechnen sind.

Früher unterlagen Wetterberichte am Radio und in Zeitungen wenigen Veränderungen. Heute sehen die Medien ihre Präsentation des Wetters als Differenzierungsmöglichkeit an und verlangen laufend neue, weniger wissenschaftlich genaue, dafür leichtverständliche, eingängige Präsentationen. Am Fernsehen entwickelt sich der nüchterne Wetterbericht zur richtigen Wettershow. Satellitenwolkenbilder werden auf Fernsehkanälen oder per Internet fast zeitverzögerungsfrei abrufbar. Andere Kanäle liefern aktuelle Realbilder von Ferienorten.

8.5 Welche Stärken hat die SMA?

a) Wissenschaftlichkeit

Die SMA verfügt über (im internationalen Vergleich) gute, genaue Daten und über besonders ausgeklügelte Wettermodelle. Diese ermöglichen es, trotz der speziellen Topographie der Schweiz, welche die Arbeit stark erschwert, relativ treffsichere Prognosen zu stellen. Der Umgang mit Messinstrumenten und die Interpretation der gelieferten Daten gehört zu den Kompetenzen der SMA.

b) Verwaltungswissen

Der Umgang mit den verwaltungsinternen Vorschriften (wie z.B. dem Budgetprozess oder dem Anstellungsverfahren) wird gut beherrscht.

c) Gesetzesauftrag

Die SMA hat den gesetzlichen Auftrag, Wetterprognosen kostenlos zu verbreiten. Die dafür vom Bund zur Verfügung gestellten Mittel bilden die finanzielle Basis für die eigenen Aktivitäten. Es ergibt sich aber nur zu geringem Anteil eine monopolähnliche Stellung. Einmal erfasste Wetterdaten sind nämlich zu einem weit unter den Gestehungskosten liegenden Preis an Interessierte, also auch an Konkurrenten, abzugeben. So muss auch das Fernsehen DRS von den umfangreichen Werbeeinnahmen der Meteo-Sendung, welche mit quasi subventionierten Wetterdaten realisiert wurde, nichts abgeben.

8.6 Welche Probleme bestehen innerhalb der SMA?

a) Wissenschafts- statt Kundenorientierung

Als wichtiger Wert in der SMA gilt die Wissenschaftlichkeit und Genauigkeit der Daten. Bei den Kunden stehen vielfach tiefe Preise und kurze Termine im Vordergrund. Dies gilt besonders im Wetterbereich, weniger im Bereich Klima, wo schon geringste Messabweichungen zu unterschiedlichen Prognosen führen können. Trotz Anstrengungen des Bereichs Marketing & Verkauf sind Zuständigkeiten und Abläufe bei Produktentwicklungen und Offertstellungen unklar und es herrscht eine uneinheitliche

Praxis. Das Bearbeiten von Kundenanfragen ist nicht routinisiert und geschieht in sehr aufwendiger oder mangelhafter Koordination unter den Abteilungen und Sektionen.

b) Wirtschaftlichkeitsüberlegungen nicht integriert

Viele Mitarbeitende haben eine naturwissenschaftliche und kaum eine betriebswirtschaftliche Ausbildung. Für einige verrechenbare Leistungen wurde bisher gar keine Rechnung gestellt. Obgleich ein betriebswirtschaftliches Rechnungswesen sich im Aufbau befindet, ist das betriebswirtschaftliche Denken (noch) nicht tief verankert.

c) Ressourcenzuteilung problematisch

An einem Workshop wurde als wichtigstes Problem der SMA die Ressourcenzuteilung im Zusammenhang mit der Informatik identifiziert. Als mögliche Ursache kommt der stark konsensorientierte Führungsstil in Frage, der bei der grossen Anzahl Geschäftsleitungsmitglieder (acht) die Entscheidungsfreudigkeit lähmt. Eine andere mögliche Ursache ist folgende: Eine zu geringe Delegation von Entscheiden, kombiniert mit einer verwaltungstypischen Verantwortungsscheu, führt dazu, dass die Koordination zwischen den Abteilungen die Geschäftsleitung stark beansprucht (sog. Kamin-Effekt).

d) Resultateverantwortung unklar

Es wurden zwar Produktverantwortliche benannt, aber nachdem man erkannte, dass ihnen die wesentlichen Kompetenzen fehlen, um wirklich Verantwortung zu tragen, wurden sie konsequenterweise in Produktbearbeitende umbenannt.

8.7 Einführung

Die Entwicklung und Einführung wird in Quartalsschritten (I-IV) beschrieben[322].

I/96 Geschäftsleitungsseminar: Überprüfen und Festlegen der Kernkompetenzen und Strategien.

II/96 Aufgrund des Bundesratsbeschlusses zum "Führen mit Leistungsauftrag und Globalbudget" vom 3. 4. 1996 ist

---

[322] Die folgende Beschreibung basiert teilweise auf SMA (1997).

die SMA als Pilotamt ab 1.1.1997 entsprechend zu führen.
Es werden folgende Teilprojekte lanciert:
- Neugestaltung der externen Führungsinstrumente (z.B. Leistungsauftrag, Reporting usw. und Neugestaltung des entsprechenden Bundesgesetzes)
- Grundsätze zur Erbringung von kommerziellen Dienstleistungen erarbeiten
- interne Führungsinstrumente anpassen (Führen mit Zielvereinbarung, Projektmanagement, Rechnungswesen)
- Aufbau von Marketing (z.B. Einführung von Geschäftsfeldverantwortung)
- Prozesse: Anpassung der organisatorischen Strukturen.

Das Teilprojekt *Prozesse* wird hier vertieft vorgestellt.

Verschiedene Offerten für die Beratung werden eingeholt. Der Entscheid fällt für eine Beratung durch das Eidgenössische Personalamt. An einer Vorbereitungssitzung mit Beratern und der Geschäftsleitung wird das Vorgehen besprochen. Es werden die Projektziele festgelegt:
- Verbesserte Führbarkeit des SMA
- Kundenorientierung
- Flexibilität
- Förderung der Personalentwicklung

Ebenso festgelegt wird die Projektorganisation:
- „Kernteam": Projektleiter, drei weitere Geschäftsleitungsmitglieder und zwei Berater.
- „Plenum": Kernteam plus verschiedene Teams, bestehend aus Mitarbeitenden verschiedener Hierarchiestufen, je nach Aufgabenstellung.

III/96 Ein Kickoff-Meeting wird veranstaltet. Erste Analysen von ausgewählten Prozessen werden durchgeführt. Eine Plenumssitzung ergibt zahlreiche gegenseitige Abhängigkeiten der Prozesse. Es entstehen Neugruppierungen und weitere Prozesse werden in die Analyse mit einbezogen.
Die Mitarbeitenden äussern an der Plenarsitzung, dass die „wirklichen Probleme" der SMA so nicht angegangen

werden. Es wird in Gruppenarbeit eine „Problemlandschaft" erstellt. Diese ortet Probleme bei Produktentwicklung, Offertstellung, Preisgestaltung, Rollenverständnis der Produktebearbeitenden und der Zuständigkeit bezüglich Marketing.

IV/96 An einer weiteren Plenarsitzung werden Lösungen der Problemlandschaft gesucht. Es zeichnet sich ab, dass für die weitere Bearbeitung Strukturvorgaben von der Geschäftsleitung gefragt sind, da den Analyse-Teams der Überblick fehlt.

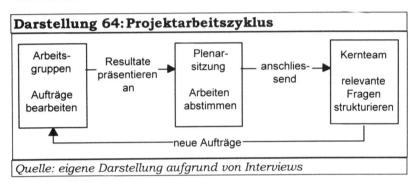

Darstellung 64: Projektarbeitszyklus

Quelle: eigene Darstellung aufgrund von Interviews

Das Kernteam erarbeitet in einem zweitägigen Workshop vier Vorschläge für die neue Grobstruktur des SMA und bewertet diese.
1. Back / Front: Datenerfassung und Datenverarbeitung werden getrennt.
2. Wetter / Klima: Die beiden Anwendungsgebiete werden getrennt.
3. Produktgruppen 1&3&4 / 2&5: zusammengefasste Produktgruppen bilden den Ausgangspunkt.
4. wie bisher: Optimierungen werden in der vorhandenen Struktur angestrebt.

I/97 Die Analysephase wird offiziell abgeschlossen – Vorgaben Geschäftsleitung sind noch offen.
Der Direktor entscheidet sich auf Empfehlung des Kernteams für Variante 2, Unterscheidung Wetter/Klima..

II/97 Die Phase „Detailplanung 1" wird eröffnet.
Für die Bearbeitung aus Perspektive der neuen organisatorischen Einheiten werden Personen „designiert". De-

	signierte sind *provisorisch* für die spätere Führung der von ihnen bearbeiteten Einheiten vorgesehen. Die designierten Personen stellen ein Bearbeitungsteam zusammen und entwickeln eine detailliertere Struktur für den ihnen zugeteilten Bereich.
III/97	Im Plenum wird ein Informationsmangel festgestellt, obgleich alle Projektdokumente fast allen Mitarbeitenden online zur Verfügung stehen. Darauf wird mit einem Informationsschreiben und einem Informations- und Ausbildungsnachmittag an drei Standorten der SMA reagiert.
IV/97	Die Ausgestaltung der Bereiche „Informatik" und „Marketing und Verkauf" zeichnen sich als besonders problematisch ab. Durch Gespräche mit Experten, an denen der Direktor, das Kernteam und eine Vertretung der Betroffenen teilnehmen, werden die Grundlagen für einen detaillierten Strukturvorschlag gelegt. Dieser wird anschliessend vom Direktor genehmigt. Eine weitere schriftliche Information zum Projektstand erfolgt.

I/ 98	Die Phase „Detailplanung 2" wird eröffnet. Folgende Teilprojekte (TP) werden gebildet:
	• TP1: Führungsprozesse
	   Entwicklung eines neuen Rollenverständnisses und eines Kompetenzenrasters
	• TP2: Produktions- und Supportprozesse
	   Umsetzen der Resultate der Analysephase auf operativer Ebene, Entwickeln von Vorgaben für die Teams.
	• TP3: Personalrechtliches
	   Schaffen der personalrechtlichen Voraussetzungen für neue Stellenbesetzungen und Änderungen der Pflichtenhefte.
	• TP4: Information
	   Sicherstellen der Information der Mitarbeitenden mittels einer kritischen, elektronischen Hauszeitschrift und anderen Massnahmen.
	• TP5: Infrastruktur
	   Eruieren und abdecken des Bedarfs an Infrastruktur für die neuen Teams.

II/98
- TP6: Ausbildung
  Feststellen und abdecken des Ausbildungsbedarfs, der sich aus der Umstellung ergibt. Stellen der 2. Hierarchiestufe werden definitiv besetzt, Stellen der 3. Hierarchiestufe werden intern ausgeschrieben.
  Im Rahmen von TP2 werden Anforderungen an die neuen Organisationseinheiten formuliert. Teams, welche die neuen Anforderungen erfüllen, werden in die neue Struktur entlassen.

Zusammenfassend lässt sich das Projekt wie folgt darstellen:

Darstellung 65: Projektphasen und Einbezug der Hierarchieebenen

Ebene \ Phase	Analyse		Detailplanung 1				Detailplanung 2 / Umsetzung			
1. Direktor	☐		■				☐			
2. Abt. Leiter	▨		▨ ▨							
3. Sektionschefs	▨ ▨		▨ ▨				▨ ▨ ▨			
4. Gruppenleiter / Mitarbeiter	▨						▨ ▨			
Quartal	2/96	3/96	4/96	1/97	2/97	3/97	4/97	1/98	2/98	3/98	4/98

Legende:
☐ Entscheidung
Schraffur Projektmitarbeit

Quelle: eigene Darstellung aufgrund von Interviews

8.8 Neue Organisation

Die hier abgebildete Struktur entspricht dem Projektstand vom Start der Detailplanung 2. Sie hat sich im Rahmen der Detailplanung 1 stark gewandelt.

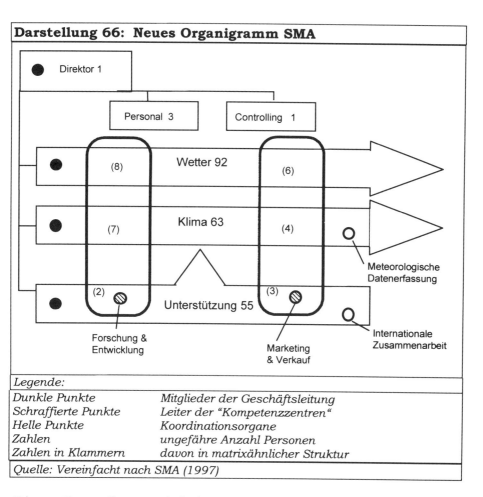

Diese Darstellung wird in den folgenden vier Abschnitten ausführlich erläutert.

a) Operationelle Bereiche

Die SMA gliedert sich in zwei „operationelle" Bereiche Wetter und Klima. Diese sind in der Darstellung 66 als horizontale Pfeile dargestellt. Dort findet die eigentliche Leistungserstellung statt. Diese Bereiche sind daher mit grösstmöglichen Entscheidungskompetenzen ausgestattet. Darauf wird bei weiteren, der Besprechung folgenden Abschnitten noch eingegangen.

Die Bereiche unterteilen sich - in der Darstellung nicht sichtbar - in je sechs bzw. fünf Prozessteams zu rund zehn Mitarbeitenden, wobei die Teams mit Schichtdienst entsprechend grösser sind.

Darstellung 67: Untergliederung der Bereiche

Wetter	Wettervorhersage deutsch
	Flugwetter deutsch
	Modelle
	Radar und Satelliten
	Wettervorhersage französisch
	Wettervorhersage italienisch
Klima	Messtechnik
	Bodendaten
	Atmosphärendaten
	Klimatologie
	Bio-/Umweltmeteorologie

Quelle: SMA (1997)

b) Unterstützungsbereich

Der Unterstützungsbereich beinhaltet im Wesentlichen die Informatik und die zentralen Dienste. Das Personalwesen wurde wegen seiner politischen Bedeutung direkt dem Direktor unterstellt, arbeitet aber für operative Aufgaben mit dem Leiter Unterstützung zusammen. Er beherbergt auch die Kerngruppen „Marketing und Verkauf" sowie „Forschung und Entwicklung" und das Koordinationsorgan „Internationale Zusammenarbeit".

Auf eigenen Vorschlag des entsprechenden Bearbeitungsteams, wurde die Informatik im Support eingegliedert. Dadurch wurde die Schnittstelle zu den Abteilungen Wetter und Klima völlig neu gestaltet. Bisher hatte die Informatik ein eigenes Budget, welches alle ihre Tätigkeiten abdeckte. Neu erhält die Informatik nur für die Grundleistung Budgetgelder zugesprochen, der Rest wird an die operationellen Bereiche verteilt. Nun können sie zusätzliche

Leistungen von der Informatik, wie z.B. Softwareentwicklungen einkaufen. Damit werden zwei Probleme angegangen. Erstens werden die bisher überbordenden Ansprüche der übrigen Abteilungen an die Informatik durch eigene Budgetverantwortung gezügelt. Andererseits müssen die Abteilungsleiter ihre Bedürfnisse in internen Aufträgen klarer formulieren.
Die Informatik gibt Dokumentationsvorgaben für von den Abteilungen selber erstellte Software heraus. Damit wird sichergestellt, dass die Informatik diese Software warten kann. Die Abteilungen können aber selbst entscheiden, ob sie die Dokumentationsvorgaben erfüllen wollen oder auf eine Wartung durch die Informatikabteilung verzichten.

c) Kompetenzzentren

Marketing und Verkauf sowie *Forschung und Entwicklung* sind als Kompetenzzentrum ausgestaltet. Dies bedeutet, dass ihre Aufgabe darin besteht, Tätigkeiten der operationellen Bereiche bezüglich ihres Fachgebietes zu betreuen. Dies geschieht im Wesentlichen mit folgenden Aufgaben:
- Fachausbildung
- Fachliche Unterstützung
- Erstellen Fachkonzept
- Koordination / Richtlinien
- Sicherstellen des Informationsflusses

Kompetenzzentren bestehen aus einer „Kerngruppe", welche dem Bereich „Unterstützung" unterstellt ist und einer „zugewiesenen Gruppe", welche sich aus Mitarbeitenden aller Prozessteams zusammensetzt. Diese Personen sind führungsmässig klar im Prozessteam eingegliedert. Hier wird entschieden, *was* zu tun ist. Fachtechnisch sind sie dem Kompetenzzentrum zugewiesen. Das Kompetenzzentrum berät und entscheidet, *wie* etwas zu tun ist. Personen aus der „zugewiesenen Gruppe" sind dafür verantwortlich, dass das vorhandene Fachwissen in den gesamten Tätigkeiten des Teams verknüpft angewendet wird. Auf eine Doppelunterstellung wurde bewusst verzichtet. Im Zweifelsfalle ist das Team bzw. der Leiter des Bereichs Wetter oder Klima entscheidungsberechtigt.

d) Koordinationsorgane

Die *internationale Zusammenarbeit* (IZA) wird neu von einer Stelle aus koordiniert. Nach wie vor wird diese Aufgabe aufgrund der Initiative der betreffenden Personen oder Sektionen betrieben. Neu ist, dass nun zentral umfassende Informationen über die entsprechenden Aktivitäten vorliegen und Überschneidungen festgestellt werden können. Die Koordinationsstelle ist in den Bereich Unterstützung integriert.

Die *Meteorologische Datenerfassung* (MDE) wird aus dem Bereich Klima koordiniert, weil hier das entsprechende Know-How in konzentrierter Form vorliegt.

8.9 Resultate

Es wurden mit der Reorganisation keine quantifizierbaren Ziele verfolgt, weshalb sich auch keine entsprechenden Resultate vorzeigen lassen. Es können aber einige Aussagen über die qualitativen Projektziele gemacht werden.

Bezüglich der *Führbarkeit* sind zwei Punkte wichtig: Die Geschäftsleitung hat sich von 8 auf 4 Mitglieder reduziert, was eine grössere Entscheidungsfreudigkeit begünstigen dürfte. Und die Strukturen sind so gestaltet, dass Probleme vermehrt im Team oder in der Abteilung gelöst werden können, woraus eine Entlastung der Führung resultieren sollte.

Eine verbesserte *Kundenorientierung* wird insbesondere dadurch erwartet, dass Adaptionsleistungen vermehrt selbstgesteuert in den Teams erbracht werden können, wodurch das Kompetenzzentrum „Marketing und Verkauf" in die Lage versetzt wird, sich auf die übergreifenden und strategischen Aspekte zu konzentrieren.

Bezüglich der *Personalentwicklung* bietet Arbeit in den Teams tendenziell gesteigerte Vielseitigkeit und daher mehr Möglichkeiten einer schrittweisen Ausdehnung des eigenen Erfahrungs- und Zuständigkeitsbereiches.

Die Grundstruktur der SMA ist festgelegt, aber in der Ausgestaltung besteht noch Gestaltungsspielraum. Hier wird ein nicht explizit erwähntes Resultat des Projektes sichtbar: Viele Mitarbeitende machen produktive Vorschläge. Das heisst, das Nachdenken über Routinen (double-loop learning) findet auf allen

Hierarchieebenen statt. Auch in dieser Hinsicht ist die SMA erfolgreich „dynamisiert" worden.

8.10 Analyse

Darstellung 68: Einordnung Fall SMA

Kriterien	Ausprägungen		
Einbindung	Institut	FLAG	normal
Regulierende Aufgaben	hauptsächlich	teilweise	keine
Gratis abzugebende Produkte	hauptsächlich	teilweise	keine
Monopol	ja	teilweise	nein
Messbarkeit	ja	teilweise	nein

Quelle: eigene Darstellung

Darstellung 69: Prozessorganisation im Fall SMA	
Prozessidee	Prozessverantwortung erst in der neuen Struktur möglich.
	Teamarbeit mit Selbstorganisation wird gefördert, aber reine Case-Team-Organisation nicht realisierbar.
Triage	Aufteilung nach Wetter und Klima, bzw. nach Sprachregionen.
informationelle Vernetzung	Bereits vorher realisiert.
Effizienz	Effizienzsteigerung war nicht Ziel des Projektes
Orientierung	Die neuen Strukturen unterstützen eine grössere Innovativität.
Kernkompetenz	Schnelle Reaktion auf Kundenbedürfnisse (im Aufbau).
	Kommerzielle Nutzung von gesetzlich bedingter Infrastruktur und Fachwissen.
Outsourcing	Outsourcing der kommerziellen Leistungen wurde ernsthaft diskutiert, aber nicht vorgenommen. Auch auf eine interne organisatorische Abtrennung wurde verzichtet.
Besonderes	Mangelnde strukturelle Übereinstimmung von Leistungsauftrag und Organisation (alte und neue) wirkt hinderlich.
	Wechselspiel zwischen den Hierarchiestufen gut beobachtbar.

Quelle: eigene Darstellung

Die SMA musste praktisch erfahren, was von der Organisationstheorie her klar war: Prozessverantwortung kann in einer funktionalen Struktur nicht richtig wahrgenommen werden. Erst die prozessorientierten Strukturen ermöglichen die Wahrnehmung dieser Verantwortung. Allerdings war es nicht möglich, die ganze SMA in parallel arbeitende Case-Teams zu gliedern. Die Vielfältigkeit und Vernetztheit der Aufgaben sowie die Skalenerträge der Aufgaben liessen dies nicht zu. Trotzdem ermöglicht der neue Aufgabenzuschnitt mehr Selbstorganisation im Team und bewirkt die angestrebte Entlastung der Geschäftsleitung von Entscheiden bezüglich operativer Fragen.

Die Grobgliederung nach Wetter und Klima wurde intensiv diskutiert und mit anderen Untergliederungen verglichen. Ausschlaggebend waren nicht wirklich die fachliche Abgrenzbarkeit, sondern die unterschiedlichen Kunden*bedürfnisse*: Während im Wettermarkt vor allem Geschwindigkeit, Prognosequalität und -präsentation zählen, ist im Klimabereich vor allem Messgenau-

igkeit gefragt. Da es auch Kunden gibt, welche Wetter- und Klimaprodukte bestellen, kann nicht von einer Gliederung nach Kunden*gruppen* gesprochen werden.
Im Wetterbereich wurde die vorhandene Gliederung nach den Sprachregionen beibehalten. Heute verpflichten gesetzliche Bestimmungen die SMA zu einer regionalen Aufteilung. Eine Aufhebung dieser Vorschrift wurde nicht als dringlich erachtet, da die regionale Struktur auch Vorteile bietet. So wird die Zusammenarbeit mit lokalen Behörden wie der Seepolizei erleichtert aber auch der Kontakt mit lokalen Kunden wie regionalen Zeitungen kann besser gepflegt werden.

Die EDV-Unterstützung war nicht Gegenstand des Projektes, da eine gemeinsame Datenbank und E-Mail-Möglichkeiten bereits vorher bestanden. Diskutiert wurde allerdings generell die Einbindung der Informatikabteilung, worauf unten eingegangen wird.

Die Steigerung der *Effizienz war kein Ziel* des Projektes, sondern es ging um eine Flexibilisierung, was der Projektname „Flexi" bereits andeutet. Dies trotz einer Sparvorgabe von 5% bzw. 10%. Zwar wurde im Laufe des Projektes, nach dem teilweisen Versiegen einer wichtigen Einnahmequelle moniert, man hätte Kosteneinsparungsziele setzen sollen. An den Zielen wurde jedoch nichts geändert. Wieweit es trotzdem zu Kosteneinsparungen gekommen ist, kann kaum beurteilt werden. Es gibt jedoch Hinweise, dass dies trotzdem gelungen ist.

Die Fragen bezüglich Orientierungsfunktion, Kernkompetenzen und Outsourcing sind eng miteinander *verknüpft* und werden daher integriert besprochen.
Die Prozessanalyse ergab, dass die kommerziell interessanten „erweiterten Dienstleistungen" lediglich eine kundenorientierte Detailgestaltung der gesetzlich vorgeschriebenen Leistungen erfordern. Beide Arten von Leistungen werden von den gleichen Personen, teilweise sogar im gleichen Arbeitsgang erledigt. Es ist einleuchtend, dass ein Meteorologe, der sämtliche Informationen für die Erstellung des Radiowetterberichtes (gesetzliche Leistung) studiert hat, auch gleich die Segelwetterprognosen (kommerzielle Leistung) erarbeitet. Eine Abtrennung eines „Proficenters" würde drei gravierende Probleme aufwerfen:

- Erstens könnte - ohne neue Doppelspurigkeiten zu schaffen - die Gewinn- und Führungsverantwortung kaum wahrgenommen werden, da die meisten Mitarbeitenden nur für kurze Zeitintervalle an der Erstellung von erweiterten Dienstleistungen arbeiten und in der übrigen Zeit einer anderen Abteilung unterstellt sind.
- Zweitens bestimmen die kaum objektiv festlegbaren internen Verrechnungspreise nahezu sämtliche Kosten eines solchen Profitcenters. Sie dürften daher viel Managementkapazität absorbieren, welche nicht den Kunden zugute kommt.
- Drittens hat ja die Einführung der Marketingabteilung enttäuschend wenig für die Kundenorientierung der gesamten SMA gebracht. Mit einem Profitcenter für kommerzielle Tätigkeiten würden die übrigen Mitarbeitenden noch weiter vom Markt abgeschirmt. Die Chance, durch Kundenkontakte und Marktdruck zu lernen und die eigenen Verhaltensweisen und Arbeitsmethoden anzupassen, würde vertan[323].

Die SMA muss eine Kernkompetenz im Bereich Kundenorientierung aufbauen. Sie hat praktisch erfahren, dass diese Kompetenz sich nicht durch die Einstellung eines Marketingfachmanns aus der Privatwirtschaft einkaufen lässt. Zudem besteht die Herausforderung in der kommerziellen Nutzung der zur Erbringung der gesetzlichen Leistungen nötigen Ressourcen.

Mit den „Kompetenzzentren" sind die Strukturen für ein aktives Wissensmanagement gegeben. Der Wissenaustausch wird nicht etwa dem Zufall und den Kaffeepausengesprächen überlassen, sondern wird Institutionalisiert. Die beiden Kompetenzzentren verkörpern die als strategisch erachteten Wissensgebiete. Auch Informatikwissen wurde als strategisch relevant erachtet, allerdings nur ein gewisser Teil davon, nämlich die Entwicklung von Anwendungssoftware. Dieser Teil wurde daher dem Kompetenzzentrum „Entwicklung" zugewiesen. Der andere Teil, die Entwicklung von Software für die Erfassung von Daten, verbleibt in der Informatik. Durch diese Aufspaltung wurde es möglich, die Informatik insgesamt statt als Kompetenzzentrum als Support auszugestalten.

Ziel der Reorganisation ist die verbesserte Führbarkeit der SMA. Dies steht in engem Zusammenhang mit FLAG. Daher wäre es

---

[323] Vgl. Bruhn (1998).

auch sehr wünschenswert gewesen, eine Struktur zu finden, welche mit den *Produktegruppen im Leistungsauftrag* korrespondiert. Bei Übereinstimmung von Produktegruppen und Abteilungen würde der Budgetprozess und die Budgetverantwortung wesentlich vereinfacht. Die Produktedefinition wurde zwar von der SMA selbst vorgeschlagen, aber damals mehr nach politischen als nach betrieblichen Gesichtspunkten zusammengestellt. Es ist vorgesehen, dass die SMA eine Umstrukturierung des Leistungsauftrages vorschlagen wird, um diesem Punkt gerecht zu werden. Damit wird die Relevanz von organisatorischen Strukturen für die politische Führung von Ämtern mit FLAG unterstrichen. Als mögliche Lehre aus diesem Pilotprojekt geht hervor, dass Ämter, welche sich mit FLAG führen lassen wollen, zuerst über ihre Strukturen nachdenken sollten, bevor sie die Strukturierung ihres Leistungsauftrages angehen. Für die Generalsekretariate der Departemente bedeutet dies, dass sie die Reorganisationsvorhaben genauer mitverfolgen sollten, und zwar vor allem im Hinblick darauf, dass neue Strukturen auch Strukturierungen im Leistungsauftrag präjudizieren könnten. Um sinnvoll Einfluss nehmen zu können, müssen aber konkrete Vorstellungen darüber gebildet werden, welches die zentralen Grössen politischer Einflussnahme sind, welche auf die oberste Strukturierungsebene der Produktegruppierung gehören.

Das Projekt zeigt klar den *Einbezug der Betroffenen* in die Gestaltung der neuen Strukturen. Damit wird der von der Strategieprozessforschung geforderte Einbezug der verschiedenen Hierarchieebenen nicht auf eine Entscheidungsfindung nach der Reorganisation verschoben, sondern schon *während* des Projektes eingeübt und praktiziert. Die Formel „top down for targets - bottom up for how to do it" wurde nicht ganz in Reinkultur angewendet. Die Ziele des Projektes blieben zwar im grob gesteckten Rahmen, haben sich aber durch den Austausch zwischen den Hierarchieebenen im Laufe des Projektes stark konkretisiert und teilweise auch gewandelt. Ein analoges Wechselspiel ist zwischen der Führung der SMA und dem Departement zu beobachten, wo beispielsweise die Bedingungen für einen „praktikablen" Leistungsauftrag erarbeitet werden mussten.

8.11 Fazit

Der Fall SMA illustriert typische Schwierigkeiten eines Amtes auf dem Weg zur Kundenorientierung. Einige sind aus der betriebswirtschaftlichen Literatur bekannt und mit Problemen in privatwirtschaftlichen Unternehmen vergleichbar.
Dazu gehört beispielsweise der geringe Einfluss der neu angegliederten Marketingabteilung auf das Verhalten der übrigen Organisation.
Andere Schwierigkeiten sind verwaltungstypisch oder NPM-spezifisch und wurden in den vorangehenden Teilen dieser Arbeit diskutiert. So ist die Problematik der internen Kostenzurechnung bei der kommerziellen Nutzung von Verwaltungsressourcen deutlich ausgeprägt (siehe Seite 158).
Das Fallbeispiel macht aber auch auf *neue* oder bisher nicht beachtete Fragestellungen aufmerksam. So wird der Zusammenhang zwischen den Hierarchisierungskriterien im Produkteportefeuille und der Organisationsstruktur bisher weder in der Literatur noch in der Praxis wahrgenommen.

Der Fall SMA illustriert aber auch (insbesondere durch die ausführliche Darstellung der Einführung der neuen Strukturen) wie die Empfehlung „top down for targets - bottom up for how to do it"[324] in der öffentlichen Verwaltung in die Praxis umgesetzt werden kann.

---

[324] Vgl. Osterloh/Frost (1996, S. 208)

9 Auswertung

Zielsetzung der Fallstudien war, zu erkennen wie die Ideen der Prozessorganisation in der Praxis der öffentlichen Verwaltung umgesetzt werden (Konfrontation Theorie-Praxis). Die Nützlichkeit solcher Fallbeispiele für die Praxis hat sich bereits in zahlreichen Seminaren über Prozessorganisation bestätigt. Teilnehmende haben immer wieder betont, dass für sie die Praxisfälle eines der zentralen Elemente darstellen. Aus ihrer Sicht leisten sie drei Dinge:

- Erstens wirken sie überzeugend - Prozessmanagement ist machbar und sinnvoll. Zweifel an der Anwendbarkeit führen immer wieder zu unproduktiven Grundsatzdiskussionen über die Verschiedenheit von öffentlicher Verwaltung und Privatwirtschaft. Zweifel an der Durchführbarkeit von Konzepten aus der Privatwirtschaft verhindern das weitere Aufnehmen von Lerninhalten.
- Zweitens leisten die Fallbeispiele in ihrer Vielfalt eine gute Illustration dafür, dass es *das* Prozessorganisationsmodell nicht gibt, sondern dass ausgehend von den drei Grundideen des Prozessmanagements jede Organisationsstruktur wieder neu gestaltet und massgeschneidert werden muss.
- Drittens schliesslich geben sie konkrete Gestaltungshinweise. Diese Gestaltungshinweise sollen unten thesenartig zusammengefasst werden.

Als zweites Ziel der Fallstudien wurde das Ziehen von Rückschlüssen auf die verwendeten Theorien genannt. Auf diese Frage wird ebenfalls eingegangen.

Die Auswertung der Fallstudien strukturiert sich aufgrund dieser Überlegungen wie folgt:

Praktische Fragestellungen
- Wie ist die Prozessorganisation verwaltungsspezifisch auszugestalten?
- Welches waren Ursachen und Wirkungen der Veränderung?
- Welches sind die zentralen Erfahrungen im Rahmen des Veränderungsprozesses?

Theoretische Fragestellungen

- Welcher Zusammenhang besteht zwischen Prozessmanagement und NPM?
- Wie sind die Fälle vor dem Hintergrund der Erkenntnisse der Strategieprozessforschung zu beurteilen?

Weil die Antworten auf diese Fragen teilweise stark miteinander verknüpft sind, lässt sich nicht vermeiden, dass bestimmte Themen in diesem Raster wiederholt zur Sprache kommen.

Zur besseren Übersicht werden die Fallstudien hier noch einmal aufgelistet:

Darstellung 70: Fallstudien - Übersicht	
FAM	Forschungsanstalt für Milchwirtschaft
ARK	Aslyrekurskommission
DISPO	Disposition (Requisition) von zivilen Fahrzeugen
BPV	Bundesamt für Privatversicherungswesen
IGE	Institut für geistiges Eigentum - Markenabteilung
SMA	Schweizerische Meteorologische Anstalt
Quelle: eigene Darstellung	

9.1 Verwaltungsspezifische Ausgestaltung des Prozessmanagements

Die Ausgestaltung der Prozessorganisation kann anhand des Rasters, der in den Fallstudien verwendet wurde, zusammengefasst werden.

Darstellung 71: Prozessorganisation in den Fallstudien	
Prozessidee	Die Idee der Case-Teams wurde fast durchgehend realisiert (insbesondere BPV), nur in einem Fall war sie nicht einsetzbar (ARK).
	Prozess- oder Fallverantwortung wurde ebenfalls fast durchgehend (Ausnahme ARK) realisiert. Das Beispiel SMA zeigt deutlich, dass eine Prozessverantwortung in den funktionalen Strukturen nicht realisierbar war.
Triage	Als Besonderheit der öffentlichen Verwaltung zeigt sich, dass die neutrale Fallbearbeitung wesentlich sein kann. Dies gilt jedoch nur für regulierende Aufgaben. Die Triage nach dem Zufallsprinzip kann hier eine elegante Lösung sein (IGE). Das Vorliegen regulativer Aufgaben erfordert aber nicht zwangsläufig eine Zufallstriage (BPV).
informationelle Vernetzung	Der Zugriff auf gemeinsame Datenbanken ist eine wesentliche Erleichterung für Kommunikation, Koordination und Kooperation innerhalb und zwischen Teams. Die teilweise besonderen Vorschriften über Datenschutz stellten in keinem der Beispiele ein ernst zu nehmendes Problem dar.
Effizienz	Es wurden nur in zwei Fällen konkrete Effizienzsteigerungsziele gesetzt. Wo dies gemacht wurde, konnte eine deutliche Verbesserung erreicht werden.
Orientierung	Die Ämter sind dynamischer geworden, indem einerseits das Reorganisationsprojekt, andererseits die neuen Strukturen die gegenseitige Kommunikation fördern und das laufende Nachdenken und sich Verständigen über Veränderungen in der Umwelt und die Konsequenzen für das Amt unterstützen. Der Austausch und die Entwicklung von Wissen kommen aber nicht von selber, sondern müssen institutionalisiert werden.
Kernkompetenz	In fast allen Fällen wurden die neuen Strukturen darauf ausgerichtet, vorhandene Kernkompetenzen besser zur Geltung zu bringen oder neue zu erzeugen.
Outsourcing	Outsourcing wurde nur in einem Projekt (SMA) ernsthaft diskutiert und keinem angewendet.
Besonderes	Jedes Fallbeispiel ist einzigartig. Auch wenn gleiche oder ähnliche Prinzipien angewendet werden, so wurde die Prozessorganisation immer auf die jeweilige Situation massgeschneidert.
Quelle: eigene Darstellung	

Die Gestaltung von Strukturen, die sich an Prozessen orientieren, ist auch in der öffentlichen Verwaltung sinnvoll und machbar. Solche Strukturen können zu verbesserter Qualität (z.B. DISPO) und erhöhter mengenmässiger Leistungsfähigkeit (z.B. IGE) führen.

Mit der Ausgestaltung der *Triage* nach Zufall kann den Bedürfnissen nach neutraler Fallbehandlung Rechnung getragen werden (IGE). Allerdings muss dabei ein weniger enges Verständnis der Wünsche und Rahmenbedingungen der Kunden berücksichtigt werden. Dies kann als wichtiger Nachteil eingestuft werden (BPV). In diesem Falle bietet sich die Job Rotation als Möglichkeit an.

Der Einsatz von *Informationstechnologie* kann - muss aber nicht - eine wichtige Rolle spielen. Die Unterstützung einer prozessorientierten Struktur muss nicht bedeuten, dass Prozesse im EDV-System abgelegt sind und von dort vorgegeben werden (ARK vs. IGE). Die Informationstechnologie unterstützt vielmehr die Kommunikation, Koordination und Kooperation innerhalb und zwischen den Teams.

Der Verzicht auf *Outsourcing* kann als verwaltungsspezifische Ausgestaltung der Prozessorganisation in der öffentlichen Verwaltung aufgefasst werden. Obgleich *Kernkompetenzen* für diese Frage zentral wichtig sind, bedeutet dies nicht, dass Kernkompetenzen generell für die öffentliche Verwaltung keine Rolle spielen. Die Fallbeispiele haben gezeigt, dass eine Ausrichtung auf die Anforderungen der Zukunft nur mit Strukturen bewirkt werden kann, welche die Bildung von spezifischen Fähigkeiten erzeugen. Organisationsstrukturen bestimmen nicht nur die *Effizienz* der Aufgabenerfüllung, sondern auch die Aufnahme und Verknüpfung von Informationen verschiedener Wissensbereiche. Damit wird die Innovationsfähigkeit eines Amtes bestimmt und dessen Fähigkeit zur Wahrnehmung der *Orientierungsfunktion.* Welche Kernkompetenzen auszubilden sind, ist eine zentrale strategische Frage. Sie wurde aber in keinem der Beispiele von politisch oder verwaltungsorganisatorisch vorgesetzten Stellen beantwortet.

Daraus darf aber nicht geschlossen werden, Outsourcing - und damit auch die obige theoretische Darlegung (siehe ab Seite 160) - sei für die öffentliche Verwaltung generell irrelevant. Unsere Fallbeispiele legen nur den Schluss nahe, dass in der öffentlichen Verwaltung die Outsourcingfrage *nicht in Verbindung* mit der Prozessorganisation gestellt wird. Und dies hebt sich deutlich von der Praxis in der Privatwirtschaft ab.

Als Besonderheit der öffentlichen Verwaltung kann die Zufallstriage betrachtet werden. Ihr Anwendungsbereich ist allerdings auf Bereiche beschränkt, wo Neutralität der Fallbearbeitung wichtig ist und nicht durch andere Anliegen überwogen wird.

Im Übrigen sind keine wesentlichen Unterschiede in der *Ausgestaltung* des Prozessmanagements zwischen Privatwirtschaft und öffentlicher Verwaltung zu Tage getreten. Dies mag auf den ersten Blick enttäuschend scheinen, ist jedoch beim zweiten Hinsehen ein ermutigendes Resultat: Prozessmanagement ist in der öffentlichen Verwaltung anwendbar!

9.2 Ursachen und Wirkungen des Prozessmanagements

Ursachen für die Einführung von Prozessmanagement sind weder in den schweizerischen noch bei den ausländischen Beispielen dokumentiert. Sie sind auch schwer genau zu identifizieren. Bei Durchsicht der Fallstudien können drei wesentliche *Ursachenkategorien* für die Einführung von Prozessmanagement identifiziert werden.
1. Strategische Herausforderung (BPV, SMA, FAM)
   Ein stark gewandeltes Umfeld erfordert eine andere Art der Leistungserstellung.
2. Operative Herausforderung (IGE, ARK)
   Die Art der Leistungserstellung ist an sich in Ordnung, gefragt ist eine massiv gesteigerte Leistungsfähigkeit bezüglich der Durchlaufzeiten und mengenmässigen Kapazität.
3. Gelenkte Erfahrungen des Personals führen zu einem Veränderungswillen (DISPO).
   Es liegt wenig äusserer Druck zur Veränderung vor, die bewusst geschaffenen Erfahrungshintergründe der Mitarbeitenden erlauben aber keine (Selbst-) Zufriedenheit mit dem Status quo.

Aufgrund dieser Ursachenanalyse wird klar, warum nur in den Beispielen IGE und ARK quantitative Erfolgsangaben vorliegen: Nur in diesen Fällen war eine quantitative Leistungssteigerung überhaupt direkt angestrebt worden.

Zudem zeigt sich am Fallbeispiel DISPO, dass das Potential von Benchmarking nicht nur auf der Ebene des Wettbewerbs um Kennzahlen zu sehen ist. Auch ohne direkte Vergleichbarkeit von

Kennzahlen bewirkte die intensive Auseinandersetzung mit anderen Organisationen (welche im weitesten Sinn mit Fahrzeugdisposition zu tun haben) einen wesentlichen Kulturwandel[325].

Wie bei den einzelnen Beispielen erwähnt, sind die Wirkungen des Prozessmanagements in der Regel nur spärlich dokumentiert. Ursache dafür ist, dass meist keine quantitativen Ziele gesetzt wurden. Dies steht in starkem Kontrast zu den amerikanischen Beispielen, wo messbare Erfolge fast durchgehend dokumentiert oder zumindest angestrebt worden sind. Eine mögliche Erklärung ist die folgende:
In den USA ist FLAG viel weiter verbreitet und entwickelt als in der Schweiz. Reengineeringprojekte sind dort eher eine Reaktion auf die erhobenen Kennzahlen, während hier die Reengineeringprojekte durch Umfeldveränderungen ausgelöst werden, welche ein grundsätzliches Überdenken der internen Arbeitsmethoden erfordern.
Wenn diese Interpretation zutrifft, dann dürfte Reengineering als Folge von FLAG-Einführungen in der Schweiz künftig noch wesentlich an Bedeutung gewinnen.

Zu suchen wären die *Wirkungen* auf folgenden Ebenen:
- Operativ: Kosten, Geschwindigkeit, Qualität
- Strategisch: Flexibilität, Innovativität
- Politisch: politische Steuerbarkeit, Selbststeuerung
- Personell: Mitarbeiterzufriedenheit, Gleichstellung

Obgleich hier mangels Daten keine generellen Aussagen gemacht werden können, sollen die einzelnen Ebenen kurz kommentiert werden.

---

[325] Zum Thema Kulturwandel und Benchmarking vgl. Hunziker/Rahmann (1998).

- **Operativ**
  Drastische Verbesserungen bezüglich, Kosten, Geschwindigkeit und Qualität sind primär nur in jenen Projekten zu erwarten, wo diese Ziele auch gesetzt worden sind. Zumindest bis heute scheint sich hier ein Unterschied zur Privatwirtschaft abzuzeichnen: Quantitative Ziele werden nur selten gesteckt.
- **Strategisch**
  Eine Verbesserung auf strategischer Ebene ist meist sehr schwer messbar. Das Prozessmanagement wurde vorwiegend dazu eingesetzt, in einem sich wandelnden Umfeld die gesetzliche Amtsaufgabe auch künftig noch sinnvoll erfüllen zu können. Die in der Privatwirtschaft lauernde Gefahr[326], wegen zuviel „Schlankheit" die Innovationskraft zu verlieren, scheint nicht gross. Dies kann sich allerdings ändern, wenn FLAG breiter eingesetzt wird. Insbesondere, wenn dies in der oben erwähnten Zahlengläubigkeit getan wird.
- **Politisch**
  Die politische Steuerbarkeit der neuen Strukturen wurde in keinem der Fälle zum Problem. Dies könnte daran liegen, dass sich die Generalsekretariate, Kommissionen, Parlamentarierinnen und Parlamentarier der Problematik wenig bewusst sind. In Anbetracht der Erfahrung, dass Personen und Institutionen bei Einengung ihrer Einflussmöglichkeiten meist stark protestieren, erscheint es aber viel plausibler, dass tatsächlich die politische Steuerbarkeit sich nicht verschlechtert hat.
  Umgekehrt betrachtet ist aber die Fähigkeit der Ämter gestiegen sein, *einerseits* ihren Auftrag sinnvoll auszuführen (Selbststeuerung) und *andererseits* hinderliche Vorschriften zu erkennen und dem Gesetzgeber zur Revision vorzulegen[327]. Damit sind im Sinne der Strategieprozessforschung die Möglichkeiten zur sachdienlichen Interaktion zwischen Politik und Verwaltung gestiegen. Statt einer Trennung von Politik und Verwaltung ist eine verbesserte Interaktion zu vermuten. Trotzdem ist noch ein Verbesserungspotential vorhanden. Insbesondere Generalsekretariate und Fachkommissionen müssten bei ihrer Aufsichtsfunktion organisatorische Aspekte berücksichtigen und in ihrer Tätigkeit routinemässig berücksichtigen[328].

---

[326] Vgl. Osterloh/Frost (1996, S. 227).
[327] Diese Fähigkeit ist bei zweckorientierter Gesetzgebung, wie sie im Zusammenhang mit NPM gefordert wird (vgl. Mader 1995), besonders relevant, vgl. Bichsel (1994, S. 136).
[328] Bei den Fallbeispielen wurde dieser Aspekt aber nicht vertieft untersucht.

- **Personell**
  Sämtliche Beispiele wurden unter starkem Einbezug des Personals erarbeitet. In der Schweizerischen Bundesverwaltung herrscht die Praxis vor, mit dem Personal sehr behutsam umzugehen. Dies kann einerseits auf die Vorbildrolle der Verwaltung als gute Arbeitgeberin zurückzuführen sein, oder - pragmatischer - auf die ausgedehnten Rechte der Beamten, welche Veränderungen ohne die Zustimmung der Mitarbeitenden praktisch verunmöglichen. Mangelnder Personaleinbezug scheint jedoch kein generelles Problem zu sein. Negative Auswirkungen auf typische Frauenarbeitsplätze konnten in den Fallbeispielen nicht festgestellt werden. Für eine Entwarnung ist es allerdings noch zu früh. Grund für diesen Befund ist nämlich, dass es diese typischen Arbeitsplätze schon vor der Veränderung in den betreffenden Ämtern kaum gab. Positiv zu bemerken ist, dass Teilzeitarbeit tendenziell eher möglich scheint.

9.3 Der organisatorische Wandel hin zum Prozessmanagement

Inwiefern die Projekte sich im Vorgehen gleichen, kann erst im Kontrast mit anderen, nicht gewählten Möglichkeiten klar erkannt werden. Das Beispiel ARK fällt wegen der besonderen Situation etwas aus dem Rahmen und wird hier nicht weiter berücksichtigt. Die folgende Darstellung macht die Gemeinsamkeiten der anderen Fallbeispiele deutlich:

Darstellung 72: Vorgehen	
gewähltes Vorgehen	***nicht* gewähltes Vorgehen**
Projektaufträge an Mitarbeitende	Aufträge an Externe
Lösungen von den Mitarbeitenden	Lösungen von der Geschäftsleitung Lösungen von Externen
Möglichkeiten zur Meinungsäusserung	Einweg-Information
iteratives Vorgehen (einmal gefundene Lösungen können in der Planungsphase wieder in Frage gestellt werden)	Lineares Vorgehen (einmal gefundene Lösungen sind unantastbar)
Organisationsentwicklung (Neue Struktur wird unter Einbezug der Mitarbeitenden entwickelt.)	„Bombenwurf" Strategie (Neue Struktur wird in kleinem Kreis besprochen, und am Tage X als beschlossen bekannt gegeben.)
Externe Beratung beigezogen - projektbegleitend - punktuell für spezifische Fachfragen	Projekt in „eigener Regie" abgewickelt

Kommentar: Diese Tabelle kann lediglich eine allgemeine Tendenz aufzeigen. Die Aussagen müssen nicht auf jeden Einzelfall zutreffen.
Quelle: eigene Darstellung

Das Vorgehen deckt sich deutlich - was die Amtsperspektive betrifft - mit den Empfehlungen der Strategieprozessforschung. Durch das iterative Vorgehen nach den Prinzipien der Organisationsentwicklung wird sichergestellt, dass eine enge Verknüpfung zwischen den strategischen Vorstellungen der Geschäftsleitung und den operativen Aufgaben der Mitarbeitenden gewährleistet ist. Wird jedoch die Perspektive der Bundesverwaltung eingenommen, so zeigt sich, dass ein Austausch mit den Generalsekretariaten nur spärlich stattgefunden hat (siehe auch Seite 277).

9.4 Zusammenhang Prozessorganisation - NPM

Die Fallbeispiele können anhand der Kriterien des NPM analysiert werden. Dabei ergibt sich folgendes Bild:

Darstellung 73: NPM im Spiegel der Fallbeispiele						
	FAM	ARK	DISPO	BPV	IGE	SMA
1. Trennung von Politik und Verwaltung	-	+	-	-	+	+
2. FLAG	-	-	-	-	(+)	+
3. Umfassende Wirkungsprüfung und Reporting	-	-	-	-	-	+
4. Kundenorientierung	+	+	+	+	+	+
5. Holdingstrukturen	-	-	-	-	-	-
6. Trennung von Käufer und Erbringer	-	-	-	-	-	-

7. Wettbewerb
   intern
   extern
   Marktgestaltung
	-
	
		+
		-
		-
			
			-
			-
			-
				
				+
				-
				(+)
					
					+
					-
					-
						
						-/+
						-
						-

8. Unternehmertum	+	-	+	-	-	+
9. Allianzen mit Privatwirtschaft und NPO	-	-	+	-	-	-
10. Einbezug von Freiwilligen und Betroffenen	-	-	+	-	-	-
11. Moderatoren-Rolle	-	-	-	-	-	-
12. Prozessorganisation	+	(+)	+	++	++	+

Legende:
++ sehr deutlich vorhanden
+ vorhanden
(+) teilweise vorhanden
- nicht vorhanden

Quelle: eigene Darstellung

Aus dieser Darstellung ergeben sich einige interessante Punkte[329]:

- Es gibt keinen offensichtlichen Zusammenhang zwischen Trennung von Politik und Verwaltung bzw. FLAG einerseits und Prozessorganisation andererseits. Wie bereits oben angemerkt ist jedoch zu vermuten, dass eine breitere Einführung von FLAG den Bedarf nach prozessorientierten Strukturen

---

[329] Die Darstellung dürfte nur nach der Lektüre der obigen Fallstudien verständlich sein.

fördert. Zumindest im Fall SMA kann dieser Zusammenhang bestätigt werden.
- Die Prozessorganisation führte - soweit dies beurteilbar ist - in allen Fällen zu einer verstärkten Kundenorientierung.
- Das Holdingmodell findet spätestens nach der Schnittstelle Politik-Amt sein Ende. Die Ämter weisen intern keine Holdingstrukturen auf. Dieses Resultat ist natürlich durch die Selektion der Fallbeispiele vorgegeben. Es zeigt aber auf, dass die Holding-Idee nicht auf jeder hierarchischen Ebene gleich sinnvoll angewendet werden kann[330].
- Kein Beispiel illustriert deutlich die Trennung von Käufer und Erbringer oder das Wahrnehmen einer Moderatorenrolle. Hier ist anzumerken, dass letzteres ein spezifischer Ansatz ist, der sich nicht überall anwenden lässt.
- Das Vorliegen von Wettbewerb ist keine zwingende Voraussetzung für den Einsatz von Prozessmanagement, obgleich aufgrund der Erfahrungen in der Privatwirtschaft Wettbewerb sicherlich als förderlich einzustufen wäre.
- Prozessmanagement lässt Raum für, respektive fördert, unternehmerisches Denken und Handeln. Das Fehlen eines solchen Handlungsspielraumes ist aber kein Hinderungsgrund für die Einführung von Prozessmanagement.
- Kooperationen mit anderen Organisationen und der Einbezug von Freiwilligen und Betroffenen sind möglich, aber nicht zwingend. Interessant ist, dass gerade im Beispiel DISPO, wo ausser knappen finanziellen Mitteln wenig äusserer Druck zur Veränderung vorhanden war, diese Ansätze so deutlich umgesetzt wurden. Dies kann als weiterer Hinweis darauf gedeutet werden, dass die durch Firmenbesuche veränderten Sichtweisen der Mitarbeitenden eine wesentliche Rolle spielen.

Die Beispiele zeigen klar, dass Prozessmanagement nicht nur ein Instrument ist, um die durch FLAG gesetzten operationellen Ziele zu erreichen. Es ist ein Konzept, das für sich selbst stehend die Grundideen des NPM umsetzen hilft. Weil - wie alle Beispiele zeigen - Prozessmanagement ohne vermehrte Kundenorientierung kaum denkbar ist, lässt sich zusammenfassen: Prozessorganisation ist New Public Management.

---

[330] Unter Praktikern ist die Vorstellung verbreitet, dass eine konsequente Anwendung des NPM-Gedankens ein Holding-Modell auf allen Ebenen erfordert.

9.5 Besonderheiten der öffentlichen Verwaltung

Die bisherigen Ausführungen zusammenfassend konnten folgende Besonderheiten der öffentlichen Verwaltung identifiziert werden:
- Triage nach Zufall kann zur Gewährleistung der neutralen Fallbearbeitung eingesetzt werden.
- Case-Teams sind nicht geeignet für Prozesse, welche unabhängige juristische Urteilsbildung beinhalten.
- Die Einführung des Prozessmanagements ist auch in Abwesenheit von konkretem Wettbewerbsdruck möglich.
- In der öffentlichen Verwaltung werden tendenziell weniger konkrete Leistungssteigerungsziele verfolgt.
- Der Erfolg des Prozessmanagements - insbesondere auf strategischer Ebene - ist schwer(er) zu erfassen, weil er sich zwangsläufig nicht in Umsatz- und Gewinnzahlen niederschlägt.
- Der organisatorische Wandel folgt im Wesentlichen den Prinzipien der Organisationsentwicklung, dies in Einklang mit der schweizerischen[331], aber im Gegensatz zu der amerikanischen Privatwirtschaft[332].
- Innovative öffentliche Verwaltungen müssen manchmal regulierende oder staatlich subventionierte Tätigkeiten mit kommerziellen Aktivitäten kombinieren. Dies illustrieren die Beispiele FAM und SMA.
- Die Definition von Produkten - wie sie zur Einführung von FLAG nötig ist - ist nicht sachlogisch vorgegeben und beinhaltet möglicherweise eine nicht offensichtliche strategische Dimension (SMA).

Diese Liste der Besonderheiten soll durch eine Liste der „Nichtbesonderheiten" ergänzt werden. Sie beinhaltet Punkte, in denen von Praktikern immer wieder Unterschiede geortet werden, die aber in den Fallbeispielen nicht angetroffen worden sind.
- Die Personalvorschriften verhindern nicht die Umsetzung der Prozessorganisation.
- Datenschutzvorschriften verhindern nicht die Realisierung von gemeinsamen Datenbanken.

---
[331] Vgl. Osterloh/Frost (1996).
[332] Vgl. Hammer (1990).

- Die Einführung einer Prozessorganisation führt in der Regel nicht zu umfangreichen Entlassungen[333].
- Der (z.T. zwangsläufige) Einbezug des Personals in das Projekt stellt keinen Unterschied oder Nachteil im Vergleich zur schweizerischen Privatwirtschaft dar.

Es bleibt allerdings die Frage offen, ob unter geringerem Wettbewerbsdruck der Ansatz der Organisationsentwicklung von den Mitarbeitenden eher zur Verfolgung eigener Ziele missbraucht wird, die mit den Organisationszielen in Konflikt stehen. Dies wäre aufgrund der ökonomischen Ansätze theoretisch zu vermuten und wird durch das Fallbeispiel IGE zumindest teilweise gestützt. Selbst wenn diese Vermutung zutreffen sollte, bleibt aber zu betonen, dass der organisatorische Wandel sich für das IGE als Institution insgesamt gelohnt hat.

9.6 Politik und Strategieprozess

Bereits erwähnt wurde, dass das Vorgehen zur Festlegung der neuen Strukturen sich weitgehend mit den Empfehlungen der Strategieprozessforschung decken - soweit die Perspektive des Amtes eingenommen wird.
Der Einbezug der Politik in die Fragen der Strukturen wurde in den vorliegenden Fällen kaum deutlich. Im Fall DISPO kam der politische Entscheid zur Einführung neuer Strukturen im damaligen EMD für den Prozess der Organisationsentwicklung überraschend und unkoordiniert. In den Fällen ARK, IGE und SMA konzentrierte sich der Politikeinbezug auf die veränderten Rahmenbedingungen der Ämter. Im Fall BPV wurde lediglich von einer durch die Politik beauftragten Arbeitsgruppe festgestellt, dass ein Zusammenschluss des BPV mit der Eidgenössischen Bankenkommission keinen Sinn macht. Im Fall FAM spielte die Politik praktisch gar keine Rolle.

In Gesprächen mit Mitarbeitenden der Generalsekretariate zeichnete sich ab, dass die Bedeutung der Strukturen nicht

---

[333] Ob dies nun positiv oder negativ zu werten sei, ist schwer zu beurteilen. Aus Sicht des Steuerzahlers wären viele Entlassungen zwar einerseits wünschenswert, andererseits würden dann viel weniger Reengineeringprojekte realisiert. Aus Sicht der Chefbeamten und der Betroffenen sind wenige Entlassungen positiv, weil sich daraus entsprechend weniger Problem ergeben.

erkannt wird. Neue Strukturen sind zwar formal von den Generalsekretariaten zu bewilligen. Diese sehen ihre Aufgabe aber im Wesentlichen darin zu kontrollieren, dass nicht zu viele teure Kaderstellen entstehen. Damit wird die strategische Dimension der Organisation kaum wahrgenommen.

Die Rolle der Generalsekretariate sieht unter der NPM-Perspektive oder unter der Perspektive der Strategieprozessforschung sehr unterschiedlich aus.
Nach der NPM-Auffassung besteht sie darin, klare und messbare Aufträge an die Verwaltung zu erteilen und deren Erfüllung zu kontrollieren. Das Beispiel SMA zeigt jedoch, dass dies für die Generalsekretariate eine neue Aufgabe ist, die stark fordert oder sogar überfordert. Schliesslich müssen die Produktedefinition und die Kostenschätzungen vom Amt selbst kommen.
Nach Auffassung der Strategieprozessforschung müssen Erkenntnisse der Umsetzung von (politischen) Strategien wiederum mit der politischen Willensbildung so verknüpft werden, dass neue Strategien entstehen können[334].

Obgleich dies nicht näher untersucht wurde, scheint klar: Für beide Aufgaben sind die Generalsekretariate wenig gerüstet.

---

[334] Vgl. Mintzberg (1978, S. 946) und Mintzberg (1996).

10 Fazit aus den Fallstudien

Die Fallstudien zeigen, dass Prozessmanagement sinnvoll und machbar ist. Einerseits sind einige Besonderheiten in der öffentlichen Verwaltung auszumachen, anderseits gibt es wenige *prinzipielle* Unterschiede zur Privatwirtschaft. Einzig im Bereich der Rechtsprechung konnten Prinzipien des Prozessmanagements nur eingeschränkt verwendet werden.
Interessant ist, dass in den untersuchten Beispielen die Prozessorganisation nie mit einem Outsourcing kombiniert wurde. Dies deutet auf eine unterschiedliche Handhabung der Prozessorganisation im Vergleich zur Privatwirtschaft hin.
Die Fallbeispiele verdeutlichen die Notwendigkeit, organisatorische Strukturen masszuschneidern. In jedem Fall sind die Ideen der Prozessorganisation wieder anders umgesetzt worden.
Die breite Palette der Beispiele zeigt, dass die Prozessorganisation sowohl bei reinen Dienstleistungsaufgaben (DISPO) wie auch bei regulierenden Aufgaben (BPV) eingesetzt werden kann und dass sie auch eine kommerzielle Nutzung von Ressourcen zur Erfüllung hoheitlicher Aufgaben unterstützen kann (SMA, FAM). Sie kann bei unterschiedlichen Graden an Ausgliederung (IGE, ARK, SMA) als auch bei völliger Eingliederung in die Verwaltung (DISPO, BPV, FAM) eingesetzt werden.

Teil VI: Fazit

Ausgangspunkt dieser Arbeit bildete die generelle Fragestellung, wie und was die öffentliche Verwaltung aus der Betriebswirtschaftslehre lernen kann. Mit einem Fokus auf strategische und organisatorische Aspekte wurden drei Fragen gestellt:

- Was kann New Public Management aus der betriebswirtschaftlichen Strategieforschung lernen?

- Wie kann das betriebswirtschaftliche Konzept der Prozessorganisation auf die öffentliche Verwaltung angewendet werden?

- Welche Besonderheiten sind bei der Anwendung betriebswirtschaftlicher Konzepte in der öffentlichen Verwaltung zu beachten?

Zu diesen Fragen wird nun zusammenfassend Stellung genommen.

1 NPM und betriebswirtschaftliche Strategieforschung

Die moderne Strategieforschung zeigt klar, dass die im New Public Management geforderte Trennung von strategischen und operativen Tätigkeiten weder generell wünschenswert noch faktisch machbar ist. Dies ist erstaunlich, weil NPM-Autoren sich bei der Befürwortung einer Trennung strategischer und operativer Aufgaben und Verantwortung auf Erkenntnisse der Betriebswirtschaftslehre berufen.
Trotzdem weist die NPM-Literatur auf einen wesentlichen Punkt hin: Bisher gab es in der öffentlichen Verwaltung wenige Bemühungen, Strategien überhaupt zu formulieren und konsequent zu verfolgen. Die Fallbeispiele haben bestätigt, dass Strategien in der öffentlichen Verwaltung wichtig sind. Insbesondere die Bildung von Kernkompetenzen ist für eine langfristig befriedigende Aufgabenerfüllung von entscheidender Bedeutung.
Dabei kann die Prozessorganisation eine zentrale Rolle spielen.

Je komplexer die Aufgabenstellungen der Verwaltungen sind, desto weniger ist eine Regierung (oder eine andere vorgesetzte Stelle) in der Lage, für das Amt (oder eine andere Verwaltungseinheit) Strategien zu *entwerfen*. Dies ist nur unter Einbezug der an der Ausführung beteiligten Mitarbeitenden möglich. Auch eine kompetente externe Beratung kann dafür kein Ersatz sein.
Eine Regierung ist auch kaum in der Lage, entworfene Strategien in den Ämtern *durchzusetzen*. Gerade der Aufbau von Kernkompetenzen erfordert in der Regel die Übertragung von implizitem Wissen. Diese Übertragung kann aber nicht befohlen werden. Es können nur günstige Rahmenbedingungen dafür geschaffen werden. Eine von oben aufgezwungene Strategie dürfte kaum zur Schaffung solcher Rahmenbedingungen beitragen.
Eine Regierung kann auch nur teilweise eine strategische *Kontrolle* ausüben. Eine traditionelle Vorstellung von Kontrolle, bei der die Ämter ihre Strategien beispielsweise den Generalsekretariaten zur Begutachtung vorlegen, mag in Einzelfällen realisierbar sein. Beispielsweise kann eine Beschaffung von teuren Anlagen so behandelt werden. Wenn es aber um die amtsinterne Erzeugung von Kernkompetenzen geht, so ist zu Beginn nichts vorhanden, worüber sich bereits entscheiden

liesse; und wenn Entscheidungsgrundlagen schliesslich vorliegen bleibt wenig, das nicht schon unwiderruflich entschieden ist. Im Strategieprozess verdichten sich die divergierenden, diffusen Vorstellungen verschiedener Akteure im kommunikativen Problembearbeitungs- und Organisationsentwicklungsprozess zu einer neuen Lösung. Ist diese einmal gefunden, so ist sie deshalb kaum mehr rückgängig zu machen, weil so viele Personen dafür einstehen, sich darauf eingestellt haben, daran mitgearbeitet haben und die Lösung tragen. Deshalb ist eine Kontrolle nur in Form einer Einbindung in die Entscheidungsprozesse des Amtes sinnvoll möglich.

Für eine solche *Einbindung* können Reportingsysteme zwar eine wichtige Grundlage bieten, sie können aber keineswegs genügen. Reportingsysteme können nur explizites Wissen übertragen und laufen Gefahr zu einer Schreibübung zu verkommen, wenn nicht mit einer institutionalisierten Einbindung der vorgesetzten Stellen[335] die Möglichkeit der Übertragung impliziten Wissens geschaffen wird.
Selbst bei einer intensiven Einbindung der vorgesetzten Stellen in den Strategieprozess, bleibt die Strategiefindung weitgehend eine amtsinterne Angelegenheit. Deswegen sollte die Fähigkeit eines Amtes gefördert werden, Strategien zu entwerfen und zu realisieren. Weil Organisationsstrukturen wesentlich die Orientierungsfähigkeit des Amtes beeinflussen, rücken sie unter dieser Betrachtung ins Zentrum. Um eine verbesserte strategische Ausrichtung der Verwaltung im Sinne des New Public Managements zu erreichen, ist nach der hier vertretenen Auffassung nicht das Wahrnehmen strategischer Verantwortung von vorgesetzten Stellen zentral, sondern die Fähigkeit eines Amtes, sich selbst strategisch auszurichten. Die Prozessorganisation hat sich als besonders geeignet herausgestellt, diese Fähigkeit zu unterstützen.

Das Führen mit Leistungsauftrag und Globalbudget (FLAG) - die praktische Umsetzung der abzulehnenden Trennung von Strategie und Ausführung - ist aber interessanterweise *nicht* generell zu verwerfen. FLAG bietet eine gute Plattform, um Ämtern den Auftrag für die Entwicklung von Kernkompetenzen zu geben,

---

[335] Vgl. Osterloh/Hunziker (1998).

ohne sie in eine völlige Selbständigkeit zu entlassen, in der sie eine unerwünschte Eigendynamik entwickeln könnten. Dies wurde am Fallbeispiel SMA gezeigt, wo FLAG der eigentliche Auslöser für die strategische Ausrichtung der Struktur war. Andererseits zeigen die anderen Beispiele auch, dass eine strategische Ausrichtung auch *ohne* FLAG sehr gut möglich ist. Damit wird die strategische Wichtigkeit von FLAG relativiert.

Auch wenn FLAG nicht grundsätzlich abzulehnen ist, so ist doch von der Vorstellung Abschied zu nehmen, Leistungsaufträge könnten bis ins Detail genau spezifiziert und mit anderen Leistungsaufträgen problemlos verglichen werden. Dies wird eher selten der Fall sein. Wo es zutrifft, dürfte FLAG ein Zwischenschritt auf dem Weg zur Privatisierung darstellen, wie mit der Messbarkeit-Wettbewerb-Matrix (siehe ab Seite 144) dargestellt wurde. In allen anderen Fällen bleibt immer eine Informations- und Wissensasymmetrie zwischen den beteiligten Parteien. Der Leistungsauftrag bleibt daher ein unvollständiger Vertrag. Dessen Unvollständigkeit kann zwar durch persönliche Beziehungen und implizite Verträge verringert werden, damit dies aber tatsächlich geschieht, ist die oben geforderte organisatorische Einbindung erneut von zentraler Bedeutung.

Die *Rolle der Politik* gegenüber der Verwaltung wird sich also nicht auf Strategievorgaben und Kontrollen der Kennzahlen- und Vertragseinhaltung konzentrieren können. Sie muss das Schwergewicht auf die Teilnahme an den strategischen Entscheidungsprozessen legen, in deren Rahmen eine Steuerung und Einflussnahme erfolgen kann. Selbstverständlich bleibt es der Politik vorbehalten, *normative* Vorgaben zu machen. Sie entscheidet prinzipiell über das Engagement des Staates für eine (mehr oder weniger) öffentliche Aufgabe und über die Einbindungsform der Institutionen, die sich dieser Aufgabe widmen. Damit steckt die Politik den Rahmen ab, innerhalb dessen sich das Amt strategisch ausrichten kann.

2 Prozessorganisation in der öffentlichen Verwaltung

Die Anbindung der Prozessorganisation an das strategische Konzept der Kernkompetenzen gelingt nicht nur in der Privatwirtschaft, sondern auch in der öffentlichen Verwaltung. Allerdings muss dabei berücksichtigt werden, dass die Verwaltung, im Gegensatz zu privaten Firmen, *direkt* einen öffentlichen Nutzen zu generieren hat. Um diese Unterscheidung deutlich zu machen, sprechen wir von *Verwaltungs*kernkompetenzen. Das Erzeugen von Akzeptanz bei Regulierungsaufgaben kann im Einzelfall eine Verwaltungskernkompetenz darstellen. Die Prozessorganisation eignet sich besonders, um diese und andere Verwaltungskernkompetenzen zu entwickeln, zu unterstützen und weiter auszubauen.

Auch die Fallbeispiele haben deutlich gezeigt, dass die Prozessorganisation eine Organisationsform ist, die sich für die öffentliche Verwaltung generell eignet. Natürlich ist ihr Einsatz und ihre Ausgestaltung auf den Einzelfall masszuschneidern. Damit ist die Prozessorganisation kein Allheilmittel, sondern ein vielseitig und flexibel anzuwendendes Konzept.
Im Wesentlichen kann die Prozessorganisation aber *analog* zur Privatwirtschaft angewendet werden, es bestehen jedoch erschwerende Rahmenbedingungen. Dazu zählen lückenhafte Kennziffern, fehlende Erfolgsrückmeldungen und besondere Personalvorschriften. Sie führen beispielsweise dazu, dass einzelne Prozessteams kaum als Profitcenters ausgestaltet werden können. Wie wichtig diese Rahmenbedingungen für die praktische Arbeit auch sind, sie ändern wenig an der Grundkonzeption.

Die Anwendung der Prozessorganisation in der öffentlichen Verwaltung ergibt folgendes Bild:
- Sie unterstützt die gleichen Ziele wie *NPM*: Effizientere und kunden- und bürgerorientiertere Aufgabenerfüllung. Sie kann daher unter einem breit verstandenen New Public Management subsumiert werden.
- Sie schafft *Lernchancen* innerhalb von Teams, welche interdisziplinär zusammengesetzt sind, direkten Kundenkontakt haben

und Fallverantwortung tragen. Sie unterstützt damit die Bildung von Verwaltungskernkompetenzen. Diese stiften gesellschaftlichen Nutzen und verbessern die Aufgabenerfüllung eines Amtes. Damit verbessert sich tendenziell auch die Position des Amtes bezüglich der Verteilung staatlicher Mittel, insbesondere beim Führen mit Leistungsauftrag und Globalbudget.
- Sie schafft interessantere, motivierendere *Arbeitsplätze* und muss nicht zu umfangreichen Entlassungen führen. Dies ist insbesondere deshalb der Fall, weil eingespartes Personal (endlich) für dringende neue Aufgaben eingesetzt werden kann. Soweit das Thema Entlassungen in den Fallbeispielen überhaupt angetroffen wurde, so nur im Zusammenhang mit einer enorm schwankenden Auftragslage und weitgehend unabhängig von der Organisationsstruktur.
- Bei der Vorgehensweise zeigt sich deutlich, dass ein enger *Einbezug der Mitarbeitenden* zentral ist. Dies steht zwar im Gegensatz zu amerikanischen Beispielen, ist aber im Einklang mit der Praxis in der schweizerischen Privatwirtschaft.
- Insbesondere lässt sich die Prozessorganisation auch für *verwaltungstypische, regulierende Aufgaben* verwenden. Die Vorstellung vieler Verwaltungspraktiker ist klar abzulehnen, wonach sich das privatwirtschaftliche Konzept der Prozessorganisation nur auf kommerzielle Tätigkeiten der öffentlichen Verwaltung anwenden lasse. Durch die direkteren Kommunikationswege zwischen der Verwaltung und den Betroffenen, kann eine Steigerung der Akzeptanz erfolgen. Dies wirkt nicht nur kostensenkend, sondern erhöht auch wesentlich das Potential des Amtes zur guten Aufgabenerfüllung. Die Herstellung von Akzeptanz ist in vielen Fällen strategisch relevant.

3 Anwendung betriebswirtschaftlicher Konzepte in der öffentlichen Verwaltung

Aus dem oben Gesagten folgt: Betriebswirtschaftliche Instrumente sind auch in der öffentlichen Verwaltung strategisch auszurichten. Dabei muss sich der Strategiebegriff am Konzept der *Verwaltungskernkompetenzen* orientieren, welches berücksichtigt, dass Verwaltungen in erster Linie gesellschaftlichen Nutzen zu erzielen haben und sich vorwiegend über politisch zugeteilte Staatsgelder finanzieren.

Selbstverständlich sind die Spezifika des Einzelfalls zu berücksichtigen. Dabei fällt es schwer, Empfehlungen für „die Verwaltung" auszusprechen, da die Grenzen zwischen Privatwirtschaft und öffentlicher Verwaltung bezüglich nahezu aller denkbaren Kriterien nicht klar gezogen werden können. Es sollen daher die folgenden Punkte zur Sprache kommen, welche aufgrund der Fallbeispiele vermuten lassen, dass sie über den Einzelfall hinaus eine gewisse Bedeutung haben. Die ausführliche Darstellung der Fallbeispiele im Teil V dieser Arbeit dürfte aber einen Einblick in die verwaltungsspezifische Ausgestaltung der Prozessorganisation gewährt haben, der viele praktische Fragen beantwortet, die in dieser Zusammenfassung nicht erwähnt werden.

Verwaltungstypisch ist die *Kombination von kommerziellen und nichtkommerziellen* Tätigkeiten. Diese Tatsache muss bei der Ausgestaltung der Prozessorganisation und insbesondere bei der Frage nach Kern- und Supportprozessen zur Sprache kommen. Die Fallbeispiele zeigen, dass eine organisatorische Trennung von kommerziellen und nichtkommerziellen Tätigkeiten wenig Sinn macht. Meist geht es ja gerade um die kommerzielle Nutzung von Verwaltungskernkompetenzen, welche durch eine solche organisatorische Abtrennung stark erschwert würde. Dabei muss man sich der beschränkten Trennschärfe bewusst sein, welche selbst ein modernes betriebswirtschaftliches Rechnungswesen zu leisten vermag.

Aus der Integration von kommerziellen und nichtkommerziellen Leistungen ergibt sich ein *NPM-spezifisches* Problem. Kommerzielle Tätigkeiten werden meist als eine separate Produktegruppe ausgewiesen. Damit können Produktegruppen nicht direkt auf organisatorische Einheiten umgelegt werden, was einen erheblichen administrativen Aufwand für die Budgetzuteilung und das Reporting bedeutet. Vermutlich sinnvoller wäre, in jeder Produktegruppe kommerzielle Produkte oder Teilprodukte zu führen und im Rahmen des Reportingsystems jeweils einen separaten Zusammenzug aller kommerziellen Aktivitäten zu liefern. Damit wäre sowohl das Informationsbedürfnis der vorgesetzten Stellen befriedigt wie auch die Kongruenz zwischen der Struktur des Leistungsauftrages und der Organisationsstruktur des Amtes gewährleistet.

Ebenfalls verwaltungstypisch ist die geforderte *Neutralität der Fallbearbeitung*. Eine elegante Lösung ist die Triage nach dem Zufallsprinzip (Fallbeispiel IGE), welche sich aber nicht immer sinnvoll anwenden lässt (Fallbeispiel BPV).

Abschliessend darf die Prozessorganisation als äusserst erfolgversprechendes organisatorisches Konzept für die öffentliche Verwaltung bezeichnet werden, welches das Potential hat, den Zielen des NPM wirklich zum Durchbruch zu verhelfen.

Literaturverzeichnis

Akerlof, George A. (1970): The market for „lemons", Quality uncertainty and the market mechanism, in: Quarterly Journal of Economics, S. 488-500.

Alford, John (1993): Towards a new public management model, Beyond managerialsim and its critics, in: Australian Journal of Public Administration, 2, June, S. 135-148.

Allison, Graham T. Jr. (1980): Public and private management: Are they fundamentally alike in all unimportant aspects? in: Setting public management research agendas: Integrating the sponsor, producer and user, Washington D.C., S. 27-38. Wieder abgedruckt in: Stillman (1996): Public administration, Concepts and cases, 6. Auflage, Boston, S. 291-307.

Amit, Raphael / Shoemaker, Paul J. H. (1993): Strategic assets and organizational rent, in: Strategic Management Journal, 1, S. 33-46.

Anslinger, Patricia / Burt, Richard (1993): Evaluating the performance of public and non-profit organizations, in: Sector Bulletin, McKinsey Company.

Bamberger, Ingolf / Wrona, Thomas (1996): Der Ressourcenansatz und seine Bedeutung für die strategische Unternehmensführung, in: Zeitschrift für betriebswirtschaftliche Forschung, 2, S. 130-153.

Barnard, Chester I. (1938): The functions of the executive, Cambridge, Mass..

Barney, Jay (1991): Firm resources and sustained competitive advantage, in: Journal of Management, 1, S. 99-120.

Baumann, Kurt (1995): Vom Amt zum Unternehmen - Ein kultureller Veränderungsprozess am Beispiel der Bedag Informatik, in: Hablützel, P. / Haldemann, T. / Schedler, K. / Schwaar, K. (Hrsg.): Umbruch in Politik und Verwaltung, Ansichten und Erfahrungen zum New Public Management in der Schweiz, Bern, S. 205-222.

Berchtold, Dorothée (1995): Was ist "New Public Management"? Rückbesinnung auf alte schweizerische Staatsführungskunst, in: NZZ, 4. Juli, Nr. 152, S. 13.

Berry, Frances Stokes (1994): Innovation in public management, The adoption of strategic planning, in: Public Administration Review, 4, S. 322-330.

Bichsel, Thomas (1994): Die strategische Führung der öffentlichen Verwaltung, Chur.

Blankhart, Beat (1975): Zur ökonomischen Theorie der Bürokratie, Public Finance, 30, S. 166-185.

Blöchliger, Hansjörg / Staehlin-Witt, Elke (1991): Öffentliche Güter, Externalitäten und Eigentumsrechte, in: Frey René L. / Staehlin-Witt, Elke / Blöchliger, Hansjörg (Hrsg.): Mit Ökonomie zur Ökologie, Basel, S. 41-72.

Boehm, Rodger / Phipps, Cody (1996): Flattness forays, in: McKinsey Quarterly, 3, S. 129-143.

Bohnet, Iris (1997): Kooperation und Kommunikation, Eine ökonomische Analyse individueller Entscheidungen, Tübingen.

Bolz, Urs / Klöti, Ulrich (1996): Parlamentarisches Steuern neu erfinden?, in: Schweizerisches Zentralblatt für Staats- und Verwaltungsrecht, 4, S. 145-182.

Boos, Frank / Jarmai, Heinz (1994): Kernkompetenzen - gesucht und gefunden, in: Harvard Business Manager, 4, S. 19-26.

Borcherding, Thomas / Pommerehne, Werner / Schneider, Friedrich (1982): Comparing the efficiency of private and public production: The evidence from five countries, in: Zeitschrift für Nationalökonomie, S. 127-156.

Boston, Johnathan / Martin, John / Pallot, June / Walsh, Pat (1996): Public management, The New Zealand model, Melbourne.

Brennan, Geoffrey / Buchanan, James M. (1977): Towards a tax constitution for leviathan, in: Journal of Public Economics, Dezember, S. 552-573.

Bretschger, Lucas / Buse, Ingo / Mäder, Stefan / Schleiniger, Reto / Schelbert, Heidi (1993): Saubere Luft im Kanton Zürich, Leitlinie für eine effiziente Luftreinhaltepolitik, Zürich.

Bronder, Christoph (1991): Entwicklung der Organisationsstruktur bei Siemens, Auf dem Weg zur Holding-Organisation?, in: Zeitschrift für Organisation, 5, S. 318-323.

Bruhn, Manfred (1998): Internes Marketing als neue Schwerpunktsetzung für das Personalmanagement in Dienstleistungsunternehmen, in: Bruhn, Manfred / Meffert, Heribert (Hrsg.): Handbuch Dienstleistungsmanagement, Von der strategischen Konzeption zur praktischen Umsetzung, Wiesbaden, S. 707-732.

Buchanan, James M. (1984): Die Grenzen der Freiheit, Zwischen Anarchie und Leviathan, Tübingen.

Bundesamt für Statistik (1998): Statistisches Jahrbuch der Schweiz, Bern.

Bundesgesetz über die Schweizerische Meteorologische Zentralanstalt vom 27. Juni 1901.

Burgelman, Robert A. (1996): A process model of strategic business exit: Implications for an evolutionary perspective on strategy, in: Strategic Management Journal, Special Issue, S. 193-214,.

Burger, Annelise (1996): Wirkungsorientierte Verwaltungsführung - Chancen und Risiken aus Gleichstellungssicht, in: Fachstelle für Frauenfragen (Hrsg.): Was bedeutet die Verwaltungsreform für uns Frauen?, Finanzdepartement der Stadt Zürich, Zürich.

Buschor, Ernst (1993): Wirkungsorientierte Verwaltungsführung, Zürich.

Buschor, Ernst (1995): WIF! - „Wirkungsorientierte Führung der Verwaltung des Kantons Zürich", Information der Mitarbeiterinnen und Mitarbeiter vom 11. Juli, Erziehungsdirektion des Kantons Zürich, Zürich.

Buschor, Ernst (1997): Der anspruchsvolle Weg zum New Public Management, in: New Public Management, Juni, S. 6-10.

Camerer, Colin F. (1991): Does strategy research need game theory?, in: Strategic Management Journal, 12, S. 137-152.

Carlton, Dennis W. / Perloff, Jeffrey M. (1990): Modern industrial organization, Chicago.
Caudle, Sharon (1994): Reengineering for results, Keys to success from government experience, Washington.
Chakravarthy, Balaji S. (1986): Measuring strategic performance in: Strategic Management Journal, 7, S. 437-458.
Chakravarthy, Balaji S. / Doz, Yves (1992): Strategy process research, Focusing on corporate selfrenewal, in: Strategic Management Journal, 13, Winter Special Issue, S. 5-14.
Coase, R. H. (1960): The problem of social cost, in: Journal of Law and Economics, 3, S. 1-44.
Cohen, David K. / Farrar, Eleanor (1977): Power to the parents? The story of educational vouchers, in: Public Interest, Summer, S. 72-97.
Cohen, M. D. / March, J. G. / Olsen, J. P. (1972): A garbage can model of organizational choice, in: Administrative Science Quarterly, 17, S. 1-25.
Cohen, Wesley L. / Levinthal, Daniel M. (1990): Absorptive capacity, A new perspective on learning and innovation, in: Administrative Science Quarterly, 1, S. 128-152.
Conner, Kathleen R. / Prahalad, C. K. (1996): A resource-based theory of the firm, Knowledge versus opportunism, in: Organization Science, 5, S. 477-501.
Cook, Brian J. / Wood, Dan B. (1989): Principal agent models of political control of bureaucracy, in: American Political Science Review, 3, S. 965-987.
Crefields, Carl (Hrsg.) (1970): Rechtswörterbuch, 2. Auflage, München.
CSC Index (Hrsg.) (1994): State of Reengineering Report - North America and Europe, Cambridge, Mass..
Davenport, Thomas / Nohira, Nitin (1995): Der Geschäftsvorfall ganz in einer Hand - Case Management, in: Harvard Business Manager, 1, S. 81-90.
Davenport, Thomas H. (1993): Process innovation - Reengineering work through information technology, Boston.
Davenport, Thomas H. / Short James (1990): The new industrial engineering, Information technology and business process redesign, in: Sloan Management Review, Summer, S. 11-25.
Davidow, William H. / Malone, Michael S. (1993): Das virtuelle Unternehmen, Der Kunde als Co-Produzent, Frankfurt a. M..
Dearing, Elisabeth (1994): Business process Redesign (BPR) in den Kanzleien der österreichischen Bundesverwaltung, in: Organisationsentwicklung 4, S. 14-22.
Deci, Edward L. (1975): Intrinsic motivation, New York.
Deci, Edward L. (1994): Promoting self-determined education, in: Scandinavian Journal of Educational Research, 1, S. 3-14
Delwing, Dieter / Windlin, Hans (1996): „New Public Management": Kritische Analyse aus staatsrechtlicher und staatspolitischer Sicht, in: Schweizerisches Zentralblatt für Staats- und Verwaltungsrecht, 4, S. 183-203.

Downs, Anthony, (1967): Inside bureaucracy, Boston.
Drucker, Peter (1985): Innovation and entrepreneurship, New York.
Earl, Michael (1996): The risks of outsourcing IT, in: Sloan Management Review, Spring, S. 26-32.
Ebers, Mark / Gotsch, Wilfried (1995): Institutionenökonomische Theorien der Organisation, in: Kieser, Alfred (Hrsg.): Organisationstheorien, 2. Auflage, Stuttgart, S. 185-235.
Economist, The (1995): Making cities safer, Good fences, 25. März, S. 68-69.
Economist, The (1996): Market-testing, Costly saving, 8. Juni, S. 42.
Economist, The (1997a): How to live long and prosper, 10. Mai, S. 69.
Economist, The (1997b): Unto him that hath ... ,2. August, S. 34.
Ecoplan (1996): Chancen und Gefahren des New Public Management für die Privatwirtschaft, Kurzstudie im Auftrag des Handels- und Industirevereins des Kantons Bern, Bern.
Eisenhardt, Kathleen M. (1989): Building theories from case study research, in: Academy of Management Review, 4, S. 532-550.
Eisenhardt, Kathleen M. / Zbaracki, Mark J. (1992): Strategic decision making, in: Strategic Management Journal, 13, S. 17-37.
EPA/EFV (1996): Konzeptbericht, Führen mit Leistungsauftrag und Globalbudget, Eidgenössisches Personalamt und Eidgenössische Finanzverwaltung, Bern.
Ewart, Baden / Boston, Jonathan (1993): The separation of policy advice from operations, The case of defence restructuring in New Zealand, in: Australian Journal of Public Administration, 2, 223-240.
FAM (1996): Eidgenössische Forschungsanstalt für Milchwirtschaft, Informationsbroschüre, Bern.
Fluhbacher, R. / Roth, B. / Studer, F. (1995): Reengineering in der Bundesverwaltung, Bern.
Frank, Robert H. (1985): Choosing the right pond : Human behavior and the quest for status, New York.
Frei, F. / Hugentobler, M. / Alioth, A. / Duell, W. / Ruch, L. (1993): Die kompetente Organisation, Qualifizierende Arbeitsgestaltung - Die europäische Alternative, Zürich.
Frese, Erich (1995): Grundlagen der Organisation, Konzept - Prinzipien - Strukturen, 6. überarbeitete Auflage, Wiesbaden.
Frey, Bruno S. (1977): Moderne Politische Ökonomie, München.
Frey, Bruno S. (1981): Theorie demokratischer Wirtschaftspolitik, München.
Frey, Bruno S. (1993): Does monitoring increase work effort? The rivalry with trust and loyalty, in: Economic Inquiry, 4, S. 663-670.
Frey, Bruno S. / Eichenberger, Rainer (1995): Competition among jurisdictions, The idea of FOCJ, in: Gerken, Luder (Hrsg.): Competition among jurisdictions, London, S. 209-229.
Frey, Bruno S. / Kirchgässner, Gebhard (1994): Demokratische Wirtschaftspolitik - Theorie und Anwendung, München.

Frey, Bruno S. / Osterloh, Margit (1997): Sanktionen oder Seelenmassage? Motivationale Grundlagen der Unternehmensführung, in: Die Betriebswirtschaft, 3, S. 307-321.

Frey, Bruno S. / Pommerehne, Werner W. (1993). On the fairness of pricing, An empirical survey among the general population, in: Journal of Economic Behaviour and Organization, S. 215-34.

Frey, René L. (1991): Strategien und Instrumente, in: Frey René L. / Staehlin-Witt, Elke / Blöchliger, Hansjörg (Hrsg.): Mit Ökonomie zur Ökologie, Basel, S. 73-116.

Frey, René L. (1997): Drei Stossrichtungen der Privatisierung oder: Auch das New Public Management ist eine Form der Privatisierung, in: Schmid, H. / Slembeck, T. (Hrsg.): Finanz- und Wirtschaftspolitik in Theorie und Praxis, Bern, S. 339-359.

Frost, Jetta (1998): Die Koordinations- und Orientierungsfunktion der Organisation, Bern.

Gilli, Beatrice (1994): Die leistungsorientierten Entlöhnungen im Röntgebild der Gehälterstudie 94, in: Index, 5/6, S. 50-51.

Ginsberg, Allen / Venkatraman, N. (1992): Investing in new technology, The role of competitive posture and issue diagnosis, in: Strategic Management Jounal, 13 (Summer Special Issue), 37-54.

Goshal, Sumantra / Moran, Peter (1996): Bad for practice: A critique of the transaction cost theory, in: Academy of Management Review, 1, S. 13-47.

Grant, Robert (1997): The knowledge-based view of the firm, Implications for management practice, in: Long Range Planning, 3, S. 450-454.

Grant, Robert M. (1996): Toward a knowledge based theory of the firm, in: Strategic Management Journal, 17 (Winter Special Issue), S. 109-122.

Grint, Keith (1994): Reengineering history, Social resonances and business process reengineering, in: Organiztions,1, S. 179-201.

Habermas, Jürgen (1981): Theorie des kommunikativen Handelns, Bd. I und II, Frankfurt a.M..

Häfelin, Ulrich / Müller, Georg (1990): Grundriss des allgemeinen Verwaltungsrechts, Zürich.

Hakim, Simon / Blackstone, Erwin (1994): Privately managed prisons go before the review board, in: American City and County, 4, S. 40-50.

Haldemann, Theo (1995): New Public Management: Ein neues Konzept für die Verwaltungsführung des Bundes?, Bern.

Hamel, Gary / Prahalad, C.K. (1993): Strategy as stretch and leverage, in: Harvard Business Review, March-April, S. 75-84.

Hammer, Michael (1990): Reengineering work, Don't automate, obliterate, in: Harvard Business Review, July-August, S. 104-112.

Hammer, Michael / Champy, James (1994): Business Reengineering - die Radikalkur für das Unternehmen, Frankfurt.

Hieber, Fritz (1996): Öffentliche Betriebswirtschaftslehre, Grundlagen für das strategische und operative Verwaltungsmanagement, 2. Auflage, Berlin.

Hill, Hermann (1994): Staatskonzeption, in: Verwaltung-Organisation-Personal, 5, S. 301-309.

Hill, Hermann (1996): Reengineering hinterfragt bisherige Strukturen, in: Verwaltung-Organisation-Personal, 10-11, S. 10-14.

Hirsbrunner, Daniel (1995): Produktedefinition, Anleitung zur Erstellung des Produkteportefeuilles, Eidgenössisches Personalamt und Mundi Unternehmensberatung, Bern.

Hirschmann, Albert O. (1970): Exit, voice an loyalty, Cambridge, Mass..

Hirshleifer, Jack (1988): Price theory and applications, 4. Ausgabe, Englewood Cliffs.

Holsey, Cheryl M. / Borcherding, Thomas E. (1997): Why does government's share of national income grow? An assessment of the recent literature on the U.S. experience, in: Mueller, Dennis C. (Ed.): Perspectives on Public Choice, A Handbook, Cambridge, S. 562-589.

Hood, Christopher (1991): A public management for all seasons? in: Public Administration, Spring, S. 3-19.

Hood, Christopher (1995): The „New Public Management" in the 1980s, Variations on a theme? in: Accounting, Organization and Society, S. 93-109.

Hotz-Hart, Beat / Mäder Stefan / Vock, Patrick (1995): Volkswirtschaft der Schweiz, Zürich.

Hubacher, Helmut (1994): Tatort Bundeshaus, Bern.

Hug, Werner C. (1997): Zahlreiche offene Baustellen, in: Schweizer Versicherung, 5, S. 8-12.

Hunziker, Alexander W. (1997): Den Staat besser managen mit NPM, Eine Replik an Henry Mintzberg, in: Harvard Business Manager, 3, S. 121-123.

Hunziker, Alexander W. / Hunziker, Evelyn (1998): Controlling - trendiger Begriff, veraltetes Verständnis, in: Der Bund, 4. März, 52, S. 17.

Hunziker, Alexander W. / Rahmann, Florian (1998): Benchmarking in der öffentlichen Verwaltung in der Schweiz, in: Verwaltung-Organisation-Personal, 6, S. 20-23.

Hutton, Graham (1995): BPR - Overcoming impediments to change in the public sector, in: New Technology, Work and Employment, 2, S. 147-150.

Hutton, Graham (1996): Business process re-engineering, A public sector view, in: Armistead, Colin / Rowland, Philip (Hrsg.): Managing business process, BPR and beyond, Chichester, S. 21-28.

Iansiti, M. / Clark, K. (1994): Integration and dynamic capability, Evidence from product development in automobiles and mainframe computers, in: Industrial and Corporate Change, 3, S. 557-605.

IGE (1997): Jahresbericht 1996, Institut für Geistiges Eigentum, Bern.

Jackson, Sylvie (1995): Re-engineering the post office, in: New Technology, Work and Employment,2 , S. 142-146.

Jackson, Sylvie (1996): Re-engineering the post office supply chain, in: Armistead, Colin / Rowland, Philip (Hrsg.): Managing business process, BPR and beyond, Chichester, S. 281-307.

Janis, I. L. (1972): The victims of groupthink, Boston, Mass..

Joubert, Christopher (1988): Strategy in the public sector, in: Public Money and Management, autumn, S. 17-20.

Kaplan, R. S. / Norton D. P. (1992): The balanced scorecard, Measures that drive performance, in: Harvard Business Review, January/February, S. 71-79.

Kerr, Steven (1995): On the folly of rewarding A while hoping for B, in: Academy of Management Executive, 1, S. 7-14 (überarbeitete Fassung des 1975 erschienenen Artikels, in: Academy of Management Journal, 18, S. 769-683).

KGSt (1992): Wege zum Dienstleistungsunternehmen Kommunalverwaltung, KGSt-Bericht Nr. 19, Köln.

KGSt (1993): Das neue Steuerungsmodell, Begründung, Konturen, Umsetzung, KGSt-Bericht Nr. 5, Köln.

Kim, Daniel H. (1993): The link between individual and organizational learning, in: Sloan Management Review, Fall, S. 37-50.

Kim, W. Chan / Mauborgne, Renée A. (1995): A procedural justice model of strategic decision making: Strategy content implications in the multinational, in: Organization Science, 1, S. 44-61.

Kim, W. Chan / Mauborgne, Renée A. (1998): Procedural justice, strategic decision making and knowledge economy, in: Strategic Management Journal, 19, S. 323-338.

Knoepfel, Peter (1995): Le "New public Management": est-ce la panacée? in: Swiss Political Science Review, S. 133-138.

Kosiol, Erich (1962): Organisation und Unternehmung, Wiesbaden.

Kotler, Philip / Bliemel, Friedhelm (1992): Marketing Management, 7. Auflage, Stuttgart.

Krause, Hermann / Hampke, Reiner (1996): Hauswartleistungen nur noch extern vergeben, in: Verwaltung Organisation Personal, 6, S. 41-43.

Lane, Jan-Erik (1993): The public sector, London.

Lauber, Fritz (1998): Das Ende des privaten Bedag-Abenteur, in: Der Bund, 48, S. 33.

Likert, Rensis (1975): Die integrierte Führungs- und Organisationsstruktur, Frankfurt.

Lindblom, Charles E, (1959): The science of „muddling through", in: Public Administration Review, S. 79-88, wiederabgedruckt in: Stillman, Richard J. II (1996): Public administration, Concepts and cases, 6. Auflage, Boston, S. 237-248.

Linden, R. (1994): Seamless government, A practical guide to re-engineering in the public sector, San Francisco.

Luhmann, Niklas (1993): Zweckbegriff und Systemrationalität, Über die Funktion von Zwecken in sozialen Systemen, Frankfurt am Main.

Mader, Luzius (1995): Responsive Gesetzgebung, Für eine bessere gesellschaftliche Adäquanz gesetzgeberischen Handelns, in: Berchtold, Dorothée / Hofmeister, Albert (Hrsg.): Verwaltungsrecht und Management, Bern, S. 159-175.

Mastronardi, Philippe (1995): New Public Management im Dienste der Leistungsverwaltung, Rechtsstaat und Demokratie als Gegenkräfte?, in: NZZ, 6.12.95, Nr. 284.

Maurer, Hartmut (1994): Allgemeines Verwaltungsrecht, 9. Auflage, München.

Metzen, Heinz (1994): Schlankheitskur für den Staat, Lean Management in der öffentlichen Verwaltung, Frankfurt am Main/New York.

Michel, Stefan (1996): Prosuming-Marketing, Konzeption und Anwendung, Bern.

Milgrom, Paul / Roberts, John (1992): Economics, organization and management, Englewood Cliffs.

Mintzberg, Henry (1978): Patterns in strategy formulation, in: Management Science, 24, S. 934-948.

Mintzberg, Henry (1994): The fall and rise of strategic planning, in: Harvard Business Review, 1, S. 107-114.

Mintzberg, Henry (1996): Den Staat besser managen - nur wie?, in: Harvard Business Manager, 4, S. 9-18.

Mueller, Dennis C. (1989): Public choice II, A revised edition of public choice, Cambridge.

Mueller, Dennis C. (1997): Perspectives on public choice, A handbook, Cambridge.

Müller, Georg (1996): Der Staat als Unternehmer? Stolpersteine auf dem Weg von der dienenden zur verdienenden Organisation, in: Neue Zürcher Zeitung, Nr. 191, S. 15.

Müller-Stewens, G. / Osterloh, Margit (1996): Kooperationsinvestitionen besser nutzen: Interorganisationales Lernen als Kow-How-Transfer oder Kontext-Transfer? in: Zeitschrift Führung und Organisation, S. 18-24.

Naschold, Frieder (1993): Modernisierung des Staates, Zur Ordnungs- und Innovationspolitik des öffentlichen Sektors, Berlin.

Naschold, Frieder (1996): New frontiers in public sector management, Berlin/New York.

Naschold, Frieder / Budäus, Dietrich / Jann, Werner / Mazger, Erika / Oppen, Maria / Picot, Arnold / Reichard, Christoph / Schanze, Erich / Simon, Nikolaus (1997): Leistungstiefe im öffentlichen Sektor, Erfahrungen, Konzepte, Methoden, Berlin.

Neus, Werner / Nippel, Peter (1996): Was ist strategisch an strategischem Verhalten?, in: Zeitschrift für betriebswirtschaftliche Forschung, 5, S. 423-441.

Niskanen, William A. Jr. (1971): Bureaucracy and representative government, Chicago.

Nonaka, Ikujiro (1994): A Dynamic Theory of Organizational knowledge creation, in: Organization Science, 1, S. 14-37.

Nonaka, Ikujiro / Takeuchi, Hirotaka (1995): The knowledge creating company, How japanese companies create the dynamics of innovation, Oxford.

NZZ (1997a): „Car-sharing" wird immer populärer, Nr. 5, S. 43.

NZZ (1997b): Sind die Bundesfinanzen noch zu sanieren?, Nr. 153, S. 21.

NZZ (1997c): Ein Index gegen die Korruption, Nr. 179, S. 19.

NZZ (1997d): Drei WOV-Pilotprojekte im Kanton Aargau, Nr. 231, S. 10.

NZZ CD-ROM (diverse Jahrgänge).

OECD (1993): Managing with market-type mechanisms, public management studies PUMA, Paris.

OECD (1995): Governance in transition, Public management reforms in OECD countries, Paris.

Olson, Mancur, Jr. (1965): The logic of collective action, Cambridge, Mass..

Osborne, David / Gaebler, Ted (1992): Reinventing government, New York.

Osterloh, Lerke (1995): Privatisierung von Verwaltungsaufgaben, in: Veröffentlichungen der Vereinigung Deutscher Staatsrechtslehrer, Band 54, S. 204-242.

Osterloh, Margit / Forst, Jetta (1996): Prozessorganisation als Kernkompetenz, Wie Sie Business Reengineering strategisch nutzen können, Wiesbaden.

Osterloh, Margit / Grand, Simon (1997): Modelling oder Mapping? Von Rede- und Schweigeinstrumenten in der betriebswirtschaftlichen Theoriebildung, in: Die Unternehmung, 48, S. 277-294.

Osterloh, Margit / Hunziker, Alexander W. (1996): New Public Management, Vom Beamten zum Unternehmer, in: Neue Zürcher Zeitung, 151, S. 29.

Osterloh, Margit / Hunziker, Alexander W. (1997a): New Public Management, in: Schweizerische Handelszeitung, 3, S. 15.

Osterloh, Margit / Hunziker, Alexander W. (1997b): Die logische Konsequenz, Prozessorganisation in der öffentlichen Verwaltung, in: New Public Management, 1, S. 12-14.

Osterloh, Margit / Hunziker, Alexander W. (1998): Strategisches Prozessmanagement in der öffentlichen Verwaltung; in: Zeitschrift für betriebswirtschaftliche Forschung, Nr. 1, S. 10-15.

Ostroff, Frank / Smith, Douglas (1992): The horizontal organization, in: McKinsey Quarterly, 1, S. 148-168.

Ostrom, Elinor (1990): Governing the commons, The evolution of institutions for collective action, Cambridge.

Ostrom, Elinor / Walker, James / Gardner, Roy (1992): Covenants with and without a sword, Selfgovernance is possible, in: American Political Science Review, 2, June, S. 404-417.

Paldam, Martin (1997): Political business cycles, in: Mueller, Dennis C. (Ed.): Perspectives on public choice, A handbook, Cambridge, S. 342-372.

Pattanaik, Prasanta K. (1997): Some paradoxes of preference aggregation, in: Mueller, Dennis C. (Ed.): Perspectives on public choice, A handbook, Cambridge, S. 201-225.

Pettigrew, Andrew M. (1977): Strategy formulation as a political process, in: International Studies of Management and Organization, 2, Summer, S. 78-87.

Pettigrew, Andrew M. (1992): The character and significance of strategy process research, in: Strategic Management Journal, 13, 5-16.

Picot, Arnold / Franck, Egon (1995): Prozessorganisation, Eine Bewertung der neuen Ansätze aus der Sicht der Organisationslehre, in: Nippa, M./Picot, A. (Hrsg.): Prozessorganisation, Die Praxis im deutschsprachigen Raum, Frankfurt a. M., S. 13-38.

Picot, Arnold / Wolff, Brigitte (1994): Zur ökonomischen Organisation öffentlicher Leistungen, „Lean Management" im öffentlichen Sektor? in: Nachold, F./Pröhl, M. (Hrsg.): Produktivität öffentlicher Dienstleistungen, Gütersloh, S. 51-120.

Polanyi, Michael (1985): Implizites Wissen, Frankfurt a. M. (Englische Erstausgabe: The tacit dimension, London 1966).

Pollitt, Christopher (1995): Justification by works or by faith? Evaluating the new public management, in: Evaluation, S. 133-154.

Pommerehne, Werner W. (1976): Private versus öffentliche Müllabfuhr, Ein theoretischer und empirischer Vergleich, in: Finanzarchiv, 2, 272-294.

Pommerehne, Werner W. (1983): Private versus öffentliche Müllabfuhr, nochmals betrachtet, in: Finanzarchiv, 3, S. 466-475.

Pommerehne, Werner W. / Frey, Bruno S. (1992): The effects of tax administration on tax morale, Paper presented at the ISPE- Meeting at El Excorial, Spain.

Porter, Michael (1980): Competitive strategy, Techniques for analyzing industries and competitors, New York.

Porter, Michael E. (1990): The competitive advantage of nations, in: Harvard Business Review, March-April, p. 73-93

Prahalad, C. K. / Hamel, Gary (1990): The core competence of the corporation, in: Harvard Business Review, May-June, S. 79-91.

Probst, Gilbert J. B. / Büchel, Bettina T. S. (1994): Organisationales Lernen, Wiesbaden.

Pullen, William (1994): Eyes on the prize, Strategy in government agencies, in: International Journal of Public Sector Management, 1, S. 5-14.

Quinn, James B. / Hilmer, Frederic G. (1994): Strategic outsourcing, in: Sloan Management Review, Summer, S. 43-55.

Rahmann, Florian (1997): Benchmarking in der öffentlichen Verwaltung: Theorie und Praxis in der Schweiz, Diplomarbeit am Institut für betriebswirtschaftliche Forschung der Universität Zürich, Zürich.

Rasche, Ch. / Wolfrum, B. (1994): Ressourcenorientierte Unternehmensführung, in: Die Betriebswirtschaft, S. 501-517.

Rawls, John A. (1971): A theory of justice, Cambridge, Mass..

Rebstock, Michael (1997): Grenzen der Prozessorientierung, in: Zeitschrift Führung und Organisation, 5, S. 272-275.

Renn, Ortwin / Webler, Thomas (1994): Konfliktbewältigung durch Kooperation in der Umweltpolitik, Theoretische Grundlagen und Handlungsvorschläge, in: oikos Umweltökonomische Studenteninitiative an der HSG (Hrsg.): Kooperation für die Umwelt, Im Dialog zum Handeln, Zürich, S. 11-52.

Rühli, Edwin (1994): Der Resource Based View of Strategy - Ein Impuls für den Wandel im unternehmenspolitischen Denken und Handeln? in: Gomez, P. / Hahn, D. / Müller-Stevens, G. / Wunderer, R. (Hrsg.): Unternehmerischer Wandel, Konzepte zur organisatorischen Erneuerung, Festschrift für Knut Bleicher, Wiesbaden, S. 31-58.

Rühli, Edwin / Treichler Christoph / Schmidt Sascha L. (1995): From business reengineering to management reengineering, A european study, in: Management International Review, 4, S. 361-371.

Saloner, Garth (1991): Modeling, game theory, and strategic management, in: Strategic Management Journal, 12, S. 119-136.

Schedler, Kuno (1995): Ansätze einer wirkungsorientierten Verwaltungsführung, Von der Idee des New Public Managements (NPM) zum konkreten Gestaltungsmodell, Fallstudie Schweiz, Bern.

Schedler, Kuno / Haldemann, Theo (1995): New Public Management, Reformen in der Schweiz, Aktuelle Projektübersicht und erster Vergleich, in: Hablützel, P. / Haldemann, T. / Schedler, K. / Schwaar, K. (Hrsg.): Umbruch in Politik und Verwaltung, Ansichten und Erfahrungen zum New Public Management in der Schweiz, Bern, S. 99-128.

Schendel, Dan (1996): Editor's introduction to the 1996 winter special issue, Knowledge and the firm, in: Strategic Management Journal, Winter Special Issue, S. 1-4.

Schmidt, Götz (1997): Methode und Techniken der Organisation, 11. Auflage, Giessen.

Schneider, Hermann (1996): Outsourcing von Gebäude- & Verwaltungsdiensten, Stuttgart.

Schräder, Andreas (1996): Management virtueller Unternehmen, Frankfurt am Main.

Schreyögg, Georg (1984): Unternehmensstrategie - Grundfragen einer Theorie strategischer Unternehmensführung, Berlin/New York.

Schreyögg, Georg / Noss, Christian (1997): Zur Bedeutung des organisationalen Wissens für organisatorische Lernprozesse, in: Handbuch Lernende Organisation, Wiesbaden, S. 67-76.

Schreyögg, Georg / Steinmann, Horst (1987): Strategic control, A new perspective, in: Academy of Management Review, 12, 1, S. 91-103.

Shoemaker, Paul J. H. (1992): How to link strategic vision to core capabilities, in: Sloan Management Review, Fall, S. 67-81.

Siegenthaler, Hansjörg (1993): Regelvertrauen, Prosperität und Krisen, Tübingen.

Siegrist, Otto (1993): Probatt, in: Schweizerische Beamtenzeitung, 7, S. 4.

Simons, Robert (1995): Levers of control - How managers use innovative control systems to drive strategic renewal, Boston.

SMA (1997): Startdokumentation für die Phase Detailplanung 2, Dezember, Zürich (internes Papier).

SMA (1998): Persönliche Mitteilung des Direktors, 3. März.

SMA/BR (1996): Leistungsauftrag Schweizerische Meteorologische Anstalt 1997-1999, Schweizerische Meteorologische Anstalt, Zürich, und Schweizerischer Bundesrat, Bern.

SMA/EDI (1997): Leistungsvereinbarung Schweizerische Meteorologische Anstalt 1997, 24. Januar, Schweizerische Meteorologische Anstalt, Zürich, und Eidgenössisches Departement des Innern, Bern.

Smith, Adam (1989): An inquiry into the nature and causes of the wealth of nations, Chicago (1. Auflage 1776).

Stake, Robert E. (1994): Case studies, in: Denzin, Norma / Lincoln, Yvonna (Hrsg.): Handbook of qualitative research, London.

Steinmann, Horst / Schreyögg, Georg (1986): Zur organisatorischen Umsetzung der strategischen Kontrolle, in: Zeitschrift für betriebswirtschaftliche Forschung, 9, S. 747-765.

Steinmann, Horst / Schreyögg, Georg (1993): Management, Grundlagen der Unternehmensführung, 3. Auflage, Wiesbaden.

Stewart, J./ Ranson, S. (1988): Management in the public domain, in: Public Money and Management, Spring/Summer, S. 13-19.

Stewart, John (1996): A dogma of our times - The separation of policymaking and implementation, in: Public Money and Management, July-September, S. 33-40.

Stigler, George J. / Becker, Gary S. (1977): De gustibus non est disputandum, in: American Economic Review, 2, S. 76-90.

Stillman, Richard J. II (1996): Public administration, Concepts and cases, 6. Auflage, Boston.

Teece, David J. / Pisano, Gary / Shuen, Amy (1994): Dynamic capabilities and strategic management, Working paper, mimeo, University of California at Berkeley and University of Harvard.

Toffler, Alvin (1980): The third wave, New York.

Tschanz, Peter (1995): Neue Stadtverwaltung Bern, in: Schweizerischer Städteverbund / Mundi (Hrsg.): New Public Management, NPM-Konkret, Erfahrungsberichte, Bern, S. 83-107.

Tullock, Gordon (1965): The politics of bureaucracy, Washington.

von Donop, Tönnies-Hilmar (1997): Neue Unternehmungen der öffentlichen Hand, Lässt sich der Staat privatisieren? in: Neue Zürcher Zeitung, 300, S. 23.

von Rosenstiel, Lutz (1992): Grundlagen der Organisationspsychologie, 3. Auflage, Stuttgart.

Walsh, Kieron (1995): Competition for white-collar services in local government, in: Public Money & Management, April-June, S. 11-18.

Weber, Max (1972): Wirtschaft und Gesellschaft, Grundriss der verstehenden Soziologie, 5. Auflage, Tübingen (1. Auflage 1922).

Weick, K. E. (1979): The social psychology of organizations, 2. Auflage, Reading.

Westle, Bettina (1989): Politische Legitimität, Theorien, Konzepte, empirische Befunde, Baden-Baden.

WF (1996): Zahlenspiegel der Schweiz, Gesellschaft zur Förderung der schweizerischen Wirtschaft, Zürich.

Wiedenmann, Peter M. / Kessen, Stefan (1997): Mediation, Wenn Reden nicht nur Reden ist, in: Organisationsentwicklung, 4, S. 52-65.

Williamson, Oliver E. (1979): Transaction cost economics: The governance of contractual relations, in: Journal of Law and Economics, S. 233-261.

Wohlgemuth, André C. (1991): Das Beratungskonzept der Organisationsentwicklung, Bern (3. Auflage).

Womack, James P. / Jones, Daniel T. (1994): From lean management to lean enterprise, in: Harvard Business Review, S. 93-103.

zu Knyphausen-Aufsess, Dodo (1997): Strategisches Management auf dem Weg ins 21. Jahrhundert, in: Die Betriebswirtschaft, 1, S. 73-90.

Titelauswahl zu New Public Management und Nonprofit-Organisationen

Peter Schwarz
Management in Nonprofit-Organisationen
Eine Führungs-, Organisations- und Planungslehre für Verbände, Sozialwerke, Vereine, Kirchen, Parteien usw.

Wer sich intensiv mit NPO-Managementfragen befasst, wird in diesem Buch zahllose Lösungsansätze, Checklisten, Gestaltungsanweisungen und Empfehlungen finden, mit deren Hilfe eigene Probleme erfasst, definiert und einer Lösung zugeführt werden können.

2., aktualisierte Auflage, 622 Seiten, 129 Abbildungen,
gebunden, Fr. 88.– / DM 99.– / öS 723.–
ISBN 3-258-05212-3

Peter Schwarz
Management-Brevier für Nonprofit-Organisationen

Eine Einführung in die besonderen Probleme und Techniken des Managements von privaten Nonprofit-Organisationen (NPO) (Vereine, Verbände, Wohlfahrts- und Karitativ-Organisationen, Kirchen, Parteien) unter Einbezug von Beispielen und Parallelen aus dem Bereich der öffentlichen NPO.

129 Seiten, 37 Grafiken,
kartoniert, Fr. 34.– / DM 38.– / öS 278.–
ISBN 3-258-05294-8

Peter Schwarz / Robert Purtschert / Charles Giroud
Das Freiburger Management-Modell für Nonprofit-Organisationen (NPO)

«Nonprofit but Management» – diese Kurzformel umschreibt das Anliegen dieses Buches, das nach kurzer Zeit bereits vergriffen war. Das «Freiburger Management-Modell für NPO» (Universität Freiburg, Schweiz) bietet eine systematische Einführung in das Thema. Es vermittelt durch seinen ganzheitlichen Ansatz die Grundlagen und einen Ordnungsraster für das Verständnis der NPO-Management-Probleme und ihrer Lösungen.

2., überarbeitete Auflage, 169 Seiten, 49 Abbildungen,
kartoniert, Fr. 44.– / DM 49.– / öS 358.–
ISBN 3-258-05508-4

Verlag Paul Haupt Bern · Stuttgart · Wien

Titelauswahl zu New Public Management und Nonprofit-Organisationen

Peter Hablützel / Theo Haldemann / Kuno Schedler / Karl Schwaar (Herausgeber)
Umbruch in Politik und Verwaltung
Ansichten und Erfahrungen zum New Public Management in der Schweiz

Erste Projekte zur Einführung der New Public Management-Philosophie in der Schweiz sind lanciert. Viele Kantone und Städte, aber auch der Bund experimentieren mit den neuen Führungsformen in der öffentlichen Verwaltung. Dabei sind noch etliche Fragen der Umsetzung offen, die erst durch eine breitere Diskussion – über die eigentliche Betriebswirtschaftslehre der öffentlichen Verwaltung hinaus – beantwortet werden können.

518 Seiten, 82 Abbildungen,
gebunden, Fr. 78.– / DM 87.– / öS 635.–
ISBN 3-258-05255-7

Barbara Hohmann Beck / Esther Rutishauser Empting
Bedürftigkeit versus Kundensouveränität
Konsequenzen des NPM im sozialen Bereich

«Management-Weiterbildung» Band 11. 43 Seiten, 3 Abbildungen,
kartoniert, Fr. 18.– / DM 20.– / öS 146.–
ISBN 3-258-05598-X

Ruedi Kriesi / Alfons Müller / Georg Priewasser
Entwicklung eines Verwaltungsleitbildes
am Beispiel der Stadtverwaltung Baden

Die Stadtverwaltung Baden wendet seit einigen Jahren moderne Führungsinstrumente an. Ein Leitbild für die Stadtverwaltung wurde jedoch noch nicht erarbeitet. Von vielen Seiten wird im Bereich des Verwaltungsmanagements ein Modernisierungsschub gefordert, wobei vor allem auf ein erfolgs- und qualitätsorientiertes Management (New Public Management) Wert gelegt wird. Als Basis für die Erarbeitung eines Leitbildes wird eine Situationsanalyse durchgeführt.

«Management-Weiterbildung» Band 3. 38 Seiten, 7 Grafiken,
kartoniert, Fr. 18.– / DM 20.– / öS 146.–
ISBN 3-258-05140-2

Verlag Paul Haupt Bern · Stuttgart · Wien

Titelauswahl zu New Public Management und Nonprofit-Organisationen

Ruedi Kriesi
Strategisches Management in der öffentlichen Verwaltung
am Beispiel eines Neukonzepts für das Energie-Innovationsprogramm des Bundesamtes für Energiewirtschaft

«Management-Weiterbildung» Band 1. 37 Seiten, 8 Abbildungen, kartoniert, Fr. 18.– / DM 20.– / öS 146.–
ISBN 3-258-05138-0

Kuno Schedler / Andrea Kleindienst / Jürg Felix
(Herausgeber)
Wirkungsorientierte Verwaltungsführung bei der Polizei

Ein Praxisprojekt von Studierenden der Universität St. Gallen in Zusammenarbeit mit dem Ostschweizer Polizeikonkordat

«Arbeitspapiere zum Public Management». 222 Seiten, 30 Abbildungen, 10 Tabellen, kartoniert, Fr. 48.– / DM 54.– / öS 394.–
ISBN 3-258-05813-X

Kuno Schedler / Christoph Reichard
(Herausgeber)
Die Ausbildung zum Public Manager

Die öffentlichen Institutionen Europas sind in einem tiefgreifenden Veränderungsprozess. Die Optik in Wissenschaft und Praxis richtet sich zunehmend auf das Innere und die Umwelt der öffentlichen Institutionen. Nicht mehr reine Verwaltung, sondern aktives und vorausschauendes Handeln ist die Herausforderung der Zeit. Ihr muss mit innovativen Strategien begegnet werden. Kreativität der Lösungsansätze ist gefordert. Die Organisationen, die in diesem Umfeld leben, müssen an die neuen Bedingungen angepasst werden. Die «Public Administration» wird so zum «Public Management», das mit umfassenden Konzepten das Bild der öffentlichen Institutionen nachhaltig verändern wird.

«Arbeitspapiere zum Public Management». 196 Seiten, 8 Abbildungen, 8 Tabellen, kartoniert, Fr. 48.– / DM 54.– / öS 394.–
ISBN 3-258-05847-4

Verlag Paul Haupt Bern · Stuttgart · Wien

Titelauswahl zu New Public Management und Nonprofit-Organisationen

Kuno Schedler
Ansätze einer wirkungsorientierten Verwaltungsführung
Von der Idee des New Public Management (NPM) zum konkreten Gestaltungsmodell
Fallbeispiel Schweiz

«...ein Muss für alle, die in den Bereichen Politik und öffentliche Verwaltung morgen noch mitsprechen wollen.» *Der Bund*

2. Auflage, 295 Seiten, 74 Abbildungen
gebunden, Fr. 68.– / DM 76.– / öS 555.–
ISBN 3-258-05308-1

Andreas Näf
Effektivität und Effizienz öffentlicher Einrichtungen
Am Beispiel stationärer Altersbetreuung und -pflege / Anleitung zur ganzheitlichen, wirkungs- und entwicklungsorientierten Evaluation

454 Seiten, 31 Abbildungen, 13 Tabellen
gebunden, Fr. 78.– / DM 87.– / öS 635.–
ISBN 3-258-05791-5

Regierungsrat des Kantons Bern
(Herausgeber)
NEF 2000: Erfahrungen und Perspektiven.
Zwischenbericht des Regierungsrates
Regierungsratsbeschluss vom 15. April 1997

Im Mai 1994 löste der Regierungsrat das Projekt «Neue Verwaltungsführung NEF 2000» mit dem Ziel aus, neue Formen des staatlichen Handelns in der bernischen Kantonsverwaltung zu erproben. Seit dem 1. Januar 1996 wird die wirkungsorientierte Verwaltungsführung in sieben Pilotprojekten erprobt. Der Bericht enthält eine *erste Bilanz der Pilotprojekte* und befasst sich in grundlegender Art und Weise mit einem *möglichen künftigen Steuerungsmodell aus der Sicht des Grossen Rates und des Regierungsrates.*

89 Seiten, 2 Abbildungen, 3 Tabellen
kartoniert, Fr. 28.– / DM 31.– / öS 226.–
ISBN 3-258-05785-0

Verlag Paul Haupt Bern · Stuttgart · Wien

Titelauswahl zu New Public Management und Nonprofit-Organisationen

Philippe Mastronardi / Kuno Schedler
(Herausgeber)
New Public Management in Staat und Recht
Ein Diskurs

Bei allen Erfolgen, die im Rahmen von Projekten zum New Public Management (NPM) in der Schweiz ausgewiesen werden, bleiben doch immer noch gewisse bedeutende Restanzen. Die Möglichkeiten und Grenzen des NPM in Staat und Recht, aber auch konkrete Ideen zu Lösungsansätzen, werden von den beiden Autoren in einem diskursiven Verfahren ausgeleuchtet. Dabei liegt der besondere Reiz in der interdisziplinären «personellen Besetzung»: Mastronardi der Staats- und Verwaltungsrechtler, Schedler der Betriebswirt und Kommentator, Brühlmeier der Politologe und Ökonom. Das Buch zeigt auf, welche Fragen und Zusammenhänge in der Praxis des NPM aufzugreifen und zu behandeln sind.

198 Seiten, 6 Abbildungen, 2 Tabellen,
gebunden, Fr. 78.– / DM 87.– / öS 635.–
ISBN 3-258-05788-5

Francesco Morra
Wirkungsorientiertes Krankenhausmanagement
Ein Führungshandbuch

Das grosse Kostenwachstum im Gesundheitswesen und speziell im Krankenhaussektor hat zusammen mit den Finanzkrisen öffentlicher Haushalte den Reform- und Rationalisierungsdruck in der öffentlichen Verwaltungsführung im Sinne des New Public Management-Ansatzes stark begünstigt. Diese Entwicklungen werden das Anforderungsprofil an das Krankenhausmanagement grundlegend verändern. Es zeigt die Wettbewerbsentwicklungen auf dem Gesundheitsmarkt und den sich abzeichnenden Branchenwettbewerb in der Krankenhausindustrie auf. Ausgehend von einem Krankenhausfinanzierungssystem mit Fallpauschalen, das erarbeitet und definiert wird, und dem bestehenden Reformbedarf in der öffentlichen Verwaltungsführung wird ein wirkungsorientiertes Organisationsmodell für das Gesundheitswesen und speziell für den Krankenhaussektor präsentiert. Daraus wird eine Neudefinition der Rollen von Verwaltungs- und Krankenhausmanagement abgeleitet. Schliesslich werden die strategischen Optionen für das Krankenhaus und seine Fachbereiche und operative Managementansätze zur Steuerung der Leistungsprozesse im Krankenhaus vorgestellt. Dieses Buch schliesst eine grosse Managementlücke zwischen Theorie und Praxis in einem der wichtigsten Wirtschaftszweige der öffentlichen Verwaltung, dem Krankenhaussektor.

381 Seiten, 47 Abbildungen
gebunden, Fr. 68.– / DM 76.– / öS 555.–
ISBN 3-258-05332-4

Verlag Paul Haupt Bern · Stuttgart · Wien